Le beau livre de la préhistoire. De Toumaï à Lascaux 4,
By Marc AZEMA and Laurent BRASIER
© Dunod Editeur, 2016, Malakoff
Simplified Chinese language translation rights arranged through Divas International,
Paris 巴黎迪法国际版权代理 (www.divas-books.com)

人类史前史

[法]马克·阿泽玛 洛朗·布拉维耶 著
李英华 译

生活·讀書·新知 三联书店

Simplified Chinese Copyright © 2022 by SDX Joint Publishing Company.
All Rights Reserved.

本作品简体中文版权由生活·读书·新知三联书店所有。
未经许可，不得翻印。

图书在版编目（CIP）数据

人类史前史／（法）马克·阿泽玛，（法）洛朗·布拉维耶著；李英华译．—北京：生活·读书·新知三联书店，2022.12
ISBN 978 – 7 – 108 – 06651 – 0

Ⅰ．①人⋯　Ⅱ．①马⋯ ②洛⋯ ③李⋯　Ⅲ．①上古史
Ⅳ．① K11

中国版本图书馆 CIP 数据核字（2022）第 115271 号

责任编辑	曹明明
装帧设计	康　健
责任印制	张雅丽
出版发行	生活·讀書·新知 三联书店
	（北京市东城区美术馆东街 22 号 100010）
图 字 号	01-2019-1005
网　　址	www.sdxjpc.com
经　　销	新华书店
印　　刷	天津图文方嘉印刷有限公司
版　　次	2022 年 12 月北京第 1 版
	2022 年 12 月北京第 1 次印刷
开　　本	720 毫米 × 965 毫米　1/16　印张 26.5
字　　数	170 千字　图 208 幅
印　　数	0,001 – 8,000 册
定　　价	148.00 元

（印装查询：01064002715；邮购查询：01084010542）

Le Beau livre de la Préhistoire

推荐序
打开通向远古文化宝藏的大门

最近在给中国科学院大学的研究生讲授"旧大陆旧石器时代考古学"这门课。因为疫情,线下、线上同时启动。助教在微信群中播发了讯息,不期然竟有近200名青年学子踊跃报名旁听。在授课开篇,我对人类起源与演化的过程和相关知识做了一个提纲挈领的梳理和介绍,在提问互动环节收获到很多同学的提问和反馈!大家对旧石器时代考古学这门"冷门绝学"求知和探究的热情驱散了"倒春寒"的冷意,让讲授者坚信这门课程值得开设,人类史前史这座知识宝库值得大力发掘和研究、普及。而这本《人类史前史》科普著作,正在为我们打开通向远古文化宝藏的大门。

史前史是一个看似遥远,其实离我们很近、相关性很强的时代。从人类直立行走到以打制石器为标志的文化行为的出现,及至文字被发明、历史被书写,人类的演化都在史前时期,占据整个人类历史的99.9%。在没有考古研究之前,这个漫长的时代不为人知,人之由来这样的话题只能出现在宗教故事和神话传说中。在那样的知识体系下,人们只将过去的历史当作茶余饭后的谈资,似乎与今天的生活没有什么关联。通过科学的探索与发现,我们现在明白了史前人类发展和社会进步对今天的人类至关重要,我们的身体、大脑和行为方式,都在那个漫长的时期内逐步塑造成形;现代社会的知识、技术和文化,都在那个时期得到开启和孕育;现今人类的思维和文化还保留着许多史前人类狩猎采集、刀耕火种生活的印记;我们在一定程度上仍然生活在史前社会的惯性之中。对于现代社会发展轨迹的定位和对未来走向的预测,必须建立在对过去历史长河流向、流速、推动力这些规律性的认知基础之上。

对于人类史前史,尤其是初始阶段的旧石器时代,我们知之甚少。人类演化早期的物证,大多消失在大自然的风吹雨打中了。部分遗物遗迹虽机缘巧合得以保留，但大多被深埋地下，难以重见天日。少数遗存被考古工作者发现和研究，写成学术论文和专业书籍，也只是在学术圈内自娱自乐，或在图书馆中被束之高阁，很难走进寻常百姓的生活。其实，社会大众对人类早期历史具有浓厚的兴趣与求知欲。刚学会说话、学会思考的孩童常常会问一个令大人尴尬的问题："我是怎么来的？"。不愿意用"你是爸爸妈妈从外面捡来的"这句话来搪塞孩子的大人若是回答说"你是妈妈生的"，紧接着就得再回答"那妈妈是怎么来的？"这样无休止的发问，这就接近了对人类起源的终极考问。不唯孩子，我在一些场合做学术或科普讲座时，经常会被一些成年听众追问人类起源的秘籍，还会以他们听闻的故事和认定的事理与我辩论。这些都使我认识到社会上有关人类起源与演化的知识是多么贫乏，大众的文化需求是多么迫切！

学术研究与社会大众之间总有一道无形的藩篱。虽然随着学术成果的积累和学术界服务社会自觉意识的提升，越来越多的学者走出学术象牙塔，努力将艰深晦涩的科研成果转化为寻常百姓可以品读享用的知识产品，但理想的普及性作品还是太少。究其原因，一方面是这类作品创作的难度大，耗时费力，将专业学术知识转化为公众文化产品，并非每个学者都有此能力和兴趣，而非专业的人员更没有勇气钻进枯燥的学海里做消化吸收和转移转化；另一方面，这样的作品还是会曲高和寡，很难成为畅销书，很难得到市场的回报。就中国的图书市场而言，有关古人类演化通俗易懂的科普图书可谓凤毛麟角，不要说能吸引大众眼球的作品，就是这个领域的学生想了解一些基础知识，老师想寻找一些好的资料和图片做课件，也要大费周章。

看到《人类史前史》这部书的中文翻译稿，我不禁眼前一亮，笃信这是一部好书。这是两位法国学者的倾情之作，他们将700万年的人类演化史浓缩在这部书中，按时间顺序清晰、简洁地记叙出来。这本书不同于以往的科普著作，它图文并茂，大量精美的图片将人类演化的重要节点和主要事件标记得栩栩如生，而且对每一个节点、每一个事件都在标题前醒目地标注出距离现代的时间。阅读此书，绘声绘色的图片会让人不由自主地投身到远古的历史中徜徉、遐想，而时间的提示又如同在耳畔响起历史时钟的滴答声，催人继续阅读，急于了解远古是如何演化到现代的，经历了哪些事件和路径。

人类的历史多是在故事中流传的。我们大都有童年时期父母在炕上、床头、枕边给我们讲故事的记忆。那些引人入胜的故事情节，那些如梦如幻的图片插画，会让我们激动不已，浮想联翩，并将未被讲完的故事带入梦境，做自己的延伸和演绎。如此讲故事的传统，在现代信息社会仍有存在的价值，尤其对少年儿童。这种传承历史的方式是故事的写作者与读者在交流，也是讲读者与听者在交流，而内容精彩、图文并茂的书卷会更引人入胜，让读者、受众强化记忆，启发思考，增强知识与信息的传播力。《人类史前史》正是这样一本可读性强、值得推荐的科普佳作。我十分骄傲的是，我的两位已在各自领域内卓有成就的学生，李英华与曹明明，承担了这部书的翻译和编辑工作。他们出身于旧石器时代考古专业，能够不忘初心，呕心沥血，把这样一部优秀图书奉献给大家，让为师者欣慰和鼓舞。

如果要说一点此书的美中不足，是它对中国、东亚的材料涉及得仍然过少，这使我们深刻认识到让中国考古走出国门、将研究成果推向世界任重道远但意义重大。还有一点，对于最早阶段人类的历史，即从直立行走到石器初现这段近400万年的人类早期历史，此书只用一小节一带而过，让人意犹未尽。这是人类历史长河的源头，经历过很多波折和坎坷，包含人类始祖从树上下到地面蹒跚学步、在干热的非洲大草原狩猎采集、在与猛兽凶禽的竞争中艰难生存的一系列故事，披荆斩棘，筚路蓝缕，跌宕起伏，慷慨悲歌。画出来、写出来，一定很生动、很精彩。但我也能理解作者对时段和材料取舍的苦衷：一部书，是无论如何无法穷尽700万年人类起源与演化故事的，于是作者开宗明义：这是一部以人属演化为主题的图书。或许我们可以期待，作者或其他学者、科普作家在不远的将来写出该书的姊妹篇——《人类史前史前传》。那时，广大读者就有机会了解、咀嚼人类通史了。

高 星

2022年3月22日 于北京

序

您现在手上拿着的是一本独一无二的关于史前史的图文书。与大多数经典读物描绘人类发展史的方式不同，这本书的作者马克·阿泽玛（Marc Azéma）、洛朗·布拉维耶（Laurent Brasier）没有按照传统的从早期文化到文字出现的演化序列以及相应的技术变革发生的时间顺序来写作，而是循循善诱，给我们展开了一幅幅生动的"美图靓照"，真可谓意在图中，境在文外。毋庸置疑，本书原意正是"以图诱人"，当然它也成功地达到了目的，变成了一本极富吸引力的美书。书中有大约200幅图片，每张图片均配有文字说明，相比于阅读艰涩难啃的教科书而言，阅读此书将使我们学到一样甚至更多的东西，因为我们不会困在对原始考古材料的介绍中难以自拔，只要看看该书选配的自然景观图、原创性的复原图、"现代化"的精修图，我们就可以感受到，那些与当今世界或远或近的祖先离我们不但不遥远，反而触手可及、熟稔可亲。

更重要的是，本书使我们能够探讨的问题变得非常广泛，从大事到逸事，从宏观到微观，不一而足。与一般读物不同，本书的出发点并没有局限于在历史地理意义上占主体地位的非洲和欧洲，而是放眼全球，特别是为西方科学界较少述及的亚洲、美洲、大洋洲的尽头也同样着以笔墨，赋予了它们和欧非正统一样的地位。更值得称赞的是，本书使我们轻而易举地在大陆与大陆之间跳跃、弹回、反复穿梭，因为史前现象关乎整个地球家园，古人类在很久远的时候曾经是"贪得无厌"的探索者，是好奇心驱使他们抵达最遥远、最难以进入的区域。确切地说，对所有读者而言最大的困难——年代问题，在本书中却变得轻而易举，因为作者编排了一个时钟轴：在每个标题的正文左侧边，都有一列特殊字体年代标识，据此时间框架，同一时间内不同空间的比较成为可能。

在这样的视角下，我们首先要回顾一下还在不断往前探寻的最早期人类文明，如700万年前的托麦（Toumaï）、330万年前最早的打制石器，以及某些人类化石如格鲁吉亚德马尼西（Dmanissi）发现的180万年前欧洲最早的人类；还有一些年代提至很早的人类技术或行为的遗存，如帝汶岛（Timor）发现的42000年前用于深海捕鱼的鱼钩，33000年前的古老编织纤维，比利时戈耶（Goyet）发现的32000年前的家犬，中国仙人洞发现的20000—19000年前最早的陶器。这些发现代表了一段不断向时间深度迈进的旅程，一段不断刷新人类发明创造力的旅程。毫无疑问，我们的社会组织复杂程度也在随之往前推移，如莫斯科附近发现的距今29000年前的桑吉尔人（Sungir）表明，统治者、阶层可能在旧石器时代晚期已经出现。

但是，在为这些不断刷新时间上限的发现振奋鼓舞的同时，我们是否也应该有思想准备，接受人类社会的某些退化现象呢？比如在看到当今亚马孙森林密布、人迹罕至的面貌时，谁能相信这个区域之前也曾被开发、改造、宜居，并经历了城市化？

这正是本书给予我们的一个启示：史前考古在不断进步、修正我们已有的观念，揭开我们不曾料到的历史真相，打破我们奉为圭臬的认知。它提醒我们要永远保持清醒，因为人类漫长的历史中，永远有令人惊奇的东西在等着我们。

让·基兰（Jean Guilaine）
法兰西公学院教授

目 录

推荐序　打开通向远古文化宝藏的大门 ……（高星）i

序 ……（让·基兰）v

绪言　史前史带给我们的惊喜 …… 1
距今 700 万年　　直立行走 …… 4
距今 330 万年　　最早的石器 …… 6
距今 260 万年　　奥杜威文化 …… 8
距今 245 万年　　能人 …… 10
距今 180 万年　　在欧洲的大门口 …… 12
距今 176 万年　　阿舍利文化 …… 14
距今 170 万年　　语言 …… 16
距今 100 万年　　掌握用火 …… 18
距今 78 万年　　　北京人 …… 20
距今 78 万年　　　人吃人 …… 22
距今 69 万年　　　阿拉戈洞穴 …… 24
距今 60 万年　　　猛犸象 …… 26
距今 50 万年　　　创伤和肿痛 …… 28
距今 50 万年　　　直立人，最早的雕刻家？…… 30
距今 35 万年　　　骨头坑 …… 32
距今 30 万年　　　带上标枪去狩猎 …… 34
距今 30 万年　　　尼安德特人 …… 36
距今 30 万年　　　原牛 …… 38

1

距今 30 万年	莫斯特文化 …… 40
距今 25 万年	尼安德特人，猛犸象狩猎者？…… 42
距今 20 万年	人，成为猎物 …… 44
距今 19.5 万年	智人 …… 46
距今 16.4 万年	好吃的贝类 …… 48
距今 13 万年	野牛 …… 50
距今 12 万年	跨越海洋和河流 …… 52
距今 10 万年	最早的墓葬 …… 54
距今 10 万年	赭石 …… 56
距今 82000 年	贝壳装饰品 …… 58
距今 77000 年	抽象思维 …… 60
距今 75000 年	费拉西岩厦 …… 62
距今 70000 年	洞熊 …… 64
距今 60000 年	弗洛雷斯人，弗洛雷斯岛上的小矮人 …… 66
距今 50000 年	莫斯特遗址 …… 68
距今 50000 年	尼安德特人留给我们的烙印 …… 70
距今 50000 年	圣沙拜尔的老人 …… 72
距今 50000 年	卡皮瓦拉山 …… 74
距今 50000 年	尼安德特人的文化 …… 76
距今 49000 年	埃尔西德隆洞穴的惨剧 …… 78
距今 46000 年	尼安德特人每天消费 5 份水果蔬菜 …… 80
距今 45000 年	消失的动物 …… 82
距今 45000 年	纳瓦拉加巴曼遗址 …… 84
距今 45000 年	沙泰尔佩龙文化 …… 86
距今 45000 年	欧洲的现代人 …… 88
距今 42000 年	鱼钩？ …… 90
距今 42000 年	蒙戈湖的男人和女人 …… 92
距今 40000 年	奥瑞纳文化 …… 94
距今 40000 年	丹尼索瓦人 …… 96

距今40000年	霍勒菲尔斯的维纳斯 …… 98
距今40000年	尼亚洞穴 …… 100
距今40000年	霍伦斯泰因-斯塔德尔的狮子人雕像 …… 102
距今39000年	尼安德特艺术家？ …… 104
距今39000年	披毛犀 …… 106
距今37000年	卡斯塔内岩厦 …… 108
距今36000年	肖韦洞穴 …… 110
距今36000年	洞狮 …… 112
距今36000年	画在洞穴里的动物 …… 114
距今36000年	狩猎的叙事艺术 …… 116
距今36000年	洞穴艺术家的技术、工具和材料 …… 118
距今36000年	手印，世界性的标志 …… 120
距今35000年	笛声飘荡 …… 122
距今33500年	可纺织的纤维 …… 124
距今33000年	人类最老的朋友 …… 126
距今33000年	屈尔河畔的阿尔西遗址 …… 128
距今30000年	穿孔权杖 …… 130
距今29000年	格拉维特文化 …… 132
距今29000年	旧石器时代的"维纳斯们" …… 134
距今29000年	装饰品里的永生 …… 136
距今28000年	克罗马农人 …… 138
距今28000年	性别的表现 …… 140
距今27000年	科斯克尔洞穴 …… 142
距今27000年	下维斯特尼采的葬礼 …… 144
距今26860年	残手之谜 …… 146
距今25500年	露天岩画 …… 148
距今25000年	佩什梅尔洞穴 …… 150
距今25000年	史前女性的地位 …… 152
距今25000年	布拉桑普伊的女子 …… 154

距今25000年	圣埃利纳遗址 …… 156
距今24000年	尼安德特人的消失 …… 158
距今23000年	投射器和回旋镖 …… 160
距今23000年	农业产生前，从种粒到磨粉 …… 162
距今22000年	梭鲁特文化 …… 164
距今22000年	跨越白令海峡 …… 166
距今20000年	石头上所见的土著人历史 …… 168
距今20000年	伊尚戈的神秘骨头 …… 170
距今20000年	威兰德拉的脚印 …… 172
距今19500年	陶器 …… 174
距今19000年	驯鹿时代 …… 176
距今18600年	井里的壁画 …… 178
距今18000年	带眼的缝衣针 …… 180
距今18000年	标枪助推器 …… 182
距今18000年	夸尔塔的岩画 …… 184
距今17000年	拉斯科，史前的西斯廷教堂 …… 186
距今17000年	几何学的主题 …… 188
距今17000年	兽人 …… 190
距今17000年	公牛厅 …… 192
距今17000年	照明术 …… 194
距今17000年	马格德林文化 …… 196
距今17000年	绳纹时代 …… 198
距今15000年	阿尔塔米拉洞穴 …… 200
距今15000年	马苏拉斯洞穴的野牛点画 …… 202
距今15000年	可移动艺术品 …… 204
距今15000年	猛犸象骨骼"营帐" …… 206
距今15000年	马斯-达兹尔洞穴 …… 208
距今15000年	光学玩具 …… 210
距今14500年	纳吐夫文化 …… 212

距今 14500 年	村庄 …… 214
距今 14000 年	潘思旺 …… 216
距今 14000 年	帕尔特人的伟大浅浮雕 …… 218
距今 14000 年	"小鹿与鸟"雕像 …… 220
距今 14000 年	马 …… 222
距今 13500 年	克洛维斯文化 …… 224
距今 13500 年	奥杜贝尔的泥塑野牛 …… 226
距今 13140 年	冲突 …… 228
距今 13000 年	尼奥洞穴 …… 230
距今 13000 年	孔巴海勒洞穴 …… 232
距今 13000 年	百头猛犸象之洞 …… 234
距今 12800 年	征服高海拔之地 …… 236
距今 12700 年	铺给逝者的花床 …… 238
距今 12000 年	"马德莱纳的猛犸象" …… 240
距今 12000 年	中石器时代 …… 242
距今 12000 年	阿齐尔文化的刻画砾石 …… 244
距今 12000 年	新石器时代 …… 246
距今 12000 年	弓箭 …… 248
距今 12000 年	航行于地中海 …… 250
距今 12000 年	希拉松-塔奇蒂特的乌龟 …… 252
距今 12000 年	加里曼丹岛，指甲怎么了？ …… 254
距今 11500 年	哥贝克力石阵，最早的庙宇？ …… 256
距今 11000 年	最早的金属 …… 258
距今 11000 年	杰里科塔 …… 260
距今 10500 年	植物的驯化 …… 262
距今 10500 年	动物的驯化 …… 264
距今 10000 年	比莫贝卡特石窟 …… 266
距今 10000 年	撒哈拉沙漠，世界最大的博物馆 …… 268
距今 10000 年	屠杀野牛 …… 270

距今10000年	畜养奶牛 …… 272
距今9500年	恰塔尔胡尤克 …… 274
距今9500年	泰尔阿斯瓦德的翻模复制人头 …… 276
距今9500年	希吉尔木雕人像 …… 278
距今9500年	最早的家猫 …… 280
距今9000年	玉米驯化之谜 …… 282
距今9000年	尼日尔的长颈鹿 …… 284
距今9000年	梅赫尔格尔，原始城市 …… 286
距今9000年	"伟大的神"和"火星人" …… 288
距今9000年	新病来袭 …… 290
距今9000年	捕鲸 …… 292
距今9000年	中国的新石器文化 …… 294
距今8800年	欧洲的新石器化 …… 296
距今8500年	穿颅术 …… 298
距今8000年	西班牙东部岩画里的战争与和平 …… 300
距今8000年	征服高纬度之地 …… 302
距今8000年	豹子与女人 …… 304
距今7700年	巨角鹿 …… 306
距今7500年	不平等社会 …… 308
距今7500年	俄罗斯平原上的狩猎-捕鱼者 …… 310
距今7500年	瓦尔卡莫尼卡的岩画 …… 312
距今7400年	泰维耶克血腥的仪式 …… 314
距今7300年	贝丘 …… 316
距今7300年	食人堆 …… 318
距今7000年	圆环之谜 …… 320
距今7000年	木桩搭建的水上村庄 …… 322
距今6800年	玉斧 …… 324
距今6700年	巨石阵 …… 326
距今6600年	瓦尔纳的金器 …… 328

距今 6500 年	拜达里文化 …… 330
距今 6500 年	铜石并用时代 …… 332
距今 6500 年	奴隶的诞生 …… 334
距今 6300 年	葡萄酒 …… 336
距今 6300 年	最早的木乃伊 …… 338
距今 6200 年	加夫里尼斯的石冢 …… 340
距今 6000 年	新石器时代的人口 …… 342
距今 6000 年	卡纳克巨石林 …… 344
距今 5500 年	城邦的出现 …… 346
距今 5500 年	石头战士 …… 348
距今 5500 年	马的驯化 …… 350
距今 5400 年	阿拉克山的刀 …… 352
距今 5300 年	文字的发明 …… 354
距今 5200 年	纽格莱奇墓 …… 356
距今 5100 年	斯卡拉布雷遗址 …… 358
距今 4800 年	巨石阵的隐藏景观 …… 360
距今 4546 年	奥兹冰人 …… 362
距今 4200 年	北美最古老的关于宇宙起源的描绘 …… 364
距今 3800 年	青铜时代 …… 366
距今 3100 年	前哥伦比亚时代的亚马孙奇迹 …… 368
距今 2500 年	黑土地 …… 370
距今 2500 年	多塞特文化 …… 372
1879 年	解读旧石器时代艺术 …… 374
1963 年	处于危险中的艺术品 …… 376
1971 年	莫妮可·佩特拉尔,拉斯科的现代画家 …… 378
1995 年	碳-14 测年与古老的史前艺术 …… 380
2012 年	铀-钍测年的革命 …… 382
2012 年	让猛犸象重生? …… 384
2013 年	3D 复原的波姆-拉特罗恩洞穴壁画 …… 386

2014年　被淹没的遗址 …… 388
2014年　用史前石头奏乐 …… 390
2015年　遗址重建 …… 392
2016年　拉斯科，复活的永恒 …… 394

参考文献 …… 396
译后记 …… 405

绪 言
史前史带给我们的惊喜

在仅仅150多年的时间里，关于人类与绝灭动物共存甚至大洪水之前就有人类生存的观念早已成为不言而喻的定论。19世纪上半叶，在法国维埃纳省（Vienne）的夏福（Chaffaud）洞穴发现了一块鹿骨碎片，上面刻有两只雌鹿形象，一开始被当成凯尔特人的遗物。至于最有名的人类化石，莫过于1856年发现于德国的尼安德特人（Néandertal），其股骨曲率一度让人以为他只是一名在拿破仑军队中战死的普通哥萨克人！当然，从那时起到现在，得益于研究和发掘的增多以及分析方法的巨大进步，我们的认知已经取得了长足的进展。然而，我们不能就此认为，现在揭示出来的历史已经是不容置疑甚至无可争议的了，比如肖韦（Chauvet）洞穴及其精美雕刻艺术品的碳同位素测年数据（距今36000年）或者南非布隆伯斯（Blombos）的几何艺术品的测年数据（距今77000年）就彻底颠覆了我们对艺术演化史的认知。至于人类化石、古生物的新发现以及当今遗传学的新研究成果在近30年来层出不穷，使人类家族历史的面貌变得越来越复杂，也将人类起源的时间不断前推。当然，史前遗存对我们来说还存在很多空白，所以总会有源源不断的惊闻出现。

本书想让读者领略的正是这些惊人发现，它们在这场史前旅行中不断出现。显然，用大约200幅图和重要发现来梳理人类起源的大事涉及如何选择的问题。首先当然是时代，比如史前史始于何时、终于何时？虽然本书采用的年代界限是比较主观的，但是我们想展示人类史前史有着深厚的根系，从700万年前非洲出现最早的直立行走人类就已开始。真正的人属动物直到300万—200万年前才明确出现，而我们这个种的最早代表——智人（*Homo sapiens*，又叫现代人）直到20万年前才出现，所以本书涉及的史前史也包括我们家族其他成员即其他人属动物的历史。

我们以前从人类线性演化的角度出发，认为史前史终止于文字的出现；相应地，历史学就是通过文献记载研究人类历史的学科。正因如此，没有文字记载的社会则很少受到关注。不过，现在学者们一致认为，新石器时代人类经历的社会和经济变革是一个转折点，标志着"原史时代"（Protohistoire，包括新石器时代和青铜时代）这一介于史前和历史时期之间的过渡阶段的开始。所以，在本书中我们将原史时代也整合进来了，目的是向读者展示这一巨大转变的全貌——农业、动物驯养、定居、社会等级分化等。

理解史前史的困难之一在于，技术、社会和文化的创新在不同的地方、以不同的方式对人类社会产生了不同的影响，这还只是从创新本身对人类社会的单方面影响而言的，所以本书在内容选择上也兼顾了地域。尽管史前学是诞生于欧洲且长期聚焦于欧洲的一门科学，但我们想尽可能地跳出这个框框，为读者打开一扇窗，去观察其他区域的史前史，去了解来自人类起源摇篮的非洲人类，当然也去了解美洲、大洋洲或亚洲甚至北极的人类。史前的世界与现在的世界同样广阔，我们只能管中窥豹，认知也会不断被刷新。尽管如此，我们仍然希望本书能让读者感受到，在世界范围内，我们共同拥有的历史是非常丰富、多样和复杂的。

很多著名史前学家都曾试图探索旧石器时代晚期人类进行艺术创造的深层次原因，但自从1879年阿尔塔米拉（Altamira）洞穴壁画发现以来，一直没有找到满意的答案。这很可能是因为丰富多样的壁画和艺术品不符合单一性、简单化的解释，也很可能是因为祖先留给我们的艺术载体与所有考古学遗存一样透露的信息不够，使我们难以真正理解其中的意义。那么本书想展示的正是这种多样性和神秘性。但是，因为史前史不局限于艺术，所以本书也会探索祖先生活的其他方面——生物的、社会生活的、环境的、技术革新的，再加上史前学本身在课题和方法论方面的进展。为了更好地说明这些主题，我们尽可能选择了丰富多样的插图，除了肖韦洞穴的猫科动物或拉斯科（Lascaux）洞穴的公牛壁画、骨骼化石、著名的考古遗存或标志性遗址的照片外，我们也插入了画家绘制的史前动物形象、科学家复原的"真人版"古人类图像以及档案照片，或由现代技术制作的科学图片等。

从最早的直立行走的人类到"拉斯科4号"洞的开启，本书将带领读者完成一次长达700万年的旅行。这场旅行的每一段都有清晰的时间标识。根据学科及其研究对象的不同，科学家们有时候使用的是公历纪年，记录的是距离我们这个纪元多长时间（或公元前）；有时候使用的是地质年代，记录的是测年数据（比如碳同位素年代），表示"距今"多长时间。本书使用的都是距今年代，比如肖韦洞穴测定为36000年、卡纳克巨石林（Alignements de Carnac）测定为6000年，两者表示的都是这些遗存距离我们今天的时间，即便是描述人们习惯用"公元前"来记录时间的布列塔尼人（Bretons）的巨石建筑，我们也是用的距今年代。唯一的例外是书最后描述与史前史研究有关的内容，比如阿尔克桥洞穴（Caverne du Pont d'Arc）于2015年开放时，我们用的是公元纪年。

本书将带给读者一系列惊喜。读者会了解到石器早在人属动物出现之前就已经存在了，人类到达欧洲大门口的时间比想象的要早得多，人吃人的确已经有一段非常古老的历史了，赭石和装饰品早在欧洲旧石器时代晚期艺术兴盛之前就已经存在很久了，纺织品、陶器或狗的驯化也是早在旧石器时代就出现的创新，最早的村庄在近东地区诞生时欧洲还是狩猎-采集者的天下，以及最后，世界某些地区已经跳跃进入我们的城市化和文明化阶段，但是其他地区如亚马孙或北极的人仍然生活在史前。

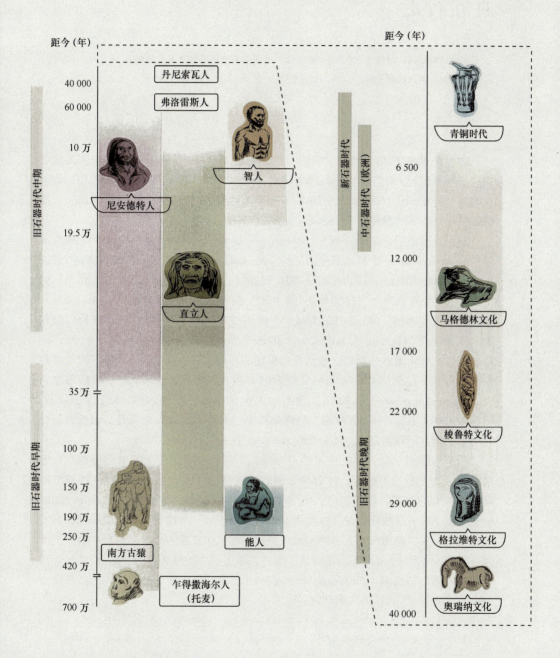

直立行走

化石碎片证明,在距今700万—450万年,非洲有三支不同的人属动物拥有两足直立行走的体质特征。

20世纪90年代初,当时发现的人类最古老的代表——两足直立行走的人属动物几乎都不超过400万年。它们都被归类为南方古猿,是人类出现之前即最早期人类的一个分支,我们曾经以为后来的人都是由他们进化而来的。但是数十年来,随着新的化石种属的发现,我们远古祖先的家谱已经被大幅改写了。

首先是地猿(*Ardipithecus*,昵称"阿尔迪"。——译者注),有两个种,一个是地猿拉米种(*Ar. ramidus*),一个是地猿卡达巴种(*Ar. kadabba*)。1992年,蒂姆·怀特(Tim White)在埃塞俄比亚最先发现了一些化石碎片,2009年完整发表了属于36个不同个体的110件骨骼碎片。2000年,"阿尔迪"被布里吉特·森努特(Brigitte Senut)和马丁·皮克福德(Martin Pickford)在肯尼亚发现的距今600万年的新种即被称为"千禧人"(Homme de millénaire)的图根原人(*Orrorin Tugenensis*)代替。这件"千禧人"化石十分有名,包括几颗单独的牙齿和一些骨骼,其中有一段几乎完整的股骨和下颌骨碎片。它随后又被2001年发现的距今700万年的乍得撒海尔人(*Sahelanthropus tchadensis*)取代。撒海尔人由米歇尔·布鲁内特(Michel Brunet)团队在乍得(Tchad)北部发现,这件化石最引人注目的是一个头骨,虽然在石化过程中变形,但异常完整,还有个昵称——"托麦"。

即便这些最早期人类的古老性没有疑问,他们在进化史上的位置仍存在一些争议,因为化石过于破碎,种与种之间的比较变得非常困难。牙齿是上述三个种属唯一共有的化石,但是在古人类学家约翰内斯·黑尔-塞拉西(Yohannes Haile-Selassie)看来,这些牙齿特征非常相似,可能属于同一个属!地猿可能与黑猩猩支系的演化有关,而撒海尔人和图根原人更可能是人类支系的成员。这其中有一支不仅在距今450万—200万年演化导致了南方古猿[其中包括著名的"露西",一名属于南方古猿阿尔法种(*Australopithecus afarensis*)的矮小女性]的繁盛,而且在距今250万年演化成了真正的人属动物。

参考:能人(距今245万年)

在非洲最早期的两足直立行走人类之后出现了南方古猿的繁盛。南方古猿也是两足直立行走,其中最著名的是露西(左),站在她身旁的是为她设想出来的同伴"吕西安"(Lucien)

最早的石器

肯尼亚发现的石质工具出人意料地将石器工业的开端大幅度提前了,确凿地表明工具不是人类的专利。

目前已知最古老的打制石器出现在330万年前,这个新发现将最早的石器工业向前推进了70万年,无异于在古人类学研究的天空炸响了一声惊雷。2015年5月,《自然》杂志刊登了索尼娅·哈曼德(Sonia Harmand)主持的一项研究[西图尔卡纳考古计划(West Turkana Archaeological Project)]在肯尼亚东部的新发现。这批石制品共有149件,部分是地表采集的,部分是地层发掘获得的,其中包括83件石核、35件修型产生的石片以及一些可能作为石砧或石锤的制品,它们共同构成了一个古老的石器加工场。

时间的古老是十分引人注目的,因为此前所知最古老的打制石器是埃莱娜·罗什(Hélène Roche)在埃塞俄比亚戈纳(Gona)遗址发现的奥杜威砾石石器,但这些砍砸器测年"仅"距今260万年。对于这批新发现的比奥杜威石器更原始的石制品组合,学者们特别命名了一个工业,即罗姆奎工业(Lomekwien)。

如果要说这个发现的重要性,那么最重要的地方就在于它提出了一个问题,即这批最早的石器打制者是何身份?奥杜威石器被简单归为能人(*Homo habilis*)的工具,因为"能人"本意就是"能制作工具的人",但是这次不能直接把这个发现归为人属动物,因为打制者根本就不存在。罗姆奎石器确切的使用功能还有待证实,它们既有可能属于南方古猿(因为距今340万年的骨骼切割痕迹使我们猜测南方古猿阿尔法种会使用石器),也有可能属于肯尼亚扁脸人(*Kenyanthropus platyops*)。距今350万—320万年的扁脸人是米芙·利基(Meave Leakey)1999年在图尔卡纳湖西边的湖畔发现的,其地理位置与罗姆奎相近,时代也重合,但遗憾的是,因为化石数量极少且保存状况不好,我们对扁脸人知之甚少。

参考:奥杜威文化(距今260万年),能人(距今245万年)

在图尔卡纳湖畔,诞生了目前已知最早的石器,比真正的人出现还早至少50万年

奥杜威文化

奥杜威文化是旧石器时代的第一个大文化，以砾石石器为主要特征，最先发现于奥杜威峡谷，可能是属于不同人类的工具。

奥杜威峡谷位于坦桑尼亚东非大裂谷的西缘，这里埋藏了很厚的史前堆积，是东非众多重要遗址群中的一个，因为在这里不仅发现了距今180万—40万年的人类化石，还发现了相当数量的石器。"奥杜威文化"就得名于该峡谷，是旧石器时代早期最开始的文化，大约距今260万—130万年，最主要的标志是尚处于原始阶段的石器文化，包括大量打制的砾石石器，但没有手斧。

正是在奥杜威峡谷，路易斯·利基（Louis Leakey，1903—1972）和玛丽·利基（Mary Leakey，1913—1996）发现了距今180万—160万年的奥杜威文化早期的石器，但是比这个更古老的属于奥杜威文化开端的石器（我们也称之为距今260万年的前奥杜威文化）是后来在东非其他遗址如肯尼亚的洛卡莱雷（Lokalelei）、埃塞俄比亚的哈达（Hadar）和图尔卡纳湖盆发现的。另外，从南非到阿尔及利亚，也有一些遗址出土了距今180万—130万年的石器。

这些大小不一的石器看起来的确像多功能工具，可能是用来切割骨头、刮肉或者砸碎坚果的。它们与多种人类共存［鲍氏傍人（*Paranthropus boisei*）和能人，因为他们也生活在奥杜威峡谷］，也与南方古猿同时存在。生产这些石器的人类从河谷里选取砾石，用坚硬的石锤进行锤击剥裂石片，获得可用的刃口。他们要么只在原料的一面锤击（得到我们所说的砍砸器或砍斫器），要么在两面锤击（双面砍砸器），要么在砾石周身锤击。很可能只有石片本身才是打制者寻找和使用的工具。

奥杜威文化的石器一直持续到新石器时代，不过从奥杜威最晚近的地层里逐渐出现的手斧构成了随后阿舍利（Acheuléen）文化的标志。

参考：最早的石器（距今330万年），阿舍利文化（距今176万年）

人类或南方古猿将河床里捡到的砾石修整，做成工具，这就是我们熟知的以坦桑尼亚奥杜威峡谷命名的奥杜威文化或奥杜威石器工业

能 人

1964年，一种新的能制作石器的人类被发现，成为古人类学史上的转折点。

1960年，坦桑尼亚奥杜威峡谷发现了一种新的化石人类，使早期人类研究的焦点区域由亚洲迅速转向了非洲。这个新人类的化石包括一些下颌碎片、一颗上臼齿、两块顶骨、一些指骨和掌骨以及腕骨，看起来很"现代"，他粗壮的手指与人类极为相似，似乎表明那些环绕四周的石器正是出自他手。

能人本意为"巧手能干的人""能制作工具的人"，是人属动物的早期成员，生活在距今245万—155万年的东非和南非。1964年4月，路易斯·利基、菲利普·托拜厄斯（Phillip Tobias）和约翰·纳皮尔（John Napier）在《自然》杂志公开了新发现的能人化石，在古人类学界引起持续了很长时间的轰动。

在所有早期人类成员中，能人是与我们人类最相似的。最初认为，他们很可能是食腐尸者而非狩猎者，因为这个化石人类的身高相当于一名7岁儿童，脑容量不到700毫升。虽然他能直立行走，但不是很灵活，而且他的颅后骨具有与南方古猿很相似的显著特征。

这个能人化石是最早的人类吗？在有些学者看来，能人这个分类是正确的，只是其中有些化石遗存应该归入另一种人，即鲁道夫人（*Homo rudolfensis*）。不过也有学者认为，能人不是人属动物，因而不是我们人类这一分支的源头。2007年，有新的发现表明，在长达50万年的时间里，能人和直立人（*Homo erectus*）曾经在肯尼亚图尔卡纳湖东畔共同生活过，这一发现颠覆了"直立人是从能人直接演化而来"的观点。所以说，正是1964年发现的能人化石掀起了一场旷日持久的关于人属动物和非洲摇篮的争论，也正是这场争论引出了另一个重大发现：2013年，学者在埃塞俄比亚找到一块下颌骨化石，填补了南方古猿和人类之间的鸿沟。该下颌骨年代为距今280万年，将我们人类的历史提早了40万年！

参考：奥杜威文化（距今260万年），能人（距今245万年）

距今245万年

图中是一名女性能人。"能人"之所以这样命名，是因为在他的化石附近发现了石器，但是今天我们已经知道，石器并非人类的专利

在欧洲的大门口

格鲁吉亚德马尼西遗址的人类化石是一项令人震惊的发现，完全改写了欧亚大陆人类演化的图景，也对最古老的人类身份提出了质疑。

180万年前，有个人到达高加索，叩开了欧洲的大门。他发现这里是典型的萨瓦纳（savane）草原环境，比他原来生活的非洲更湿润一些。他就是格鲁吉亚人（*Homo georgicus*）。格鲁吉亚人身材矮小，身高1.5米左右，脑容量700毫升（只有智人的一半），制作的工具是类似东非奥杜威文化的砾石石器。

1991年，大卫·洛德基帕尼泽（David Lordkipanidze）的团队在德马尼西一个中世纪村庄下面发掘，偶然发现了一块下颌骨，这就是最先发现的格鲁吉亚人的化石遗存。随后又发现了大量化石，包括5个完整的头骨、一定数量的下颌骨和颅后骨。这些发现的意义至关重要，表明人类离开非洲的时间比我们预想的要早，而且人类走出非洲与大脑的发展水平没有关系。

2013年，第5个头骨也是保存最完整的第一例头骨被发现，犹如一个炮弹在古人类学界炸开。这是一个成年男性，脑容量比此前遗址发现的更小，只有546毫升！头骨的某些特征像南方古猿，某些特征又像另一个新的人种。更复杂的是，德马尼西发现的头骨每个都不一样，如果是在不同的考古情境（context）中发现的，它们有可能被归入完全不同的种。不过借助3D图像复原方法，洛德基帕尼泽团队比较了5个头骨的形态，证明德马尼西人类化石内部的差异性并没有超过智人或黑猩猩内部的差异。

所以，德马尼西发现的人类化石是属于同一种人的。据此，学者提出，非洲那些被贴上"直立人""能人"和"鲁道夫人"标签的人类化石也很有可能属于同一个种，比如"直立人"。不过学界对这一结论尚持谨慎态度。

参考：奥杜威文化（距今260万年），能人（距今245万年），北京人（距今78万年）

距今180万年的格鲁吉亚人化石是一项轰动世界的发现，完全打乱了欧亚大陆人类演化原有的图景

阿舍利文化

阿舍利是在东非发现的石器工业，以史前的标志性打制石器——手斧为典型特征。

"阿舍利"是由法国史前学家加布里埃尔·德·莫尔蒂耶（Gabriel de Mortillet，1821—1898）提出的。他根据在法国亚眠（Amiens）附近圣阿舍尔（Saint-Acheul）发现的含大量手斧的石器工业，将此类发现统一命名为"阿舍利文化"，并对其内涵进行了定义，将时代定在旧石器时代早期。阿舍利文化最先出现于非洲，随后扩散至欧洲以至旧大陆的广大地区，典型特征是手斧；对某些学者而言，是手斧在石制品组合中占有一定的比例。

"手斧"这个名称在20世纪20年代取代"原始武器"（coup de poing）一词后使用至今，指从石块两面、以或多或少对称的方式剥离石片，形成工具，目的是使尖端两侧的边缘变得锋利。原料来源多样，包括燧石、黑曜岩、石英……目前所知最古老的手斧是由法国埃莱娜·罗什的研究团队在肯尼亚北部的图尔卡纳湖畔科基塞雷（Kokiselei）4号地点发现的，古地磁法测定其年代为距今176万年。

这些手斧的古老特征表明，阿舍利文化发源的时间比史前学家长期以为的要早很多，而且与奥杜威文化的石器工业重叠40多万年（根据地层堆积，奥杜威与阿舍利之间既有渐进式的发展，也有突然的转变或者反复交替的现象）。另外，在东非（坦桑尼亚）也发现了非常古老的手斧，距今170万年。这些非洲手斧的打制者可能是匠人（*Homo ergaster*）。随后的直立人或海德堡人（*Homo heidelbergensis*）可能将该技术扩散到了非洲以外的地区。手斧在长久的演化过程中变得越来越薄、越来越小，很有可能具有不同的用途。其他类型的工具，如用大型石片制成的薄刃斧也是阿舍利文化的典型代表。

在西欧，阿舍利文化出现于80万年前，延续至旧石器时代中期，大约20万年前。

参考：奥杜威文化（距今260万年）

距今176万年

圣阿舍尔的手斧，由费利克斯·勒尼奥（Félix Régnault）收集，现藏于图卢兹博物馆（Muséum de Toulouse）。该地点距离亚眠很近，以它命名的石器文化曾经广泛扩散，遍及从非洲到印度的广大地区

语　言

我们对人类语言能力的起源曾经提出过无数的假设。新的研究论文公布了对这个热议话题的新成果。

与石器工业相反，语言没有留下任何物质痕迹，所以要确定它出现的时间就特别困难，研究者对此向来众说纷纭，从仅有5万年到大约200万年的都有。

出现这种状况主要是因为缺乏物质证据，只能运用间接证据来推测，比如推测能人（石器的"发明者"）或者直立人和匠人（走出非洲的两种早期人类）都是潜在的会使用语言的人。2015年，美国和英国科学家提出，人类在打制石器过程中技能的传习就是语言的起源。他们认为，最早的奥杜威文化的石器出现之后经历了一个很长的技术停滞期，直到大约170万年前，人类才逐渐确立语言的雏形，而语言为后来的人类演化赋予了决定性的优势。

另一些学者围绕我们祖先的大脑开展了新的研究。2014年，古人类学家首次用3D图像复原的方法获得了每种古人类的颅骨内面形态（研究大脑形态的唯一方式），比较了布罗卡氏区（人脑与语言相关的功能区）。结果显示，仅仅根据大脑形态推断语言的存在是不可能的，但是大脑在脑前叶的偏侧性是语言诞生的先决条件，在人类与黑猩猩和倭黑猩猩分离后的支系中可能是存在的。

所以，为了了解谁是最早在解剖学特征上能开口说话的人类，最好弄清楚哪种人类最先在脖子下面发育出喉咙，这是大部分人都忽略了的古老人类的重要特征。

参考：奥杜威文化（距今260万年），能人（距今245万年），北京人（距今78万年）

距今170万年

关于语言起源的争论颇多，每种观点的证据都很贫乏，大家多靠推测，比如这幅插图中尼安德特人正在交谈的场景就是想象出来的

掌握用火

用火无疑是人类演化过程中的转折点。早有证据表明，人类在40万年前已经具备了用火能力，不过一系列新发现揭示人类掌握火的时间要更早。

学界一致认为人类用火产生于40万年前的欧洲，因为在那儿发现了确凿的人工火塘。比如在法国菲尼斯泰尔省（Finistère）的梅内-德勒干（Menez-Dregan）洞穴发现了距今40万—37万年的火塘和距今46.5万年的燃烧遗迹；在中国周口店遗址发现了被火烧硬的骨片、带尖的鹿角，表明40万年前此地人类曾用过火塘；位于法国阿尔卑斯滨海省（Alpes-Maritimes）的泰拉阿马塔（Terra Amata）洞穴发现了坑状或垫有砾石的火塘，时间为距今38万年。

还有一些遗址说明人类使用火塘的时间更早，只是这些火烧遗迹的人工性质还有争议，比如以色列的格舍尔-贝诺特-亚阿科夫（Gesher Benot Ya'aqov）遗址发现的距今70万年的火塘遗迹；南非斯瓦特克兰斯（Swartkrans）遗址发现的距今150万—100万年的骨骼化石；非洲发现的其他古老的用火证据，其人工性质或多或少都有争议。不过2012年在南非万德沃克（Wonderwerk）洞穴的发现与众不同，这里的植物灰烬和炭化骨骼被有意识地堆在地面上，有明确的分布范围，距离洞口30多米，确凿无疑地证明直立人曾在这里烧过火塘，年代是距今100万年。

还有一个未解之谜：直立人是自己在这里生的火，还是单纯借用了自然火的火种？2011年，哈佛大学的一项研究显示，在人科动物中，牙齿的大小、饮食行为、寻找食物的时间和食物是否烧煮之间存在密切的关联。具体来说，自从直立人190万年前出现以来，臼齿一直在缩小，这可能是因为人类从那时起就已经形成了烹制熟食的习惯。当然，这也意味着，即便古人类不会自己生火，也会在一定程度上使用、掌握自然火。

参考：北京人（距今78万年）

火在人类演化中无疑扮演了至关重要的角色，正如电影《火之战》（La Guerre du feu）中提到的，"人类的掌控能力在不断增强"

北京人

中国周口店发现的人类化石引起全世界的关注，颠覆了人类演化史已有的定论。

亚洲旧石器时代早期人类的代表性化石——直立人的发现过程，比侦探小说还精彩。故事始于1890年，荷兰解剖学家欧仁·杜布瓦（Eugène Dubois）坚信在猴子和人类之间存在一根"缺失的链条"，结果他在爪哇岛的特里尼尔（Trinil）遗址真的发现了化石，并定名了一个新种——直立猿人（*Pithecanthropus erectus*）。

随后，瑞典地质学家安特生（John Gunnar Andersson）在中国北京一个中药铺里发现了采自北京近郊岩厦和周口店洞穴的"龙骨"（中药铺对所有哺乳动物化石的统称）。从1923年开始，尤其是在加拿大人布达生（Davidson Black）的主持下，周口店遗址独特的地层堆积中出土了异常丰富的人类化石（包括12个头骨），这些化石属于40多个个体，被命名为中国猿人北京种（*Sinanthropus pekinensis*），后来与爪哇人一起被归入直立人。

北京人遗址还出土了丰富的石器，原料以石英为主；发现的火塘遗迹，在20世纪90年代末仍被看作是自然力量形成的；年代早于距今50万年，由此使得在周口店工作的学者分成了意见不同的两派。德日进（Pierre Teilhard de Chardin）认为，这些石器只是智人制作的（这些智人可能吃掉了中国猿人）；针锋相对的是旧石器考古的权威人物，也是长期负责周口店发掘的裴文中的导师布日耶（l'abbé Breuil），他认为，北京人就是这些石器的主人。

第二次世界大战爆发后，北京人化石被放进两个巨大的货箱，准备乘船运往美国。1941年在不明不白的情况下消失得无影无踪……不过对北京人的研究并没有结束。因为德国解剖学家魏敦瑞（Franz Weidenreich）在1937年曾提议制作北京人化石模型，并敦促助手完成复制工作，使继续研究变成了可能。2009年，周口店地层的新测年结果表明，那些丢失的北京人化石的年代为距今78万年，比原有结果提前了20万年！

参考：掌握用火（距今100万年）；直立人，最早的雕刻家？（距今50万年）

20世纪20年代，周口店遗址出土了丰富的北京人化石

人吃人

阿塔普埃卡的人类化石表明，男人和儿童曾经被他们的同类吃掉，既不是因为饥饿，也不是出于信仰。

1994年7月，在西班牙阿塔普埃卡（Atapuerca）山的格兰多利纳（Gran Dolina）遗址出土了好几件特殊的人类化石。尤达尔德·卡本博内勒（Eudald Carbonnell）及其团队在发掘过程中清理出至少属于6个个体的86件人类骨骼碎片。古地磁测年和动物化石分析共同表明，其年代为距今78万年，这是当时欧洲发现的最古老的人类（后来在阿塔普埃卡又发现了距今120万—110万年的人类化石）。

这些人类化石与大量石制品（268件石器）共存，被定名为"前人"（*Homo antecessor*，又叫"先驱人"——译者注）。这是一种身材可与智人相比但比尼安德特人纤瘦的人类，也可能是智人和尼安德特人的共同祖先。虽然学界对这些化石在人类演化体系中的位置存在争议，但是"前人"的行为方式仍然引起了普遍关注。

这些人类化石与其他动物化石混杂在一起，其上明显可见破裂、切割痕和刮痕，揭示了一种有意识的处理行为：和动物一样经历了肢解、去除肌肉内脏、敲骨取髓的处理……所以确定无疑，"前人"是食人族！

但是为什么人要吃人呢？其实并无必要。因为孢粉分析和4000多件大型哺乳动物骨骼化石表明，"前人"的生活环境是很优越的，他们可以从容地狩猎野猪、马和鹿，而且仅有的考古遗存也不足以证实食人行为具有仪式性。考古学家只能推测，这些人类曾经多次（至少在某些情况下）食人肉，形成了惯常性和有意识的饮食行为，而且他们吃的主要是幼童和青少年，这种选择偏好仍然有待解释。

参考：埃尔西德隆洞穴的惨剧（距今49000年），食人堆（距今7300年）

距今78万年

好几种人类有同类相食的行为，"前人"是他们最古老的代表

阿拉戈洞穴

阿拉戈洞穴位于法国佩皮尼昂（Perpignan）附近的托塔维尔镇（Tautavel），50多年来这里出土了珍贵的人类和考古遗存，向我们展示了欧洲在尼安德特人出现之前的狩猎者是如何生活的。

比利牛斯山东部的阿拉戈洞穴（La Caune de l'Arago），处于河谷上方接近100米高的地方，应该是一个绝佳的观察点，可以看到动物在山脚下的维尔杜布勒（Verdouble）河里饮水或奔跑。正因为有这样的战略位置，所以阿拉戈洞穴在距今69万年到35000年间一直有狩猎者活动。

洞穴中的动物化石早在19世纪就被发现了，一直等到1963年以后才由史前学家亨利·德拉姆利（Henry de Lumley）开始系统发掘，发现了大约150件人类化石。其中最有名的，是一个比较完整的头骨（阿拉戈21号）——"托塔维尔人"，距今45万年，在1971年发现时是最古老的欧洲人类。绝大多数学者将托塔维尔人归为海德堡人，他融合了欧洲化石人类的特征，与后继的尼安德特人也有形态上的亲缘关系。

阿拉戈最开始因水的渗透形成了溶洞，而后逐渐在风和水流的作用下被填充，具有厚达15米的地层，使研究者能够了解长达60万年间居住于此的古人类的生活方式以及周边的环境状况（包括冷杉森林、干旱草原、灌木丛）。50年来在该遗址开展的多学科研究显示，阿拉戈洞穴狩猎者的活动范围很广泛，他们在这里，在不同的时间阶段，狩猎马、野牛、犀牛、北极狐、驯鹿、黄鹿和其他鹿类动物等，还到30公里外的地方去采集燧石，制作石器。

阿拉戈洞穴的发掘从未间断，最近又发现了多个距今45万年的人类下颌骨化石和一颗距今55万年的成年人牙齿化石，比托塔维尔人还要早10万年！

参考：在欧洲的大门口（距今180万年）

距今69万年

位于比利牛斯山东部、托塔维尔镇的阿拉戈洞穴，周边风景非常壮观

猛犸象

作为史前的标志性动物，猛犸象既是人类的食物来源、多功能的原材料，也是旧石器时代艺术品的题材和载体。

猛犸象（Mammuth）是一类哺乳动物，属于象的旁亲，出现于距今500万—400万年。它包括11个不同的种，其中最著名的是真猛犸象（*Mammuthus primigenius*），也叫绒毛猛犸象，在大约60万年前起源于西伯利亚，而后扩散至西欧，并且在末次冰期时经白令海峡迁徙到了北美。

我们无法想象它到底多么庞大，但旧石器时代人类（尼安德特人、智人）的确以它为食。人类跟随它们迁徙（极有可能专门为了狩猎），因为它们身上不仅有重达六吨的肉，还有长骨的骨髓和油脂（某些部位特别丰富，比如足弓）可以食用。

猛犸象的215块骨头和象牙无论是在干燥还是石化了的情况下取出来，都有很多用途。在乌克兰的梅日里奇（Mezhyrich）发现了用猛犸象骨搭建的窝棚，在捷克共和国的下维斯特尼采遗址（Dolní Věstonice）发现了用猛犸象的臼齿刮皮的痕迹，在美国兰格-弗格森（Lange-Ferguson）发现了猛犸象肩胛骨被用作"切割的垫板"，等等。猛犸象骨骼可以加工成很多东西，如鱼钩、刮铲、锹、磨光器、装饰品、刀叉、镐头、钩子、带眼的缝衣针、标枪头……可谓无所不能！甚至它脚掌上的短骨都可以被用作砧板。

猛犸象也是很多著名洞穴壁画的主题形象，比如法国鲁菲尼亚克（Rouffignac）洞穴壁上就画满了猛犸象，派许摩尔（Pech Merle）洞穴、肖韦洞穴壁上也有很多猛犸象。因为骨头和象牙具有理想的平面，也比较坚硬、均质性很好、尺寸大且美观，所以常被旧石器时代的人类用来制作可携带艺术品。长牙被水浸泡后可以用燧石的石片雕刻，然后用磨石或皮子抛光打磨，其中最有名的雕刻作品就是我们常说的法国布拉桑普伊（Brassempouy）的"维纳斯"雕像和德国霍伦斯泰因-斯塔德尔（Hohlenstein-Stadel）洞穴的狮子人雕像。

参考：尼安德特人，猛犸象狩猎者？（距今25万年）；猛犸象骨骼"营帐"（距今15000年）；"马德莱纳的猛犸象"（距今12000年）；让猛犸象重生？（2012年）

距今60万年

作为史前的标志性动物，猛犸象是优质的资源。对于如何利用这种庞然大物的各个部位，史前人类了如指掌

创伤和肿痛

在旧石器时代,人们一生中会遭遇各种创伤和痛苦,不过有些人在同伴的帮助下可以大难不死。

古病理学是一门通过观察分析人类骨骼和牙齿化石上的残留痕迹来研究其病理特征的学科,可以使我们发现古人类曾经罹患的疾病。方法包括肉眼观察骨骼、测量尺寸、内窥镜检查(探测颅骨内面或鼻沟,甚至组织)、X线照相(观察骨骼结构)以及生物化学和遗传学分析。

对于最古老的旧石器时代而言,由骨骼变形引起的病变是最明显也最容易观察到的。所以根据坦桑尼亚奥杜威峡谷发现的能人化石的一只脚,我们就可以确定人类从诞生之初就患有关节病;根据法国圣沙拜尔(Chapelle-aux-Saints)发现的骨骼化石,我们可以知道尼安德特人患有先天性的髋关节脱臼。某些感染也会留下特殊痕迹。2007年,学者证实,土耳其西部发现的距今50万年的"直立人"年轻男性的左眼眶附近,曾有很小的病变(1—2毫米),这种由脑膜结核造成的病变痕迹之前只在几千年前的木乃伊上发现过。

创伤造成的痕迹也比较多,而且特征各异,尼安德特人更为突出。不过,从我们看到的证据来说,无论是什么原因造成的(事故、暴力),受伤的个体即便是伤至重度残疾都能存活下来。2014年,3D复原图像揭示,以色列卡夫泽(Qafzeh)洞穴的墓坑里埋葬的一个距今大约10万年的"智人"青少年,其头部曾经受过重创,导致智力发育严重滞后,也产生了一些突出的神经后遗症。但是,这位青少年很可能拥有特殊的地位,得到了族人的同情和关爱,墓葬里的鹿角就是证明。

参考:圣沙拜尔的老人(距今50000年),新病来袭(距今9000年)

距今50万年

卡夫泽11号青少年的颅骨(透明外框)和虚拟的颅骨内面(粉色)显示,其前额曾遭到撞击,头骨凹陷导致脑部受创

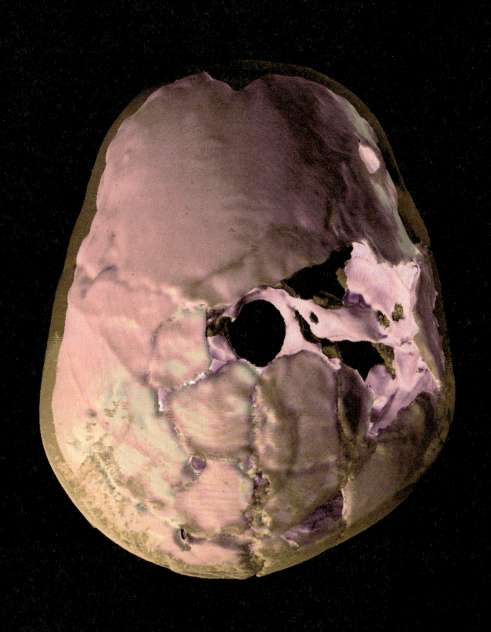

直立人，最早的雕刻家？

一块50万年前的贝壳上的几道刻痕，说明直立人的认知水平可能比我们想象的高。

2007年，斯蒂芬·蒙罗（Stephen Munro），一位年轻的考古学者在荷兰莱顿自然历史博物馆（Muséum d'histoire naturelle de Leyde）研究占馆藏标本主体的淡水贝壳时，发现其中一个贝壳的表面有一些"之"字形的凹痕，可能是刻画形成的。

这些贝壳来自印度尼西亚爪哇岛特里尼尔遗址，比南非发现的大约距今10万年的布隆伯斯赭石块（上面也有刻画的"之"字形纹）要古老很多。附着在贝壳上的沉积物测年为距今54万—43万年！所以这些刻画印痕可能是爪哇人即直立人的作品，而直立人在这个阶段仅在东南亚部分地区存在。

七年后，这个新发现发表在《自然》杂志上，指出古人类也能创造这些"图画"或"抽象图案"，在学界引起轰动。但是这个贝壳不会是假的吧？因为特里尼尔的所有遗存都是由荷兰解剖学家欧仁·杜布瓦在1891年发现的，而那个年代的发掘方法是很粗糙的。

但是，对特里尼尔的166件贝壳标本的分析，加上用现生贝壳做的实验揭示了两件事：首先是在三分之一的标本上，人类钻了两个小洞以便切断动物的肌肉、打开贝壳；其次是通过显微镜观察发现，这些线条是在一块新鲜贝壳上一气呵成刻出的，用的工具可能是鲨鱼牙齿，而且刻画者为了使印痕刻得足够深，用一只手用力握紧贝壳，以至于留下了一段底部圆形且光滑的刻槽，显示出其年代很古老。还有一个贝壳上有磨损的痕迹，表明它可能曾被用作切割或刮削的工具。

对于发现者来说，不同的证据和线索表明，直立人既然会打制石器、用火，也能把贝壳当作工具使用。这些贝壳既是常规食物，偶尔也可以用来刻画，所以这些痕迹应是他们象征性思维的表现。

参考：北京人（距今78万年）

这块刻画的贝壳表现了50万年前直立人的抽象思维和装饰性动机，展现了直立人以往被我们低估了的认知能力

骨头坑

西班牙的胡瑟裂谷洞穴遗址发现了一处异乎寻常的人类化石堆，可能是在丧葬仪式中有意识堆积形成的。

旧石器时代早期相当长的时间（距今290万—30万年）没有留下任何有关丧葬行为的考古证据，对于流动性很强的古人类来说，与死者脱离关系最方便的处理方式就是弃置于自然。不过有个遗址发现了例外，西班牙阿塔普埃卡山的胡瑟裂谷洞穴（Sima de los Huesos，西班牙语中有骨坑的意思），长7米，宽3米，要进入这个洞穴，首先需要通过一个倾斜的廊道，然后穿过一个深13米的坑。

这个神秘的空间由西班牙考古学家从1984年开始系统发掘，发现的人类化石年代为距今50万—35万年。全世界已经发现的属于这个时段的人类化石中，80%的标本出自该洞穴。这还只是到目前为止的数据，发掘还没结束，整个堆积只发掘了大约三分之一。

迄今为止，该洞穴已有6000多件化石出土，属于至少28个个体，包括一名儿童、13名10—17岁的青少年和14名成年人（其中一半不到25岁）。由于发掘还在继续，所以他们的DNA和某些解剖学特征也在不断更新中。

这样的人类化石堆积现象代表了最早的丧葬仪式吗？史前学家可以肯定的是，死者是经过选择然后被有意识地投入坑中的，因为死者的年龄构成与一个人群的正常死亡模式并不符合，而且死者骨骼的所有部位都是完整的，这就排除了尸体是由食肉类动物带进来的可能性。另外，遗址里唯一的人工制品是一件带有浅褐红纹理的石英岩手斧，其美观程度和修整质量表明，这是死者的一件祭品。在有可能存在的象征行为背后，他们是否存在信仰仍是个谜……

参考：最早的墓葬（距今10万年）

距今35万年

胡瑟裂谷洞穴的人类骨骼堆积，像谜一样，会是古老丧葬仪式的证据吗？

带上标枪去狩猎

木质长矛和装柄的石质尖状器,为我们揭开了旧石器时代狩猎技术面纱的一角。

由于有机物质很难保存,所以我们对旧石器时代早期和中期人类的狩猎技术知之甚少。不过有些木质武器的发现还是可以让我们对此窥见一斑。

1911年,英国克拉克顿(Clacton)遗址出土了一件长39厘米的长矛残段,由紫杉木制成,尖端可能就是旧石器时代的标枪头,年代早至距今45万—20万年。此外,德国莱茨林根(Lehringen)的一个遗址发现了长2.4米的长矛残片,年代为距今12.5万年,被发现时插在一头大象的身体里。

不过最引人注目的是1994—1998年在德国舍宁根(Schöningen)一个露天褐煤矿的地层里发现的8件木质武器,大约距今30万年。这些古老的狩猎武器长1.8—2.5米,是用削细的云杉木(只有一件用松树制成)修制而成的,很有可能是海德堡人(一般认为是尼安德特人的直接祖先)的武器。遗址里数以千计的动物骨骼化石显示,他们的狩猎对象主要是马和其他哺乳动物,如狮子、野牛,以及小动物。

2012年加拿大考古学家发表的一项研究成果显示,50万年前,海德堡人可能将石质尖状器装在长矛上当作狩猎工具,而不是用简陋的、拿火烤硬的木质尖状器去狩猎。不过此项研究结果是学者以羚羊和非洲瞪羚为对象,借助弩和南非卡图潘(Kathu Pan)1号遗址出土石质尖状器的复制品做实验提出的假设。狩猎羚羊和瞪羚等中型动物不需要集体大规模行动,仅凭单个人使用长矛即可完成;但是后来的人狩猎欧洲的大型动物就完全不同了,他们应该需要特别的工具,也需要一定的组织策略。至于这些武器是手持使用还是在一定距离外投射,我们就不得而知了。

参考:尼安德特人,猛犸象狩猎者?(距今25万年);屠杀野牛(距今10000年);捕鲸(距今9000年)

标枪和长矛使人类得以接近捕获猎物,从而获得新的资源

尼安德特人

尼安德特人,我们最早知道的人类成员代表,自发现以来一直是焦点,他集中反映了我们对"智人"形成的思维定式、对他所持有的偏见。

尼安德特人的发现与定名并不是一个矛盾的过程。他本来应该叫"恩吉斯人",因为这种人类化石——一个儿童的头骨——最先是1829年由医生菲利普-查尔斯·施梅林(Philippe-Charles Schmerling)在比利时的恩吉斯(Engis)洞穴发现的。由于尼安德特人的典型特征主要是根据成年人确定的,所以首次发现的这名儿童直到1936年才被确认。也就是说,新的骨骼化石于1856年在德国尼安德特谷(Vallon de Neander)费尔德霍夫(Feldhofer)洞穴被发现后,首次发现的那件人类化石才最终得到学界的承认。即便如此,学界对它是否属于尼安德特人仍然持保留意见。

在1908年圣沙拜尔的尼安德特人被发现之后,学者对它做了详细但不够严谨且不利于科学解释的描述,由此开启了人们对尼安德特人夸张的想象。由于尼安德特人在解剖学和形态特征上与我们现代人有显著差异,所以在数十年间他们一直以野蛮、缺乏智慧的形象示人,德国生物学家恩斯特·海克尔(Ernst Haeckel,1834—1919)甚至建议将其命名为"傻人"!但在1939年,美国人类学家卡尔顿·库恩(Carleton Coon)将某位艺术家创作的"戴帽子的尼安德特人"图片放在地铁站里,并未引起人们注意,这个戏剧性的事件扭转了人们的认识。从此以后,尼安德特人与智人在体质特征、行为[如埋葬死者,是丰富的物质文化即莫斯特文化(Moustérien)的源头]上的相似以及后来发现的遗传学相似性各方面开始震惊学术界。

最后,由于人们过多关注尼安德特人在大约30000年前灭绝的原因,可能掩盖了他们的光辉事迹,比如30万年前他们从源自非洲的祖先(海德堡人)开始演化,得益于在行为和领地开发方面的高度灵活性,成功经历了最后两个冰期,适应了差异巨大的环境,往西到达不列颠岛,往东直到俄罗斯平原。

参考:莫斯特文化(距今30万年),尼安德特人的文化(距今50000年),尼安德特人留给我们的烙印(距今50000年),圣沙拜尔的老人(距今50000年),尼安德特人每天消费5份水果蔬菜(距今46000年),尼安德特艺术家?(距今39000年),尼安德特人的消失(距今24000年)

人们今天能够比较客观理性地看待曾经被丑化成野蛮、没有头脑的尼安德特人,多从正面进行描绘。如果您碰到了打扮成图中这样的尼安德特人,是不是也认不出来?

原　牛

原牛是旧石器时代人类的食物来源，也是艺术表现的对象。近东地区的人们在10500年前，驯化它成为最早的家养动物。

原牛（*Bos primigenius*）是现生家牛的祖先，从亚洲北方上新世（距今550万—250万年）的平额牛（*Bos planifrons*）演化而来。它们在大约30万年前迁徙到了欧洲和北非，分布在广阔的地理范围中；除了爱尔兰岛和斯堪的纳维亚半岛的小部分以外，原牛的骨骼遗存在欧洲旧石器时代遗址中非常普遍。

19世纪最先发现原牛化石的时候，人们以为这些化石代表了共存的两种牛。实际上，它们属于一个种，只是公母之间的差异而已。公的比母的个体大一些，头部也大，还有角和很厚的脖子。公原牛的体高在演化过程中逐渐缩小，中更新世时体高2米，到了全新世（距今10000年）就只有1.7米了。

对于狩猎的古人类来说，原牛是一种重要的资源，肉、骨髓、脑髓、油脂、皮和筋腱都可以利用。人们一般选择在冬天狩猎原牛，因为这时候它们比较衰弱，或者在它们秋天发情期狩猎。原牛是古人艺术品题材中经常出现的三种牛科动物之一（另外两种是野牛和麝牛），这三种牛不仅被描绘在洞壁上，如著名的拉斯科洞穴壁画，还被刻在石头上，如劳格里-奥特（Laugerie-Haute）岩厦发现的雕刻着牛的石块。

在家牛传入之前，原牛曾是北欧古人类经常狩猎的动物。在荷兰发现了7700年前史前人"烧烤"一头母原牛的遗迹。研究人员在叙利亚贾德（Dja'de）发现原牛最早是在PPNB（前陶新石器时代B期，是前陶新石器时代的一部分，是集中在上美索不达米亚的新石器时代文化，可以追溯到距今10800—8500年。——译者注）早期被驯化的，时间为距今10500年，表明牛科动物的驯化比我们原先设想的要早。野生的原牛今天已经绝迹了，不过它的一个种——赫克（Heck）奶牛，可以通过对家养牛的连续选择繁殖出来（赫克奶牛是赫克兄弟尝试从20世纪二三十年代的现代原牛衍生牛中，繁殖出的已灭绝的原牛，学界对该计划和方法是否成功存在争议。——译者注）。

参考：拉斯科，史前的西斯廷教堂（距今17000年）；动物的驯化（距今10500年）；畜养奶牛（距今10000年）

作为原始祖先的延续，赫克奶牛是通过对家养牛的连续选择"复原"出来的品种

莫斯特文化

> 旧石器时代中期,欧洲和近东出现了很多具有不同新特征的石器工业,这些石器工业都归入了莫斯特文化。

莫斯特文化是欧亚大陆旧石器时代中期的一个大文化,因法国多尔多涅(Dordogne)的莫斯特(Moustier)史前遗址得名。这座岩厦是尼安德特人文化的重要发现地,上部由爱德华·拉尔泰(Édouard Lartet,1801—1871)和亨利·克里斯蒂(Henry Christy,1810—1865)于1863年发掘,出土了一批石制品。加布里埃尔·德·莫尔蒂耶于1869年首次提出了"莫斯特期"(âge du Moustier)概念,1872年将其定义为"莫斯特文化"。

莫斯特文化是在继承阿舍利文化的基础上逐渐发展形成的,从距今30万—20万年(含阿舍利手斧的石器工业)一直延续到距今30000年。它是欧洲尼安德特人最主要的文化表现形式;在近东,与之同时存在的还有智人(*Homo sapiens*)的文化遗物,发现于以色列的卡夫泽洞穴和斯库尔(Skhul)遗址。

古人类学家让·雅克·胡布林(Jean-Jacques Hublin)指出,实际上我们很难界定真正的"莫斯特文化",就像很难说清楚"格拉维特文化"(Gravettienne)一样,因为莫斯特其实包含了好多石器工业,这些石器工业的性质本身都是需要讨论的。不过,莫斯特文化还是具有一些典型特征,如手斧减少或消失、经过二次加工的石片工具占主体(包括不同形态的边刮器、锯齿刃器、端刮器或凹缺器)。它还有一个标志,我们今天将其称作"勒瓦娄哇"(Levallois),这是一种特殊的剥坯以获得可使用或加工的石片的方法。

莫斯特文化代表了一个新的生存技术和物质文化不断涌现的时代,比如对大型食草类动物的狩猎、雕塑的发明、赭石的使用、去遥远的外地寻找燧石原料,等等。

参考:阿舍利文化(距今176万年),莫斯特遗址(距今50000年),沙泰尔佩龙文化(距今45000年)

距今30万年

法国韦尔西尼(Versigny)附近发现的长85毫米的莫斯特手斧

尼安德特人，猛犸象狩猎者？

尼安德特人追赶猛犸象的画面似乎广为人们所接受，最新研究的确显示尼安德特人曾经从悬崖高处追赶猛犸象。不过与史前的真实情况相比，这些复原场景掺杂了很多类似埃皮纳勒（d'Épinal）版画中丰富、夸张的想象成分。

英国泽西岛（Jersey）的圣布雷拉德（Saint-Brélade）旧石器时代遗址是一个海滨沙滩上的洞穴，在这里发现了25万年前尼安德特人活动的遗迹。20世纪六七十年代，考古发掘者在崖壁下发现了大量猛犸象和披毛犀的牙齿和骨骼，他们认为这是尼安德特人大型集体狩猎的结果，在追赶过程中，尼安德特人可能利用地形优势，驱使惊慌奔跑的猛犸象掉入悬崖下的一个大裂缝里……

当时的海平面比现在要低很多（泽西岛当时是与大陆相连的半岛），学者们对25万年前的遗址地貌做了复原。2014年发表的研究结果显示，猛犸象肯定无法自己跑到现在这个悬崖上，因为哪怕只是一个很小的、陡峭的凹陷都会让惊慌奔跑中的猛犸象戛然而止！所以很可能是尼安德特人将动物从别处（今天被淹没的地方）追赶至这个绝佳的围猎陷阱完成捕杀，这才形成了圣布雷拉德遗址大量骨骼化石的堆积。

2003年，俄罗斯学者在西伯利亚中部的卢戈夫斯科（Lugovskoe）发现了一块被尖状器刺穿的猛犸象脊椎骨，证明尼安德特人狩猎猛犸象是真实存在的。但是尼安德特人经常狩猎猛犸象吗？如果狩猎驯鹿或数量丰富的其他动物要容易得多，那么进攻体毛浓密且皮下脂肪很厚的超大型动物可能只是偶然现象，因为这要求狩猎者人数更多，还要运用特殊的技术。当然，食腐尸也应该是这些古人的常态。

参考：猛犸象（距今60万年），尼安德特人（距今30万年），带上标枪去狩猎（距今30万年）

如果尼安德特人只是偶尔狩猎猛犸象，那么图中富有吸引力的场景真是"百年一遇"！

人，成为猎物

骨骼化石分析可以揭示我们的祖先和大型野生动物之间的关系。有时候，到底谁是猎物，完全在我们料想之外……

史前人类向来以狩猎者闻名，不过他们自己也可能会成为猎物，遭受大型猫科动物或其他食肉类动物的攻击。

学者在瑞士侏罗山（Jura）的比雄（Bichon）洞穴发现了一名智人和一头雌性棕熊的骨架，二者离得很近。碳同位素测年显示，人和熊死于距今12000—11000年，遗址中与之共出的阿齐尔文化（Azilien）燧石尖状器和琢背细石叶可以印证。其中一个尖状器刺入了熊的脊椎骨，不禁让我们想到一场悲剧：这可能是一次不成功的捕猎，人和熊相互捕杀，最后同归于尽。

最近，西班牙研究团队公布了对尼安德特人的专项研究成果。尼安德特人一直以捕猎大型动物著称，因为考古学和古生物学证据表明，他们不仅与大型食肉类动物争抢洞穴，也猎杀这些动物，或食其腐尸。研究者通过分析现在的食肉类动物攻击人类后留下的痕迹，来判断距今20万年到40000年的尼安德特人骨骼上发现的咬痕是否具有相同特征。他们一共分析了124件被狮子、老虎、豹子、熊和其他动物攻击的样本，结果发现，尼安德特人骨骼上可见的某些痕迹可能就是大型食肉类动物留下的，最典型的是在西班牙巴伦西亚（Valence）的舍蒂瓦黑洞（Cova Negra）发现的一块幼童顶骨，极有可能遭到豹子啃咬，遗址中也发现了豹子化石。

学者认为，史前人类在危险的动物中谋生活，遭遇如此致命意外并不奇怪，这种场景在更新世是很常见的。这是史前时代的事实，但它通常被集体的想象美化了。

距今20万年

人类分支成员过去都以高超的狩猎者著称，但他们曾经也是食肉类动物的猎物。这只有着尖牙利齿的剑齿虎，就是捕杀人类的猎手

智　人

为数不多的证据表明，现代人类最古老的祖先于大约20万年前出现在东非。

1967年，学者在埃塞俄比亚奥莫（Omo）河谷基比什（Kibish）的地表发现了我们最古老的祖先——智人的化石，但它是脱离地层的，所以年代一直受到质疑。直到2005年，澳大利亚国立大学的伊恩·麦克杜格尔（Ian McDougall）对地质沉积重新进行了分析，对新发现的骨骼化石进行了研究，同时对人类化石周边的火山灰层做了同位素测年。结果表明，这些化石人类生活的时间是距今19.5万年。人类化石有两个：一个编号为奥莫1号，是目前发现的最完整的骨架，保留了几乎所有解剖学部位（除了胸骨），属于一名年轻的成年男性；另一个是奥莫2号，是一个头骨，比1号稍微完整一点。

尽管晚于距今16万年的智人化石不仅在东非，在摩洛哥杰贝尔伊罗（Jebel Irhoud）遗址也有发现，但由于某些地区仍有空白（如西非和中非）、化石保存状况不好（十分破碎）或者年代测定有争议，我们对现代人祖先的演化、迁徙及其形态多样性仍然了解不多。目前发现的骨骼化石表明，智人（此处是从牙齿的演化角度来说的）某些"进步"的典型特征与较原始的特性是共存的，这在年代较晚的遗址如南非霍夫迈尔（Hofmeyr）、埃及纳兹勒哈特尔（Nazlet Khater）发现的距今36000年和38000年的化石上表现得很明显。奥莫1号和2号头骨的不同也表明，我们现代人之间的显著差异从起源之时就已经存在了。

与这些最早的非洲智人化石伴出的人工制品也使我们看到，他们的生活方式比之前想象的复杂多了。在距今20万年时，他们已经开始使用颜料和开发植物资源了；到了距今12万年时，他们开始采矿，如开采了埃及塔拉姆萨（Taramsa）的燧石；在距今90000年时，他们已经掌握了专业的钓鱼技术，在刚果民主共和国的卡坦达（Katanda）就有这样的发现！

参考：能人（距今245万年）；在欧洲的大门口（距今180万年）；北京人（距今78万年）；尼安德特人（距今30万年）；弗洛雷斯人，弗洛雷斯岛上的小矮人（距今60000年）；丹尼索瓦人（距今40000年）

我们现代人的祖先可能在非洲

好吃的贝类

就在智人出现后不久,南非的智人开始食用贝类动物。这种行为可能对智人支系的繁衍起到了积极作用。

20万年前,具有智人解剖学特征的人类出现在非洲,在距今16.4万年到35000年间,他们迁徙到南非南端摩塞尔湾(Mossel Bay)市的尖峰顶(Pinnacle Point),在那里留下了生活的遗迹。

1999年,美国亚利桑那州立大学人类起源研究所(Institute of Human Origins)的古人类学家柯蒂斯·马里恩(Curtis Marean)发现了尖峰顶遗址,并发现了一些"早熟"的技术行为留下的痕迹,如对石料进行热处理,以及与象征思维有关的证据,比如红色赭石和为了美观捡回遗址的深水贝壳。

海角独特的生境群落给尖峰顶的古人类提供了世界上最多样化的隐芽植物(geophytes),这种植物的球茎或块根仍然是现在狩猎-采集者的食物来源,此外还有巨大的贝类群。这里位于海水暖流和寒流交汇之处,贝类含有丰富的营养。遗址里发现的贝壳表明,智人曾经趁退潮时在2—5公里之外的海滩上捡拾贻贝、海蜗牛或帽贝。

柯蒂斯·马里恩认为,贝类和隐芽植物在气候干冷的艰难时期为古人类提供了理想的食物来源。这些食物资源有可能帮助新近演化的人类存活下来,因为大约20万年前,这里的人口出现了急剧下降,新的智人可能在非洲摇篮的最南端找到了避难所,并从这里出发去征服其他陆地。

现在的遗传学数据有力地阐释了智人在非洲经历的这场灾难。不过,他们不是远古时代唯一食用贝类的人类,西班牙学者在西班牙南部发现尼安德特人从15万年前也开始食用贝类。

参考:鱼钩?(距今42000年)

伊比利亚半岛南部尼安德特人食用过的贝壳(特别是贻贝)表明,旧石器时代中期,人类在食物开发上具有很强的适应性

野牛

在欧洲的大草原上，曾生活着一种今天已经灭绝的野牛，它们既是尼安德特人大量捕杀的猎物，也是史前洞穴艺术家们青睐的题材。

野牛是欧洲旧石器时代岩画中，除了马之外，出现最多的动物。在法国，拥有野牛图画的洞穴，以丰德戈姆（Font de Gaume）、阿尔塔米拉、肖韦和奥杜贝尔（Tuc d'Audoubert）最负盛名。

更新世时期，奔跑在草原和荒原上的牛主要是西伯利亚野牛（*Bison priscus Bojanus*），即草原野牛。还有一种森林野牛（*Bison schoetensacki*），比草原野牛小，在80000年前灭绝了。更新世末，野牛迁徙到北美，繁衍出一种更大的牛，即古风野牛（*Bison antiquus*）。这种野牛随着最早的美洲人（最早从西伯利亚迁徙至美洲大陆的亚洲人。——译者注）狩猎，从白令海峡迁徙过去。在旧大陆，草原野牛演化成了一种更小的牛，即欧洲野牛（*Bison bonasus*），但欧洲野牛的野生种没来得及人工繁育就在20世纪初灭绝了。

野牛骨骼化石，以及西伯利亚、阿拉斯加永冻层里发现的冰冻野牛为我们提供了草原野牛的详细信息。比如公牛重700—1000公斤，长3米，高2米，比现生野牛更壮，角是黑色的。皮毛是棕色的，某些部位呈黑色，比它的后代要厚得多。植物遗存分析表明，这些野牛喜欢吃禾本科植物，以及野草、树皮和苔藓。

我们现在知道尼安德特人会利用地形的天然陷阱（落水洞、水滩、悬崖）来大量捕猎野牛。在法国洛特省（Lot）库杜卢斯（Coudoulous）遗址的主体堆积，即距今20万—13万年的地层里，学者发现了至少200头野牛的骨骼，一头野牛可以为一群人提供好几个星期的肉食。

参考：阿尔塔米拉洞穴（距今15000年），马（距今14000年），奥杜贝尔的泥塑野牛（距今13500年），孔巴海勒洞穴（距今13000年），屠杀野牛（距今10000年）

距今13万年

野牛曾经被大量捕猎，也被表现在岩画中

跨越海洋和河流

> 智人从非洲出发，向外迁徙的路线不止一条，比如穿越撒哈拉沙漠或红海海峡就是我们不曾想到过的路线。

复原智人在世界范围内的扩散过程难度颇大，因为现存证据不多，早期证据就更少了。虽然黎凡特（Levant）地区发现了最早的墓葬（距今至少10万年），可能表明早期智人向黎凡特地区的迁徙浪潮，但是学界对此意见并不一致。问题是，他们是像我们此前以为的那样从尼罗河走廊过去的吗？最近的发现显示，除此以外可能还有其他路线存在。

阿拉伯半岛和海路也许同样起到了决定性的作用。2011年，在迪拜附近的法亚（Faya）山地发现了距今12.5万年的打制石器，表明非洲的智人有可能在海平面最低的时候即距今13.5万年时，通过吉布提（Djibouti）海岸穿越红海到达阿拉伯半岛。同在2011年，对100多个遗址的800件石器的研究，标出了智人在10万多年前从苏丹到阿曼的迁徙路线。

2013年，另一条水路被勾勒出来。撒哈拉沙漠实际上经历过多个湿润期，在此期间湖泊、草原和树林给智人迁徙提供了非常适宜的条件。英国赫尔大学（université de Hull）的地理学家通过对区域古气候建模，证实距今10万年左右智人就曾沿着撒哈拉沙漠这条路线迁徙过。他们认为，季风交替吹拂霍加尔（Hoggar）和提贝斯提（Tibesti）高原，产生了三次季节性的降水（一年三次），水量比较大，既能使人类沿着水流穿越沙漠向地中海迁徙，又能产生稳定的植被；还形成一些绿洲，如利比亚萨哈比（Sahabi）和库夫拉（Kufrah）的绿色走廊就达到100公里宽，而更靠西边的伊尔哈尔（Irharhar）走廊可能是最确定的迁徙通道，因为沿着它可以到达阿尔及利亚的迈勒吉尔盐湖（Chott Melghir），这里气候湿润，适宜居住。然后，智人离开沙漠，从地中海的一角出发直达黎凡特……

参考：在欧洲的大门口（距今180万年），跨越白令海峡（距今22000年）

最近的研究表明，人类沿着不同路线走出非洲摇篮，在气候条件适宜的情况下穿越沙漠

最早的墓葬

以往认为，丧葬现象在人类历史上出现的时间比较晚。大约距今10万年出现在近东的墓葬，推翻了之前对智人和尼安德特人对待死者行为的看法。

墓葬的出现标志着人类历史上的一次飞跃，这是过着流动生活的人类第一次通过埋葬行为表达对同伴死者特别的关注，出现在距今10万年。在此之前只有保存极好的头盖骨，似乎是死者的同伴有意识地留存在栖居地的。

目前发现的10多个距今10万年到35000年的墓葬，都属于旧石器时代中期的重要文化——莫斯特文化，它们集中分布于近东和欧洲，比如伊拉克的沙尼达尔（Shanidar）洞穴、法国佩里戈尔（Périgord）的费拉西（Ferrassie）岩厦、以色列的穆格哈里特-爱-思库尔（Mugharet es-Skhul）和卡夫泽洞穴，其中以色列的时代最早，在距今10万年到92000年之间。埋葬死者的人类，其解剖学特征已经属于智人和尼安德特人。

在这个时段里，被埋葬的既有男性也有女性，既有幼童、青少年也有成年人；尼安德特人对年轻死者表现出了更多的关注，被埋葬的个体中有40%是不到3岁的儿童。死者普遍被放在墓坑里，侧卧呈现出婴儿的姿势，一般是单人墓（也有少量合葬墓）。在某些情况下，死者还被敬献了祭品，比如思库尔随葬了猪下颌、卡夫泽发现了鹿角、乌兹别克斯坦的特契克-塔赫（Techik-Tach）有羱羊角。

这种丧葬行为一直延续到旧石器时代晚期，其间没有特殊变化，只在格拉维特文化（距今29000—22000年）时期随葬品变得更普遍，墓葬数量到马格德林文化（Magdalénien）时期（距今17000—12000年）有了增加，也许是因为当时的人口增长，增加了考古学家发现这些丧葬行为遗存的概率。直到冰期结束，埋葬习俗继续发展，出现了地域的复杂化；到了新石器时代，才出现最早的丧葬式建筑。

参考：骨头坑（距今35万年）

距今10万年

最早的、有意识的埋葬行为在智人和尼安德特人中出现，从此人类对待死者的方式发生了深刻变化

赭 石

南非布隆伯斯洞穴发现了用赭石制作颜料膏的完整生产链。

目前，非洲南部有10多个遗址发现了距今16万年的赭石块或赭石碎片，却没有该时期壁画或岩画的蛛丝马迹。这里的古人类能把含有铁的氧化物的赭石制成颜料，不是为了画画，而是另有他用。那是为了什么呢？

南非的布隆伯斯是一个小洞穴，从1991年开始由克里斯托弗·亨希尔伍德（Christopher Henshilwood）发掘。他发现了一些线索。该遗址是一个名副其实的小作坊，展现了旧石器时代人类制作彩色颜料的全过程。此项发现于2008年在《科学》杂志发表，有两个鲍鱼壳（其中一个是海里的）被用作盛装颜料膏的容器。光释光测年（一种测年方法，通过测定物质被埋藏后不再接受光照的时间来判定其年代）显示，这些鲍鱼壳的年代在大约距今10万年。克里斯托弗发现，鲍鱼壳内膏状物的制作过程是这样的：人类先到20多公里外的岩层采集赭石，带回洞里，放在石英岩板上，用石锤或磨石碾压，磨成粉末，最后加入骨头、木炭和液体，再用骨铲搅拌将其混合。

这条复杂的生产链表现出明显的抽象思维和预期规划能力，因为两个鲍鱼壳里的物质是完全一样的。但是这种颜料膏的用途仍然不得而知，难道说与更老的遗址里发现的一样，是用作黏合剂来给石质工具装柄固定的吗？克里斯托弗指出，遗址中并没有发现树脂，所以这些颜料应该还是用来画画的，要么涂绘在身体上起装饰或保护作用，要么画在物体或洞穴的墙壁上。

参考：抽象思维（距今77000年）

南非布隆伯斯洞穴发现的鲍鱼壳，里面残存着沾染了红赭石粉的石块

贝壳装饰品

摩洛哥和南非发现了世界上最早的装饰品，改变了在此之前，欧洲学界认为象征性行为最早出现在距今40000年左右的观点。

过去人们认为，最早的装饰品于距今40000年前后出现在欧洲和近东，但是2007年，法国国家科学研究中心（Centre National de la Recherche Scientifique，简称CNRS）的两名史前学家弗朗切斯科·德·埃里科（Francesco d'Errico）和玛丽安·范海伦（Marian Vanhaeren）的研究团队发表了一项新成果，他们在摩洛哥东北塔福拉尔特（Taforalt）鸽子洞遗址发现了距今82000年的装饰品。

这些装饰品由13件腹足纲的纳萨里蜗牛（*Nassarius gibbosulus*）壳制成，均被穿孔，有些表面还覆盖一层赭石。显然，它们是古人类在40公里外的海滩上特意挑选的，穿孔中有磨损的痕迹，表明为了方便长距离携带，人类可能用绳子将其穿成项链或者缝在衣服上，再带回遗址。另外，以色列和阿尔及利亚的韦德杰巴纳（Oued Djebbana）遗址也发现了有同样穿孔的同种贝壳，表明地中海周围的人类曾经拥有类似的象征行为传统。2004年，南非布隆伯斯洞穴发现了距今75000年的装饰品，由41件穿孔的小贝壳组成，这些贝壳属于织纹螺（*Nassarius kraussianus*）。

使用装饰品是为了表达美感、地位，或者增强归属感吗？不得而知。无论如何，在传统意义上的"象征行为革命"出现之前（距今40000年），古人类出于某种目的，肯定有佩戴装饰品的需求，尽管它们看起来比旧石器时代晚期的装饰品要简单。到了晚期，装饰品就极其复杂了，比如在马德莱纳（Madeleine）岩棚就曾发现一个3岁半儿童，从头到脚放了1500多个贝壳，这些贝壳既有来自大西洋的，也有来自地中海沿岸的。此外，智人不是装饰品唯一的创造者。2015年，对克罗地亚克拉皮纳（Krapina）遗址的研究显示，尼安德特人已经会佩戴手镯或用老鹰爪做成的项链。该遗址距今13万年，这可能是世界上最早的首饰了！

南非布隆伯斯洞穴发现的穿孔织纹螺小贝壳装饰品

抽象思维

布隆伯斯洞穴发现了刻有十字纹的赭石块,表现出人类所具有的几何思维,说明早在离开非洲以前,智人的行为就已经出现了。

随着非洲考古发现的增多,有一个事实越来越明确,即"现代的"行为和技术并不是旧石器时代晚期人类的专利。南非布隆伯斯洞穴"中石器时代"的地层里出土了8000件赭石碎块,其中长度超过1厘米的有1500多件。很多赭石上都能看到有意识使用的痕迹,不过也有些标本上的痕迹非常特殊:它们被精心细致地刻上了标志着几何思维的图案。

2002年,克里斯托弗·亨希尔伍德主持发掘该遗址,发现了两件带有这种图案的石块,这也是首次发现这类遗存。它们埋藏在灰烬和砂混合的地层里,与一个火塘距离很近,用热释光法(利用热释光效应测量矿物中保存的放射物剂量,进而算出烧制后经过的年代)测定该火塘距今77000年。此后又发现了一些刻有几何图案的赭石块,数量不少于16个,年代在距今10万年到75000年之间。

弗朗切斯科·德·埃里科也参与了发掘,他发现,欧洲和近东在15万年前已有刻在骨头和石块上的图案,但是很难解释。由布隆伯斯地层里的发现可以确定,人类在10万年前已经具有了抽象的思维动机。实际上,这些条纹在赭石块上的分布不是随机的,而是连贯一致的思维操控的结果。它们也不是为了方便计算赭石数量而形成的简单刻画痕迹,因为有时在刻画前,石块的表面会被处理得很光滑。

这些图案的动机和意义还有待进一步解释。它们既隐晦神秘,又很少重复,的确不像是想要公之于众的样子。可能是为了标记对石块的所有权,或者是用颜料绘制图案之前画的提示草稿?

参考:赭石(距今10万年)

带有使用痕迹且刻有交叉形几何图案的赭石块

费拉西岩厦

> 法国多尔多涅的费拉西遗址出土了重要的尼安德特人化石,其中尤以极小的儿童化石最引人注目。

距今75000年

费拉西史前遗址是在19世纪末期修路时偶然发现的。它位于法国多尔多涅的萨维尼亚克-德-米雷蒙特(Savignac-de-Miremont),由三个遗址构成:一个洞穴、一个小岩厦和一个真正意义上的"费拉西大岩厦"。1896—1922年,丹尼斯·佩罗尼(Denis Peyrony,1869—1954,创建了韦泽国家史前博物馆并任第一任馆长)和路易·卡皮唐(Louis Capitan,1854—1929)主持发掘了这三个遗址。

费拉西大岩厦的地层近10米厚,其旧石器时代中期和晚期的考古文化层属连续堆积,序列极好,年代为距今80000—20000年。发掘者在此发现了很多尼安德特人生活的遗存,包括手斧、边刮器、尖状器和石刀,都属于莫斯特文化的范畴;最著名的是发现了埋有8个人类化石的墓地,测年为距今75000—60000年,包括1名40多岁的成年男性和数名不同年龄的儿童——1名大约10岁(费拉西3号,发现于1912年)、1名新生儿和1个胎儿(费拉西4号甲和4号乙,发现于1912年)、1个仅7个月的胎儿(费拉西5号,1920年发现,随葬燧石石器,佩罗尼认为是给死者的祭品)、1名3—5岁(费拉西6号,1921年发现,上覆一块石灰岩板,表面带有一些小凹坑)和1名2岁(费拉西8号,1969年发现)。

费拉西和其他遗址发现的儿童化石为了解人类演化提供了珍贵材料。我们知道尼安德特人比智人成长更快,但童年期比智人短。从人体组织成长最重要的反映——牙齿来看,尼安德特儿童的牙齿长速最快,其大脑出生时与现代人相似,而后变大,从1岁开始沿着不同的路径演化,从而形成了与我们相似但不完全一样的认知能力。

参考:莫斯特遗址(距今50000年),圣沙拜尔的老人(距今50000年)

与费拉西一样,不少遗址发现了墓葬,出土的儿童化石使我们更清楚地了解了人类各个支系的演化。图为法国多尔多涅省洛克-德马萨尔(Roc-de-Marsal)洞穴遗址发现的尼安德特儿童的复原像

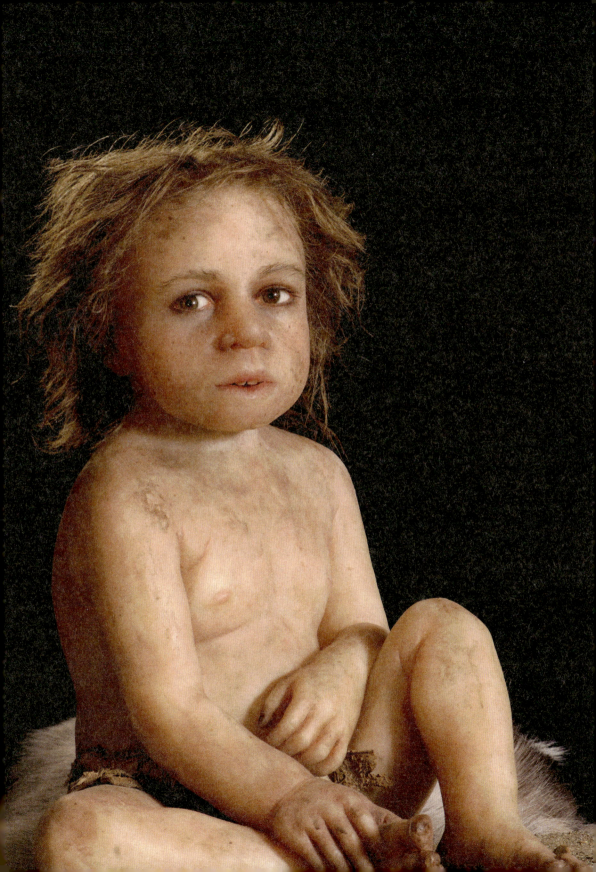

洞　熊

洞熊具有一种令人着迷的神秘力量，这种庞然大物并不是旧石器时代与人类共存的唯一熊类，不过并没有受到人类的崇拜。

洞熊（*Ursus spelaeuss*）比现生灰熊大，史前洞穴里留下了它们的遗迹，比如在奥地利的米克西尼茨（Mixinitz）发现了3万头熊的骨骼化石，还发现了洞壁上的爪痕、它们睡觉的凹坑。这种熊实际上是偏素食的，它们不仅与人类，还与其他熊如德宁格尔熊（*Ursus deningeri*）、棕熊和西藏棕熊共享领地。

20世纪20年代，学者发现了用石头做的、里面放有熊骨的建筑，据此认为尼安德特人对熊存在崇拜意识。最近的发现推翻了这一观点。在法国多尔多涅的雷古尔杜（Regourdou）发现了一个距今70000年的尼安德特人墓葬，化石下半部分似乎被棕熊的骨骼替换了，但实际上这并不是人类用熊做的丧葬仪式，因为2008年，该化石下半部分被找到了：它们曾经被洞里的动物搅乱，发掘时又被错误地弄混了！

不过，与熊有关的象征性行为还是存在的。人类曾经将熊的形象绘在洞壁上或刻在物体上，有时候还会描绘熊和人对抗的场面，如佩基亚莱特（Péchialet）马斯-达兹尔（Mas-d'Azil）遗址的发现；也将熊牙做成吊坠；有时候还会专门摆放它们的遗骸，如肖韦洞穴发现熊头被有意识地放在崖壁上。不过熊的象征性意义应与其他动物没有太大区别，它们也是经常被捕杀的猎物，就像瑞士比雄洞穴发现的嵌入熊骨的尖状器以及德国霍勒费尔斯（Hohle Fels）发现的熊骨遗存（狩猎者似乎当场与猎物同归于尽了）。此外我们还在从距今40万年到旧石器时代末期的30多个遗址中发现，熊骨上都留下了燧石工具的痕迹，如德国陶巴赫（Taubach）熊骨上的切割条痕表明，棕熊的皮、舌头和肉都是人类利用的对象。

参考：猛犸象（距今60万年），原牛（距今30万年），野牛（距今13万年），披毛犀（距今39000年），洞狮（距今36000年），驯鹿时代（距今19000年），马（距今14000年）

距今70000年

洞熊与旧石器时代人类共享领地，更多情况下是人类的猎物，而不是崇拜的对象

弗洛雷斯人，弗洛雷斯岛上的小矮人

智人真的与一种小矮人同时存在过吗？印度尼西亚弗洛雷斯岛上发现的人类新成员给出了肯定的答案，不过学界仍对此争论不休。

2004年，《自然》杂志发表了一项新成果，在印度尼西亚群岛弗洛雷斯（Florès）岛梁布瓦（Liang Bua）洞穴发现了人类家族的新成员。尽管这种新的人类个体矮小，却并不妨碍他们在学界掀起轩然大波。

由印尼和澳大利亚学者彼得·布朗（Peter Brown）、理查德·罗伯茨（Richard Roberts）和托马斯·苏蒂克纳（Thomas Sutikna）组成的团队经过研究后发现，弗洛雷斯人（*Homo floresiensis*）具有不同寻常的解剖学特征，他们能熟练地直立行走，成年人身高不过1米，体重只有16—28公斤，脑容量仅380毫升，与南方古猿或现生黑猩猩差不多，但这些体质特征丝毫没有影响其认知能力，因为同一地层发现的20多件石器与人类的石器并无二致。然而，这种"霍比特人"曾经与智人是同时存在的，其占据洞穴的时间在距今10万年到6万年之间！研究者认为，这个人类的近亲极有可能起源于亚洲人的直系祖先——直立人，而后经历了地方性的演化，形成了岛屿侏儒，类似于大型哺乳动物（大象或河马）在孤岛中微型化的现象。弗洛雷斯人——更准确地说是弗洛雷斯女人，因为发现的最完整的骨骼是一名30岁的女性——不仅颠覆了原先认为人类在演化过程中大脑越来越大的观点，而且表明人类大家族具有极其丰富的多样性。果然，2010年丹尼索瓦（Dénisova）人的发现为人类大家族又增添了新的成员。

很多研究试图证实弗洛雷斯人不是一种新人类，而是智人脑容量缩小、身体侏儒化或病理因素造成的结果，但是到目前为止都没有成功。最近的研究结果证实，弗洛雷斯人完全是一种新的人类，他们的祖先在70万年前就生活在弗洛雷斯岛上，而且已经是小矮人了！

参考：能人（距今245万年），北京人（距今78万年），尼安德特人（距今30万年），智人（距今19.5万年），丹尼索瓦人（距今40000年）

距今600000年

弗洛雷斯小矮人的发现震惊了古人类学界，他们会打制石器，会用火，可能还会航海，大脑却很小

莫斯特遗址

莫斯特上下重叠的两个岩厦里发现的人类遗存经历了不可思议的命运，发现的石器代表了一个重要文化——与尼安德特人关联的莫斯特文化。

莫斯特史前遗址位于法国多尔多涅省韦泽河畔的圣莱昂小镇（Saint-Léon），据此命名的莫斯特文化是尼安德特人文化的典型代表。遗址坐落于一个小村庄的中间，由两个岩厦构成，即上洞（或古典时代洞穴）和下方15米位于山脚的下洞。

上洞从1863年开始由爱德华·拉尔泰和亨利·克里斯蒂发掘。他们发掘的石器工业后来在1869年被加布里埃尔·德·莫尔蒂耶命名为莫斯特文化。岩厦的地层（现在已经挖空了）既出土了莫斯特文化的石器，也出土了奥瑞纳文化（Aurignacien）的石器。最近的测年显示，上层的考古遗存年代在距今50000—42000年。

20世纪初开始下洞的发掘。1908年4月10日，第一具尼安德特人的骨架被奥托·豪泽（Otto Hauser）发掘出来，颇具争议。因为他的发掘速度很快，而且其有重新掩埋化石以增加其古董价值的嗜好，所以今天我们已经无法确知"莫斯特1号"在地层里的原始位置。不仅如此，除了这个男性少年的头骨以外，豪泽发现的其他骨骼化石都不见了。后来在丹尼斯·佩罗尼的推动下，这个遗址被政府买下，经过他重启发掘，第一次弄清楚了地层。

1914年，史前学家发现了"莫斯特2号"——新的尼安德特人化石，保存很好，距今40000年，是一个平躺着的9个月大的新生儿，头用一块石灰岩块固定，放在专门挖的小坑里。令人唏嘘的是，在整个20世纪的大部分时间里，这件珍贵的化石都不知所踪，直到1996年才在国家史前博物馆的库房找到，得以重见天日！后来由布鲁诺·莫雷耶（Bruno Maureille）进行了研究。

与其他史前遗址和韦泽河谷具有装饰壁画的洞穴群一起，莫斯特遗址于1979年入选联合国教科文组织世界文化遗产名录。

参考：莫斯特文化（距今30万年），费拉西岩厦（距今75000年）

奥托·豪泽是第一个发掘莫斯特岩厦的人，令人质疑的发掘方法如今已经彻底改进了。图中桌子上摆放的是库姆卡佩尔（Combe Capelle）人骨

尼安德特人留给我们的烙印

最近的研究表明，我们都继承了尼安德特人的一部分基因，这是50000年前人类基因交流的结果。

2010年5月，一个新发现犹如晴空炸雷：今天的人类除非洲人以外，欧洲人、亚洲人都有1%—4%的基因来自尼安德特人。具体来说，现代人在走出非洲、征服欧亚大陆的过程中遇到了尼安德特人，与后者的基因交流可能发生在近东，时间为距今80000—50000年。

这是发表在《科学》杂志上的一项成果，由德国莱比锡的马克思-普朗克进化人类学研究所的理查德·格林（Richard E. Green）团队完成。该项研究从克罗地亚温迪亚（Vindija）洞穴的三个尼安德特人化石上提取了核DNA，年代为距今44000—38000年，并与现代不同人群的核DNA序列进行对比，结果显示用不同方法连续开展的基因研究出现了矛盾性的转折（该团队此前根据线粒体DNA得出了相反的结论），也引发了不同的解释，即共有的基因也可能是从共同的祖先那里遗传来的。2014年，乌斯特-伊斯姆人（Ust'-Ishim，欧亚大陆除近东以外最早的智人，距今45000年）的基因组测序完成，证实尼安德特人与智人在距今五六万年间曾经发生过基因交流。

如果这两种人真的有过生物性的交流，那么应该可以发现杂交特征。葡萄牙拉加尔维利乌遗址（Lagar Velho）发现的距今24500年的儿童骨骼化石具有某些尼安德特人的体质特征，被解释为杂交的结果。不过第一个被当作真正杂交的个体却被他自己的DNA推翻了。发现于罗马尼亚"骨头洞"的佩斯特拉-库-奥斯人（Peștera cu Oase），是一名年轻男性，骨骼测年为距今40000年，2015年对他进行的基因分析表明，他继承了其尼安德特祖先大约十分之一的基因，而此前这个尼安德特祖先的基因只传递了4—6代人！（这名奥斯人与欧洲人共享的等位基因不如与亚洲人共享的多，说明奥斯人并没有对欧洲晚期的现代人基因做出大的贡献；同时作者的意思是，有时候从体质特征上看到的杂交不一定代表他自己与别的人种真正发生过基因交流。——译者注）

参考：尼安德特人（距今30万年），智人（距今19.5万年）

基因分析揭示，尼安德特人和智人偶尔发生过相当亲密的关系……

圣沙拜尔的老人

1908年发现的第一个尼安德特人的墓葬推翻了原有的定论,但公众对这种如野兽般的原始人的负面认识长久难以消去。

1908年8月3日,三兄弟——让·布伊索尼(Jean Bouyssonie, 1877—1965,布日耶的同学)、他的大哥阿梅代(Amédée)和他们最小的弟弟保罗(Paul)一起在法国科雷兹(Corrèze)圣沙拜尔村一个叫布菲亚-博纳瓦尔(Bouffia Bonneval)的洞穴挖出一个头盖骨。他们发现这个化石具有典型的尼安德特人的特征。

随后他们清理出了一具骨架,在学界引起了轰动。这个人以婴儿般的姿势躺着,头朝西,倚靠在一个不深的墓穴边缘,是当时发现的最完整、保存最好的尼安德特人化石(除了几块骨骼在清理过程中破碎以外),也是第一次发现的尼安德特人的墓葬。

这具骨架委托当时权威的古生物学家、法国国家自然历史博物馆的布勒(Marcellin Boule, 1861—1942,全名马塞兰·布勒,20世纪20年代曾研究过中国北方包括萨拉乌苏遗址的生物化石,为中国旧石器考古学界所熟悉。——译者注)研究。他认为此人矮胖、驼背、膝盖弯曲、保留了一些攀缘的能力,由此进一步认为丧葬行为应该是新石器时代以后才有的,这个又笨拙又野蛮的类似猴子的生物与智人完全相悖,不可能是由其同伴埋葬的。

从20世纪50年代开始,布勒的结论以及他对圣沙拜尔人头骨的复原受到了质疑。该化石人类在尼安德特人里算是老人,实际上他遭受了左髋关节变形、颈椎发炎、膝盖损坏的痛苦,这就是他看起来像"猴子"的原因。另外,他的臼齿都掉光了,这让人不禁推测他的族人应该对他有所照顾,甚至可能专门为他制作食物。此类人群同伴之间互助关爱的例子与我们此前认为的兽性形成鲜明对照。2013年,这个遗址开启了新的考古发掘,学者对骨骼的埋藏过程重新进行了研究,证实圣沙拜尔人的确是由其同伴埋葬的,争论终止。

参考:尼安德特人(距今30万年),最早的墓葬(距今10万年),尼安德特人的文化(距今50000年)

距今50000年

圣沙拜尔老人被亲人们埋葬的真实性,经历了很长时间才得到科学界的承认

卡皮瓦拉山

作为了解美洲史前史的关键遗址,巴西卡皮瓦拉山国家公园证实人类很早就到达了美洲大陆。

关于人类最早占据美洲大陆的时间问题,学界众说纷纭,有些以往被认为很早的南美遗址,其年代与主流观点不合,因为学界一般认为人类是在大约2万年前经白令海峡迁徙到美洲的。

巴西东北部的皮奥伊州(État du Piauí)的卡皮瓦拉山(Serra da Capivara)国家公园是美洲大陆最早的人类遗址。从巴西考古学家尼艾德·奎东(Niède Guidon)在40多年前在此发现了史前岩画后,该公园1300平方公里内大约1500个遗址就得到了深入研究。绘画、雕刻等遗迹和遗物都印证了更新世人类的存在。其中最著名的是托卡-德-波凯老-达-佩德拉-富拉达遗址(Toca do Boqueirão da Pedra Furada,意为"穿孔石"),在一个高60多米、长宽各15米的壮观崖洞内发现了至少50000年前的石器工业、32000年前的人工火塘和大量绘画(最早的在距今17000年),成为南美标志性的史前遗址。在周围洞穴里出土了距今20000年到6000年的成年、青少年和儿童的化石,伴出有更新世和全新世的动物骨骼。皮奥伊国际考古计划团队的古人类学家埃弗利娜·佩雷(Évelyne Peyre)分析了这些保留古老特征的人类化石后,认为在人类通过白令海峡到达美洲之前,有更早的人类已经占据了皮奥伊地区(距今50000年),随后在当地孤立地演化。

卡皮瓦拉山国家公园里还有30000个史前艺术点,包括雕刻和绘画作品,展现了古代美洲人的日常生活。1991年,这个考古学的宝藏被纳入世界文化遗产名录。

参考:圣埃利纳遗址(距今25000年)、跨越白令海峡(距今22000年)

卡皮瓦拉山国家公园内距今12000—9000年的岩画

尼安德特人的文化

新发现的多处遗址使我们对尼安德特人和智人有了更深入的了解。

长期以来，关于尼安德特人的负面形象使我们怀疑他们是否具有与智人相似的思维能力和文化传统。然而，在过去的几十年里，新研究为我们细致展现了尼安德特人的真实面貌和他们独有的文化创造力。

新近的研究成果揭示了尼安德特人的多种能力。2013年，法国西南佩钦德阿泽（Pech-de-l'Azé）岩厦发现了骨制磨刀，学者认为尼人是欧洲最早生产出标准化特制骨器的人类。这种距今50000年的骨器是用鹿的肋骨制成的，有一个磨光的尖端，用来处理动物皮，使其变软，并更防水。这一制作技术此前一直被认为是智人独有的，所以这项发现说明尼安德特人具有独立发明该技术的能力。智人很可能是向尼安德特人学习后才掌握的，这就推翻了我们以前的看法。

2012年，学者揭示了尼安德特人的另一种行为。对欧亚大陆1699个考古遗址材料的综合研究显示，尼安德特人与鸟类特别是鸦科和猛禽的关系非常密切。在分析了多个遗址鸟类骨骼上留下的痕迹后，学者认为尼安德特人捕捉这些鸟类是为了获得羽毛制作装饰品。

2010年，西班牙南部两个洞穴发现了带有颜料残留（针铁矿和赤铁矿）的贝壳，提出了距今50000年的尼安德特人是否会使用装饰品的问题。如果这些贝壳不是化妆品容器的话，那它们肯定是用来佩戴的装饰品，可能是人群归属的标志。无论如何，尼安德特人也拥有象征思维、想象和创造能力，这是他们自己创造的，不可能是向他们的后继者——智人学来的。

参考：圣沙拜尔的老人（距今50000年），尼安德特人每天消费5份水果蔬菜（距今46000年），尼安德特艺术家？（距今39000年）

尼安德特人曾是捕鸟人，他们捕猎鸟类、获得羽毛，制作装饰品

埃尔西德隆洞穴的惨剧

在西班牙北部的一个洞穴里,上演了尼安德特人一家13口被食的惨剧。

1994年,在西班牙西北部阿斯图里亚斯(Asturies)埃尔西德隆(El Sidrón)洞穴大约49000年前的地层里偶然发现了尼安德特人的化石。这些化石保存很好,有很多牙齿、头骨和颅后骨不同部位的碎片,连舌骨都有。它们至少属于13个人类个体,包括3名男性、4名女性以及3名青少年和3名2—9岁的儿童(性别不确定);同层还发现了石器,大型动物化石极少。

骨骼化石上典型的切割、锤击和破裂痕迹清楚地说明这些人是被杀害的,很可能是同时被杀,然后又被他们的同类肢解。虽然我们不知道为什么他们成了食物,但是基因分析显示他们被杀并不是偶然的。

学者从牙齿和骨骼化石中提取线粒体DNA(随母系遗传)和核DNA进行了分析,结果线粒体DNA的序列表明这些人与中欧尼安德特人存在惊人的亲缘关系,这些个体源自3条母系遗传的谱系,其中3名男性属于同一条谱系,可能是兄弟或者叔叔和侄子;3名女性来自不同的谱系,其中2名与男性不同,可能是他们的伴侣,而第3名是上述3名男性的姐妹或外甥女。所以这是一出尼安德特人家庭惨遭杀害的悲剧。这个家庭实行的是从夫居的行为方式,即女方为了和配偶共同生活必须离开自己的家族。他们的基因还显示,尼安德特人群的基因内部存在一定的差异,这可能是导致其灭绝的原因之一。

参考:人吃人(距今78万年),尼安德特人(距今30万年),尼安德特人留给我们的烙印(距今50000年)

距今49000年

西班牙研究人员身着连体防护服,在杜绝污染的情况下,提取并分析了埃尔西德隆人类化石中的DNA

尼安德特人每天消费5份水果蔬菜

生物地球化学分析揭示了史前人类的饮食结构。研究表明,尼安德特人更偏素食,这打破了我们此前对他们的印象。

长期以来,尼安德特人以高超的狩猎者闻名,因而被贴上了肉食者的标签,人们以为他们是以吃肉为主,甚至只吃肉。完全错误!研究者现在已经更清楚地揭示了他们的饮食习惯,与我们想象的不同,他们的饮食结构一点也不单一死板。

对尼安德特人留下的动物骨骼化石的研究表明,他们并不局限于食用大型食草类动物,他们会在合适的时候开发多种资源,包括海豹、海豚、鱼类和贝类。不仅如此,我们现在还知道他们对植物也很钟爱。

遗址里通常保存了一些微小植物遗存,比如植硅体(植物在生长过程中吸取硅元素填充在细胞和组织中、转化为蛋白石体即植硅体,死后落入土壤中,可以由此复原植物)和淀粉粒(遗址地层里有时可以保存其半晶体的结构,也能用来鉴定种属)。它们可以从土壤、工具、粪化石或牙结石里提取,通过与现生植物比较,便可以知道古人类食用了哪种植物或者植物的哪个部位(叶子、种子、块茎等)。

2011年,马克思-普朗克进化人类学研究所阿曼达·亨利(Amanda G. Henry)的团队公布了一项新成果。他们取了3具骨架,分别是伊拉克沙尼达尔Ⅲ号、比利时斯拜(Spy)Ⅰ号和Ⅱ号,年代为距今46000年和36000年;对骨架上7颗牙齿的牙结石进行了分析,第一次发现了尼安德特人食用植物的直接证据。这些尼安德特人虽然属于不同地域,年代差异也很大,但都食用了豆科、禾本科(野生大麦)、椰枣和睡莲根茎。淀粉粒分析显示,绝大部分禾本科的淀粉粒都是烹煮过的,这样更好消化,也增加了营养价值。据此学者认为,尼安德特人的素食结构跟其他人类一样丰富……

参考:尼安德特人(距今30万年),尼安德特人的文化(距今50000年),尼安德特人的消失(距今24000年)

距今46000年

越来越细致的研究发现,尼安德特人的饮食结构比我们想象的要丰富得多

消失的动物

> 我们通过观察某些岩画发现,在距今50000多年,最早的人类迁徙到澳大利亚时,发生了大型野生动物灭绝事件。

2008年,澳大利亚的研究者雷·惠尔(Ray Whear)和克里斯·摩根(Chris Morgan)在本国阿纳姆地(Terre d'Arnhem)西部的一个岩厦洞壁上发现了用红色赭石颜料绘制的长1.66米的巨型鸸鹋形象。在跟古生物学家彼得·默里(Peter Murray)沟通看法后,默里认为,岩壁上的动物其实是牛顿巨鸟(*Genyornis newtoni*),这是一种现今已经灭绝的、高达2.5米、会奔跑的鸟。根据古生物学资料,它可能是在距今55000—45000年灭绝的,所以这个动物形象不仅将阿纳姆地岩画的年代大幅提前了,而且比欧洲现有岩画的年代都要早……

不过,学者对此还是比较谨慎的。出于不可知的原因,原发现者没有被允许对绘制巨鸟的赭石颜料进行测年;也没有证据表明,在阿纳姆地的巨鸟化石记录消失后巨鸟就真的灭绝了;还可能是当地土著在集体记忆中记住了这种鸟的特征,在它们灭绝后还能将其画下来;或者艺术家画的是想象中的动物——一种"创造出来的祖先",不过这种动机在今天此地原住民周恩族(Jawoyn)人的文化绘画记录中并不存在;还有可能是一个蹩脚的艺术家画的普通鸸鹋,抑或是当时的风格传统使鸸鹋变形了……

上面这些情况并非特例,实际上,考古学家要通过史前人的绘画来了解当时的动物种类是很难的,不过在这些作品中找到灭绝种并了解它们与人类的关系还是有可能的。比如1907年就有报道称,在澳大利亚土著艺术中发现了巨鸟,但是后来没有再发现;1929年,在帕纳拉米特诺斯(Panaramitee North)发现了一个鳄鱼头骨,然而这个区域从更新世以来就见不到鳄鱼了。至于阿纳姆地区域的壁画,还出现了很多现今灭绝的动物,最出名的例子是袋狼,最后一只被人类抓住的袋狼在1936年死亡,标志着这种动物从此从地球上消失了。

参考:纳瓦拉加巴曼遗址(距今45000年),石头上所见的土著人历史(距今20000年)

在阿纳姆地已经灭绝的动物中,袋狼或有袋的狼有幸存活到了历史时代……

纳瓦拉加巴曼遗址

在澳大利亚,人类曾经对岩厦中巨大的天花板和柱子进行了修整,而后在上面完成了巨幅壁画。

作为史前艺术的"西斯廷教堂",澳大利亚阿纳姆地高原南部周恩族土著领地内的纳瓦拉加巴曼(Nawarla Gabarnmang)岩厦是世界上最大的岩画遗址之一。对遗址下层木炭的测年显示,该岩厦在45000年前就已被人类占据,考古文化层一直延续到当代。这座岩厦名字的字面意义是"石头上有个洞的地方",在2006年的一次空中勘探中被发现,从2010年开始由法-澳团队进行了研究。

该遗址最令人惊叹的是壮观的天花板。在岩厦的顶部和支撑岩厦的自然石柱上可见用红色、白色、橙色和黑色颜料(因艺术家的时代而异)绘就的人类、陆地动物、鱼和虚构形象交织的图案;岩厦本身的结构也很奇特,它的下面是中空的(15米×13米),巨大的砂岩天花板被20多个石柱撑起来架在空中,似乎完全不受重力影响,这也是让考古学家疑惑的地方。

研究表明,地面的石块本身并不能形成这样的岩厦结构。实际上,纳瓦拉加巴曼是人类有意、精心修整的结果。他们打掉或修整了部分石块,不影响人的活动(其中有些石块用来捣碎颜料),也利用了那些硬度较高的石英岩来制作工具。他们还有意挪动和拆掉了一些石柱,以便创造出最大的岩厦空间,这就解释了该岩厦为何具有异乎寻常的空间结构。最后,天花板上的石英岩板通过打碎崩塌的方式进行过专门的修整。因为天花板变得很高了(最高处达2.5米),所以人类应该借助了石板作为倾斜的台阶以便够到天花板进行艺术创作。

参考:消失的动物(距今45000年),石头上所见的土著人历史(距今20000年)

不可思议的纳瓦拉加巴曼岩厦曾被人类修整和装饰,不愧为世界史前艺术的瑰宝

沙泰尔佩龙文化

在旧石器时代中晚期交界点,最后的尼安德特人可能在与智人接触时受到启发,从而创造了丰富的文化。

沙泰尔佩龙文化(Châtelperronien)是考古学家辨认出来的在欧洲旧石器时代中期和晚期之间的过渡文化,得名于法国阿利埃省(Allier)沙泰尔佩龙(Châtelperron)洞穴,是布日耶在1906年定义的。它在石器工业方面的典型特征是有一种特殊的工具,以或多或少有点尖端的石叶为毛坯,二次加工出一个弯曲的背部,与之相对的就是刃口,这种工具被称为沙泰尔佩龙尖状器(或石刀)。

沙泰尔佩龙文化分布在300公里的圆弧形范围内,南边连接西班牙北部,北边到达法国中东部。最近的校正测年数据表明,其存在时间为距今45000—40500年,所以它是介于莫斯特(是莫斯特文化在地方演化的类型)和奥瑞纳文化之间的石器文化。

虽然根据法国夏朗德滨海省(Charente-Maritime)圣塞泽尔(Saint-Césaire)和约讷省(Yonne)屈尔河(Cure)畔阿尔西遗址(Arcy-sur-Cure)发现的大量人类化石分析,我们已经知道沙泰尔佩龙文化的石器工业是由最后的尼安德特人创造的,但是以前并不是这样认为的。20世纪70年代末,由于测年错误和对沙泰尔佩龙文化某些文化因素的固有偏见,比如认为装饰品的出现 [大约40种装饰品的文化因素,主要是雷恩(Renne)洞穴发现的钻孔或开槽的食肉和食草类动物牙齿]、坚硬的动物材料制成的工具、大量赭石的利用都是现代人的专利,学界一直认为最早到达欧洲的智人才是沙泰尔佩龙文化的主人。

尼安德特人的行为特别是他们的象征性思维能力发展到了较高水平,所以长久以来热烈争论的话题已经发生了改变。我们现在更关心的是,尼安德特人是以小人群文化交流的方式吸收了智人的原奥瑞纳文化(同化现象),还是在经历了20万年的文化相对滞缓后以突然的方式独立完成了这些文化创新?

参考:奥杜威文化(距今260万年),阿舍利文化(距今176万年),莫斯特文化(距今30万年),奥瑞纳文化(距今40000年),格拉维特文化(距今29000年),梭鲁特文化(距今22000年),马格德林文化(距今17000年)

屈尔河畔阿尔西的雷恩洞穴发现的沙泰尔佩龙文化的人工制品

欧洲的现代人

对意大利和英国人类化石的新研究表明,解剖学意义上的现代人在欧洲出现的时间比我们想象的更早。

智人到达欧洲的时间明显比我们预想的要早!欧洲的13支科研团队研究了意大利南部乌卢佐(Uluzzo)海湾卡瓦罗(Cavallo)洞穴的两颗乳齿后得出了这个结论。

以往研究中,学者将这两颗牙齿归为尼安德特人,现在被证实属于智人;通过3D技术复原其内部和外部结构,将其与尼安德特人和现代人的牙齿进行比较,也验证了这一结论。对同层出土的穿孔贝壳的碳-14测年显示,其年代可能早至距今47530—43000年。

2011年,《自然》杂志发表了上述研究成果,澄清了尼安德特人和智人共存的问题。智人到达欧洲的时间比我们之前认为的提前了数千年,所以尼人和智人共存的时间可能比我们原来以为的更长。

这一结论也促使我们重新思考过渡阶段即旧石器时代中晚期交界的石器工业问题。原来我们将这样的石器工业归为尼安德特人。如果这些牙齿属于智人,那就意味着这些过渡阶段的典型装饰品和工具中至少有一支文化是由智人创造的,我们将它命名为"乌卢佐文化"(得名于乌卢佐海湾)。

这一成果与《自然》杂志同期发表的另一项来自英国西南的新研究结果不谋而合。一支国际团队对1927年在英国肯特(Kent)洞穴发现的距今35000年的人类下颌骨碎片重新进行了研究,并对与人类化石同层新出土的动物骨骼化石做了测年,结果年代在距今44000—41000年,因此智人到达西欧的时间又提前了10000年!

参考:在欧洲的大门口(距今180万年),尼安德特人留给我们的烙印(距今50000年)

距今45000年

这是意大利乌卢佐海湾。智人到达欧洲的时间比我们以为的更早

鱼 钩？

旧石器时代晚期的人类以多种鱼类为食，还掌握了各种捕鱼方法，我们可从多地的发现中窥见一斑。

距今42000年

毫无疑问，史前狩猎-采集者也是渔猎者。有些鱼类可以徒手捕捉，人们也可以等待鱼洄游时设陷阱，但这些行为都没有留下痕迹。而最早的捕鱼篓和渔网也只在新石器时代遗址里才见到。

鱼骨（主要是脊椎骨，比头骨更致密，更容易保存下来）是旧石器时代人类捕鱼行为的直接证据，可以告诉我们当时人们吃了哪种鱼，比如鲑鱼、茴鱼、鳟鱼、雅鲁鱼、鳗鱼、白斑狗鱼、黄花鱼等。在东帝汶发现的23种、38000多件鱼骨表明，深海钓鱼在42000年前在此处盛行！欧洲发现的旧石器时代晚期尤其是马格德林文化时期的鱼类遗存数量增多，说明钓鱼在那时真正成为一种社会性现象，特别是生活在海滨的人类。对"渔夫"骨骼和牙齿的同位素分析显示，在法国吉伦特省（Gironde）浮士德（Faust）岩厦的马格德林人群消费的鱼类中，雅罗鱼（*Leuciscus*）占40%—80%。而大西洋鲑鱼在地中海流域存在则表明当时人类不仅会使鱼类保鲜，还会远距离运输。最后，用硬材料制成的鱼钩、矛头、鱼叉等一直流传到现在；洞穴壁上绘画或刻画的鱼，如"鱼洞"（abri du poisson）的白斑狗鱼也可以让我们了解人类实际上消费过的鱼种，而壁画中的陆生动物不一定是人类消费过的。

在阿拉伯联合酋长国滨海的新石器遗址乌姆盖万（Umm al Quwain）出土了一颗距今7500年的细腻珍珠，它被放在墓地里一具骨架旁。这项发现将危险的珍珠采集活动（在古波斯湾和印度洋的滨海地区也有发现）提早了2500年。

参考：好吃的贝类（距今16.4万年），俄罗斯平原上的狩猎-捕鱼者（距今7500年）

东帝汶出土的用贝壳制成的完整鱼钩，是最古老深海钓鱼的直接证据

蒙戈湖的男人和女人

蒙戈湖发现的人类化石表明，在距今大约40000年的更新世，已有人类在澳大利亚生存。

澳大利亚新南威尔士州西南部威兰德拉（Willandra）湖区，出土了除非洲以外最古老的智人遗存。1969—1974年，詹姆士·鲍勒（James Bowler）在蒙戈湖（lake Mungo）附近发掘时发现了3个人类化石，即蒙戈湖1号（也被称为蒙戈湖的女人）、蒙戈湖3号（也被称为蒙戈湖的男人）和蒙戈湖2号，它们是澳大利亚目前已知最早的人类，距今42000年，与我们已知此大陆人类迁徙证据相符。

不过这并不是定论，因为蒙戈湖3号骨架给出了一个更古老的年代，即距今60000多年，这可能意味着澳大利亚的智人不单单来自非洲，也有可能是由亚洲滨海的祖先迁徙而来！2003年，研究者对蒙戈湖所有化石重新进行了测年，结果是距今40000年左右，这才澄清了关于澳大利亚人类多种来源的假设。

蒙戈湖的男人身高1.7米，年轻时可能参加过某种仪式，拔掉了2颗下犬齿。就年龄而言，他的臼齿磨损得很厉害，可能因为饮食结构，也可能是由于咬住长长的芦苇叶子制作绳子造成的。他患有严重的关节炎，尤其是右肘关节，是高强度地使用长矛助推器（澳大利亚土著使用的助推器，与欧洲相似）的结果，以至于该部分骨骼都不完整。他活到了50多岁，在狩猎-采集者里算长寿的了。另外，他的骨骼上面还覆盖了红色的赭石。

蒙戈湖的女人比较特殊，尸体有火化痕迹，这是目前已知世界上最早的火葬现象。蒙戈湖的化石全部埋葬在新月形沙丘中，使得澳大利亚大陆历史的珍贵证据得以保存下来。

参考：消失的动物（距今45000年），纳瓦拉加巴曼遗址（距今45000年），石头上所见的土著人历史（距今20000年），威兰德拉的脚印（距今20000年）

澳大利亚新南威尔士州的干涸湖泊——蒙戈湖，是重大考古发现的宝库

奥瑞纳文化

> 奥瑞纳文化是欧洲旧石器时代晚期开端重要的文化,该文化人群创造了肖韦洞穴壁画,也制作了最早的象牙雕像。

1852年,让-巴蒂斯特·博纳迈松(Jean-Baptiste Bonnemaison)让法国南部奥瑞纳村(Aurignac)的采石场工人扒开一个被石头和植物掩盖的岩厦,发现了欧洲现代人存在的早期证据。该洞穴于1860年由爱德华·拉尔泰发掘,出土了丰富的考古遗存,除了洞熊、猛犸象、洞穴鬣狗、披毛犀等动物化石外,还发现了大量骨器和石器。

1906年,布日耶和埃米尔·卡尔塔伊克(Émile Cartailhac)将这个遗址的工具组合命名为奥瑞纳文化。1933年,布日耶将奥瑞纳文化定义为旧石器时代中期的文化,不过今天它已经成为旧石器时代晚期开端的重要文化,距今40000—29000年,地理范围从伊比利亚半岛延伸到巴尔干。学界对它的来源存有争议,认为它有可能来自近东,也有可能是解剖学意义上的现代人到达欧洲后在本土的发明。

奥瑞纳文化的典型遗存除了骨器(象牙或鹿角制成的底部分叉的标枪头)和石器(燧石打制成的石叶、细石叶石器)外,还有标志着人类重大变化的全新文化遗存,包括最早的雕像和岩厦壁画,如布朗夏尔(Blanchart)岩厦、卡斯塔内(Castanet)岩厦,当然还有肖韦洞穴或名气略小的加尔省(Gard)的波姆-拉特罗恩(Baume-Latrone)洞穴。

克罗马农人(Cro-Magnon)长期以来被当作奥瑞纳文化的主人,最近的研究表明,克罗马农人存在的时间其实比较晚,相当于格拉维特文化时期。奥瑞纳人并没有给我们留下类似格拉维特文化的墓葬,但是从零散分布的骨骼化石(发现于罗马尼亚等),我们还是可以对这些早期的欧洲人一窥端倪。

参考:沙泰尔佩龙文化(距今45000年),霍勒菲尔斯的维纳斯(距今40000年),卡斯塔内岩厦(距今37000年),肖韦洞穴(距今36000年),笛声飘荡(距今35000年),格拉维特文化(距今29000年)

距今40000年

1931年,德国福格尔赫德(Vogelherd)洞穴发现的用象牙雕刻的马雕像

丹尼索瓦人

> DNA分析得出惊人结果，丹尼索瓦人不仅曾和尼安德特人、智人在亚洲共同生活，发生过基因交流，而且还将基因传播给了现代美拉尼西亚人。

三十年来，对化石进行的基因研究为我们提供了已灭绝的人属成员包括曾和我们有亲缘关系的人类的重要信息。2010年3月，对新成员——丹尼索瓦人的基因分析获得了震惊的发现，开辟了全新的研究方向。

2008年，学者在西伯利亚南部阿尔泰山的一个洞穴里发现了一段测年为距今50000—30000年的指骨碎片，还有几颗牙齿。仅凭这些，我们对这个人类的解剖学和形态特征几乎一无所知！距今20万年到50000年的亚洲人化石都有可能是他的近亲。多亏测年数据提供的年代背景，让我们的了解稍微深入了一点，进而才能科学描述以便确定新人种。

幸运的是，从这些化石碎片里提取的DNA透露了相对丰富的信息。学者将该人类化石的线粒体DNA序列与6个尼安德特人和60多个现代人比较后发现，丹尼索瓦人、尼安德特人和现代人拥有共同的祖先。随后进行的核DNA分析发现，丹尼索瓦人与尼安德特人的亲缘关系更近，他们的基因在大约64万年前出现分异。研究还揭示，现代美拉尼西亚人（Melanesians）和土著人的基因中有4%—6%来自丹尼索瓦人。丹尼索瓦人可能在60000—40000年前沿着东南亚和印度尼西亚向澳大利亚迁徙的过程中，与现代人发生过杂交。

不过，丹尼索瓦人在人类演化史中的确切位置还远没有弄清楚。2013年12月，对西班牙胡瑟裂谷遗址发现的海德堡人（距今40万年）的线粒体DNA分析表明，海德堡人虽然是尼安德特人的祖先，但他们的基因却与遥远的西伯利亚人更接近！所以欧亚大陆人类家族中不同古老成员的历史实际是很复杂的……

参考：能人（距今245万年）；北京人（距今78万年）；尼安德特人（距今30万年）；智人（距今19.5万年）；弗洛雷斯人，弗洛雷斯岛上的小矮人（距今60000年）；尼安德特人留给我们的烙印（距今50000年）

丹尼索瓦人，这个与已知人类有过基因交流的人群，他们的故事现在只存在于DNA中

霍勒菲尔斯的维纳斯

"霍勒菲尔斯的维纳斯"及其他发现于施瓦本侏罗山的奥瑞纳文化艺术品，都是奥瑞纳人群创造的精美物质文化。

2008年，学者在距离德国舍尔克林根（Schelklingen）很近的霍勒菲尔斯洞穴（Hohle Fels，施瓦本语意为"中空的石头"）发现了一个用猛犸象牙做的女性雕像，因其夸张的胸部和臀部，在旧石器时代诸多"维纳斯雕像"中享有盛名。

这个由德国考古学家尼古拉斯·科纳德（Nicholas Conard）发现的雕像高6厘米，重33克，发现时碎成6块，缺一侧肩部和左胳膊；头部是一个圆环，表明曾经作为坠子佩戴过。她的不同寻常之处在于年代非常古老。与之风格相近的旧石器时代"维纳斯雕像"（强调性别特征，简化胳膊和腿）主要发现于格拉维特文化，年代在距今27000—22000年；而"霍勒菲尔斯的维纳斯"是在奥瑞纳文化层的底部发现的，埋藏时间为距今35000年甚至达40000年！所以，"霍勒菲尔斯的维纳斯"与肖韦洞穴壁画一起表明，欧洲最早的解剖学意义上的现代人拥有非常高超的手工技艺和艺术水平。

这件艺术品并非孤例，她丰富了霍勒菲尔斯和施瓦本侏罗山（Jura Souabe）其他距今40000—30000年洞穴遗址的奥瑞纳文化内涵，展示出非常发达的文化面貌，尼古拉斯·科纳德将其定义为"现代性的文化"。这些文化遗存中有大量的动物雕像，有一件正在潜水的水鸟雕像，还勾画出了羽毛的细节。还有一些拟人或人兽混合的雕像，如"崇拜者"（用一块象牙板雕刻的具有崇拜者姿势的男性雕像）、著名的霍伦斯泰因-斯塔德尔狮子人雕像（霍勒菲尔斯遗址也发现了一件类似的微型雕像），以及骨骼或象牙制成的笛子，它们都证明此时的人类已经拥有相当高的认知水平。

参考：霍伦斯泰因-斯塔德尔的狮子人雕像（距今40000年），笛声飘荡（距今35000年），旧石器时代的"维纳斯们"（距今29000年）

距今40000年

在霍勒菲尔斯遗址发现的著名的女性雕像"维纳斯"，现藏于德国布劳博伊伦（Blaubeuren）博物馆，是目前已知最早的人形艺术品

尼亚洞穴

加里曼丹岛北部、马来西亚砂拉越州的尼亚洞穴群表明，人类在此地区的活动可以追溯到距今40000年。

位于马来西亚砂拉越州（Sarawak）的尼亚（Niah）洞穴国家公园是当地有名的燕窝贸易之地，也是东南亚重要的史前考古遗址。东南亚晚更新世末期的遗址和石器数量极少，给我们了解现代人的迁徙带来了困难，所以尼亚洞穴的重要性可见一斑。

巨大的尼亚洞穴位于古农苏比斯（Gunung Subis）石灰岩高地，一直被当作墓地使用，拥有该区域最厚的地层序列，从40000年到2000年之前一直有人类活动。该遗址最初由汤姆·哈钦森（Tom Hutchinson）和芭芭拉·哈钦森（Barbara Hutchinson）在1954—1967年进行了发掘。他们在此发现了一个距今约40000年的男性头骨（昵称"深颅"），是现代人从亚洲向澳大利亚迁徙的罕见的化石证据之一。还有多种遗存表明人类在此活动可上溯到距今52000年。1970年，通过该遗址第二个发掘季的工作，学者进一步明确了尼亚人在这里生活的时间。

尼亚洞穴遗址发现的石器有打制砾石石器和石片，年代为距今40000—10000年，占现有整个东南亚史前石器的大部分。洞穴最晚的地层出土了新石器时代的陶器、石斧、横口斧，以及贝壳和玻璃制成的装饰品；还出土了船、席子、铁质工具和木棺以及晚近的洞穴壁画（距今1200年）。该洞穴引人注目的地方是有很多墓葬，时间为距今14000—8000年，人骨呈婴儿姿势且有彩绘痕迹（最近研究发现是用植物做成颜料），其中一个头骨下面还放置了一根犀牛的股骨。此外，还有几十座新石器时代的墓葬也十分有名。

参考：加里曼丹岛，指甲怎么了？（距今12000年）

距今40000年

巨大的尼亚洞穴，从距今40000年以来一直有人类活动

霍伦斯泰因-斯塔德尔的狮子人雕像

2013年，得益于新的发现，著名的霍伦斯泰因-斯塔德尔狮子人雕像拼合完整，成为目前已知最古老的小雕像。

狮子人（德语意为"狮身人"）雕像，是一件在旧石器时代晚期用猛犸象牙制成的小型雕像，1939年由罗伯特·韦策尔（Robert Wetzel）和奥托·弗尔辛（Otto Völzing）在德国施瓦本侏罗山的霍伦斯泰因-斯塔德尔洞穴发现，当时只找到了几块碎片。该区域其他洞穴也发现了一定数量的艺术品，不过年代都不及它古老。一开始估计它为距今32000年，后来用碳-14测年法测定同层的骨骼化石，将时间提早至距今40000年。

这是一个人兽一体式的雕像，直立的姿态、腿和脚表现其主体是人身，拉长的外形、爪子似在挠动的胳膊、狮头说明表现的对象是一头公狮子（也有些学者认为是母狮子）。这件复合式艺术品与法国奥瑞纳洞穴壁画中的某些形象相似，为我们了解末次冰期人类的精神世界打开了一扇窗。它展示了人类既神秘又复杂的世界——食肉类动物扮演了重要角色的世界。

对这个小雕像的研究直到第二次世界大战以后才开始开展，此后随着新碎片的不断发现，雕像整体得以复原。在2010年和2011年，新的发掘使雕像进一步完善：由300多块碎片拼成的几近完整的雕像又新添了右臂和背部，后颈更清晰，整体直径达数厘米、高31.1厘米。

2002年，考古学家尼古拉斯·科纳德在霍勒菲尔斯遗址稍微古老一点的地层中又发现了一件狮子人雕像，比霍伦斯泰因-斯塔德尔的狮子人雕像小一些。

霍伦斯泰因-斯塔德尔的狮子人雕像是奥瑞纳文化艺术珍品，现藏于德国乌尔姆（Ulmer）博物馆。

参考：霍勒菲尔斯的维纳斯（距今40000年）

狮子人雕像，不断发现新的碎片，使它得以拼合完整

尼安德特艺术家？

2014年发现的抽象几何形刻画图案可能是尼安德特人创造的最早的洞穴抽象艺术。

2014年，一支国际史前研究团队在美国科学院院报（*PNAS*）发表了一项新成果。他们在直布罗陀戈勒姆（Gorham）洞穴发现了尼安德特人在39000年前创造的岩画！

众所周知，这个洞穴曾被尼安德特人和智人占据过。这些条纹刻在洞底，埋在一个堆积层的下面，该层经过测年，至少可上溯至39000年前，所以这些条纹应该是这个洞穴最早也是当时唯一在此生活的人类的作品。

这些条纹是用带尖的石器刻成的，是一种十字形图案，其人工意图毋庸置疑，因为最深的线条需要尖状器在坚硬的石头（白云石）上刻200次才能形成；刻痕分析、3D图像复原以及实验结果都可以排除偶然为之（比如以一定的方式在其表面反复使用某件东西）的可能性。研究者认为此图案反映了尼安德特人用几何形态进行抽象思维和表达的能力。

这一结论并不新奇突兀，因为尼安德特人的其他行为尤其是埋葬死者已经证实了这些能力，也在某种程度上为其昭雪，将贴在他们身上的负面标签去掉，改变了他们"比欧洲后继者逊色"的偏见。然而这些条纹真的是尼安德特人在艺术领域里迈出的第一步吗？我们不否认尼安德特人拥有抽象表达的能力，也不否认他们具有创造图形艺术的能力（有些学者认为这是与今天的现代人密切关联的能力），但是我们还是要强调，即便这是一种艺术的表达，它也是一种孤立的现象，与同时期智人的艺术品无法比拟。此外，这些十字纹具有的90度刻槽，也很有可能只是一种用于提醒的示意符，而非特意抽象的表达……

参考：尼安德特人的文化（距今50000年）

尼安德特人用石质尖状器刻画的条纹

披毛犀

在欧亚大陆更新世寒冷的大草原上，人类曾经遇到过一种体型巨大、绒毛浓厚的犀牛。他们把这种稀奇又壮观的印记，留在了洞穴的壁画上。

5000万年前，生活在北美的犀牛祖先是没有角的。它们有角的后代即犀科动物在第三纪扩散到了欧洲，其中双角犀又演化出几条不同的谱系，其中一支成了披毛犀（*Coelodonta antiquitatis*）。

披毛犀是冰期大草原上标志性的哺乳动物，与猛犸象、巨角鹿一样为我们所熟知。通过搜集它们的骨骼化石、研究西伯利亚永冻土或波兰盐渍土里的尸体，可以比较详细地了解它们的特征。比如2012年，俄罗斯学者就发现并描述了一头距今39000年的母披毛犀，该化石发现于西伯利亚的冻土里，几乎完好无损，包括躯干、脚、头和某些软组织，甚至胃和里面的食物。

DNA分析表明，这头披毛犀与今天的苏门答腊犀（现存三种双角犀中的一种）有紧密的亲缘关系。它体型高大，肩部最高点可达1.8米，背部有一个装满脂肪的大隆凸；身长近4米，成年时重2—3吨，腿比较短；前角略微呈弧形，长1.2米；全身披毛。犀牛可能以头部左右摆动的方式来带动角除掉地面的雪，以便吃到不太高的禾本科植物。它那号角式的耳朵也长满了绒毛，活动起来相当灵活。

披毛犀不是旧石器时代岩画中唯一的犀科动物，比如拉斯科洞穴一个深井壁画上的犀牛可能就是一种草原犀。洞穴壁画里犀牛是很罕见的，一般只单独绘制一头，不过有些洞穴如马格特（Margot）、鲁菲尼亚克和肖韦洞穴里画的犀牛还是比较多的，尤其是肖韦洞穴里犀牛成群奔跑，占据了后厅的整个石板，场面非常壮观。

参考：猛犸象（距今60万年），原牛（距今30万年），野牛（距今13万年），洞熊（距今70000年），洞狮（距今36000年），马（距今14000年），巨角鹿（距今7700年）

距今39000年

犀牛这种冰期大草原上的庞然大物在岩画里通常是比较罕见的

卡斯塔内岩厦

这座奥瑞纳文化的岩厦保留着世界上最古老的洞穴壁画，与肖韦洞穴不同，它反映了史前人类日常生活的面貌。

卡斯塔内是法国多尔多涅省塞尔雅克（Sergeac）的卡德尔-梅尔（Castel Merle，也被称为岩石谷）史前遗址中的一个岩厦。该遗址群拥有十几个分布在两个相对大崖壁上的洞穴，集中在近400米的区域内。85000年前的尼安德特人和35000年前的奥瑞纳人先后在这里居住。

洞顶坍塌使得古人类活动遗存得以很好地保存下来，卡斯塔内岩厦就是其中一例。该岩厦被当地农民马塞尔·卡斯塔内（Marcel Castanet）发现，并在路易·迪东（Louis Didon）的指挥下进行了发掘；从1911年开始，受政府委托，由丹尼斯·佩罗尼主持继续发掘。这里出土了奥瑞纳文化的丰富遗存，有几百件装饰品如象牙和石珠子，还有动物牙齿和穿孔贝壳，鹿角或骨骼制成的工具，以及洞穴壁画、石头雕刻和刻画修型而成的石环。这些装饰品的年代多为距今37000年。

1995年以后，这里由兰德尔·怀特（Randall White）及其团队继续发掘。2007年，他们发现了一块从洞顶坍塌下来的重达1.5吨的石灰岩。遗址内部地形分析显示，这块石灰岩当时应高出地面2米，所以在奥瑞纳人（估计当时生活着300人）触手可及的范围内。考古学家将这块石头清理出来，发现它表面装饰着一些刻画形象，其中最清晰的是一种"女阴"图案，这是旧石器时代晚期流行的表现内容；有一个浅浮雕似乎是野牛的局部；还有两个不太深的凹坑，表明古人曾在此雕刻了圆环，其中一个环被今天的人破坏了。与同时期的肖韦洞穴的艺术相比，这里主要表现了史前人类的日常生活。

参考：奥瑞纳文化（距今40000年），肖韦洞穴（距今36000年）

距今37000年

卡斯塔内岩厦洞顶坍塌岩石上的刻画痕迹，艺术化地展现了奥瑞纳人群的日常生活

肖韦洞穴

作为欧洲旧石器时代艺术的巅峰，肖韦洞穴保存了独一无二的洞穴艺术品——年代古老、规模宏大、图像精美的壁画。

位于法国阿尔代什省（Ardèche）南部的肖韦洞穴，又叫肖韦-蓬达尔克（Chauvet-Pont-d'Arc）洞穴，其壁画于1994年由洞穴研究专家让-玛丽·肖韦（Jean-Marie Chauvet）、埃利耶特·布吕内尔（Éliette Brunel）、克里斯蒂安·伊莱尔（Christian Hillaire）发现。史前人在400多米的洞壁上创造了奥瑞纳时期数量最丰富、保存最完好的壁画，其新鲜程度、美学价值和工艺水平令人叹为观止。

肖韦洞穴艺术的年代比拉斯科要老两倍多，得到了学界的一致认可，因为洞穴经过了多个实验室的测年分析。校正过的碳-14测年表明，该洞穴被人居住的时间可以追溯到距今36000年，而且分为两个不同的阶段，第一个是奥瑞纳文化时期，绝大部分壁画属于这个时期，第二个是格拉维特文化时期。

肖韦洞穴保存了1000幅左右的绘画和雕刻图案，其中一半是动物形象。这个"野兽洞"里描绘的主要是危险的动物，如猫科动物、熊、猛犸象、犀牛等，很少有被人类狩猎和消费的动物。洞穴也出土了大量考古遗存，如骨器、石器、火塘、磨盘，还有动物爪痕，以及一个大约8岁儿童留下的指纹。

肖韦洞穴代表了史前人创造性、工艺水平和审美能力的巅峰，完全颠覆了我们的认知。它表明人类在步入旧石器时代晚期时，已经具有相当高超的艺术表现力，打破了原来认为"史前艺术是以线性方式逐步复杂化"的观点。在史前学家让-米歇尔·热内斯特（Jean-Michel Geneste）和让·克洛特（Jean Clottes）的主持下，这个独一无二的遗产经过细致谨慎的科学研究，变成洞穴艺术和古生物遗存保护的典型案例。

该洞穴于2014年入选世界文化遗产名录。2015年4月25日，根据肖韦洞穴壁画复原的阿尔克桥洞穴面向公众开放。

参考：狩猎的叙事艺术（距今36000年），遗址重建（2015年）

距今36000年

发现于1994年的肖韦洞穴颠覆了关于欧洲旧石器时代晚期艺术的所有定论

111

洞 狮

这种今天已经灭绝的大型猫科动物曾经在更新世后半期占据着欧亚大草原。通过罕见而壮观的洞穴壁画，我们可以知道它们长什么样子。

欧洲洞狮（*Panthera leo spelaea*）是大型猫科动物的代表，它们在更新世后半期占据了欧亚大陆，直到末次冰期结束时才灭绝（在法国灭绝的时间是距今11000多年）。

通过洞穴里发现的骨骼化石，我们对这种灭绝的动物已经很熟悉了。它们并不在洞穴里生活，洞穴里发现的洞狮骨骼化石似乎都是被它们的对手如鬣狗或熊攻击死亡后留下的。研究表明，洞狮很喜欢捕猎幼熊，也喜欢捕猎最后两个冰期在大草原上生活的食草类动物，如驯鹿、野牛、鹿、马和小猛犸象。

英国、德国、东欧国家、俄罗斯和法国发现的洞狮化石表明，这种猫科动物的体型比现生狮子要大四分之一左右，雄狮从嘴部到尾巴长达3.5米，肩高可达1.3米。

在旧石器时代的绘画、雕刻壁画和雕像中都有洞狮的身影，这是除了肖韦洞穴里画的一头豹子之外，豹亚科动物留下的唯一印记。较为著名的是奥瑞纳文化的霍勒菲尔斯遗址发现的猛犸象牙狮子人雕像、拉斯科洞穴里画了猫科动物的窨室，当然还有肖韦洞穴里画的75只猫科动物，既有成群的狩猎画面，也有社会活动的场景。这些艺术画作清晰地展示了洞狮的外貌特征，比如它们尾巴上的毛又浓又密，嘴旁长满胡须，毛发一道一道的，狮鬃很短或者没有；有些狮子画了睾丸，表明史前艺术家能够分辨狮子的性别。

虽然它头部的某些特征与老虎相似，但是基因分析表明它们与狮子关系更近。不过现生狮子并不是从洞狮演化而来的。

参考：霍伦斯泰因-斯塔德尔的狮子人雕像（距今40000年），狩猎的叙事艺术（距今36000年）

这种大型猫科动物曾是史前洞穴壁画的代表形象

画在洞穴里的动物

旧石器时代艺术家选择的模特基本上都是动物。这些令人惊叹的动物群体成为欧洲史前洞穴里的主角。

在欧洲旧石器时代晚期洞穴遗址的石壁上,智人留下的图案基本都是大型哺乳动物,尤以食草类动物为主。成百上千的壁画构成了一个动物集合,也是岩画和可移动艺术品里表现的典型动物的汇总。

这个旧石器时代的动物集合包含了以写实方式表现的大约25个动物主题,其中最常见的是马和野牛,然后是原牛、羱羊、鹿、驯鹿、猛犸象、披毛犀、熊和洞狮;巨角鹿、麝牛、比利牛斯岩羚羊、高鼻羚羊、狼、海豹、企鹅、鼬、野兔、鸟、鱼和蛇也少量存在。可移动艺术品常表现极具写实风格的特殊动物,如法国阿里埃日省(Ariège)恩琳(Enlène)洞穴发现了刻着精美蚱蜢的骨头。

这个动物集合的成员在旧石器时代25000年间的艺术表现上是有变化的。在最古老的奥瑞纳文化阶段,肖韦洞穴里那些危险的动物如洞狮、猛犸象和犀牛是大宗;到了马格德林文化时期就比较少了,取而代之的是马和野牛,正如在拉斯科、阿尔塔米拉、尼奥(Niaux)洞穴里看到的那样。

大量洞穴和露天遗址被淹没在今天的海面下,里面的艺术遗存也随之彻底消失了。所以我们不禁思考,是否还存在其他动物主题特别是海洋动物,就像我们在马赛的科斯克尔(Cosquer)洞壁上看到的企鹅形象一样,这些绘画能在旧石器时代晚期海面上升时幸免于难,着实令人惊叹。还有一个例子,法国比利牛斯-大西洋省(Pyrénées-Atlantiques)阿兰库(Arancou)的马格德林文化中发现的一个吊坠,上面刻着一头抹香鲸,也令人印象深刻。

史前人类在表现这些动物时,加入了大量抽象思维的元素。令人不解的是,在这些洞穴艺术品里几乎看不到人类自己的身影。

参考:洞穴艺术家的技术、工具和材料(距今36000年);手印,世界性的标志(距今36000年);性别的表现(距今28000年);几何学的主题(距今17000年)

马在欧洲旧石器时代洞穴里经常看到

狩猎的叙事艺术

肖韦洞穴壁上留下了古老的图像叙事，表明旧石器时代艺术中蕴含了视觉媒体的元素，可与通过形象表达的电影艺术媲美。

长久以来，我们以为戏剧场景在旧石器时代艺术里是极少存在的，不过马克·阿泽玛对洞穴艺术里的动物形象研究后发现，恰恰相反，动画是构成洞穴艺术的要素，因为那些动物的动作相互关联构成了一幕幕场景，进而形成一组组镜头，产生了真正的图像叙事。

肖韦洞穴的后厅是一个极佳的范例。站在厅中央观察，左边墙壁上展现了一个10多米高的巨幕画面，名为"大画板"。在这个大画板的左边，3只自然大小的洞狮低着头，耳朵向后贴着，似在潜伏窥伺幕布外的真正猎物；右边是狩猎的另一幕场景，即著名的狮子画作，描绘了16只狮子嗥叫怒吼着追赶野牛群的场面。这两个画面合在一起构成了一组镜头，加上后厅洞壁上所绘动物的其他动作，就形成了一系列完整的镜头。镜头下，我们可以看到一只幼年野牛正面临两只狮子的拖拽，好几只狮子在窥伺两只野牛，一只狮子在吞食它的猎物，其他狮子在准备交配……

洞狮是这幕戏剧的主角。从入口到洞底，从左至右，沿着墙壁、遵循着时间的顺序，狩猎的主要情节都被史前艺术家表现出来了。不过当时的人类必须沿着墙壁不断移动才能明白这样的图像叙事！

马克·阿泽玛推测，这些场景与其他10多个画面一起表明，欧洲旧石器时代晚期的人类在图像艺术方面造诣很深，甚至能预先感知动态图像合成后的效果。作为大自然的细心观察者，他们可能并不满足于记录生活的静态画面，而是设法用图像叙事的方式表达第四维空间——时间。他们对动态画面的分解方式主要有两种：一是将连续的图像重叠，重复画出移动中的动物的身体部位；二是将连续的图像并列，把动物的不同姿势以前后相继的方式画在画板上，就像我们看到的狮子画板一样。这些就是电影艺术的起源。

参考：洞狮（距今36000年），井里的壁画（距今18600年），光学玩具（距今15000年）

在肖韦洞穴壁画里，洞狮是真正的主角

洞穴艺术家的技术、工具和材料

洞穴艺术帮助我们了解了旧石器时代晚期艺术家技能的方方面面。

为了表现一个主题,形象的或抽象的,旧石器时代的艺术家会运用刻画、绘画或雕刻手法,在不少情况下将三者结合起来使用,还会充分利用石壁和土壤的质地、形态产生的各种有利条件,依势创作。

刻画是最为常见的一种技术。它做起来既快又简单,具体而言就是以去掉不需要的物质的方式改变毛坯比如石头或黏土的表面。根据毛坯的硬度,它需要用到的工具有燧石器、木头或骨头,当墙壁非常软的时候,仅靠手指头也可以创作。由此产生的印痕通常比表面更亮,可以更多地吸引光线;刻出来的槽印也相当精细(如马格德林文化),或者产生比较宽的横截面。还有用手镐连续不断地敲击产生"桩窝",比如葡萄牙福斯-科阿(Foz Côa)遗址发现的带装饰纹的石头就是这样的。

绘画涉及线条和色调的运用。具体而言,线条用于勾画出形态轮廓,所使用的工具为木炭条(就像尼奥的"黑厅"里发现的木炭)、蘸有彩色颜料的刷子(用马鬃或其他动物毛做成),还有用手指作画或吹气喷画,就像佩什梅尔(Pech Merle)洞穴里画的马一样。在阿尔塔米拉洞穴,动物整个身体都是涂色的。当好几种颜料混合使用的时候,我们就说这是平面色板和彩色绘画。现在我们对颜料的来源已经比较清楚了,比如锰块和木炭产生的是黑色,赭石和氧化铁产生的是红色、橙色和黄色。

艺术家并不满足于仅仅描画二维图像,在有些情况下,他们也可以在毛坯上做出三维的形态,比如法国洛克-沃-索尔西耶(Roc-aux-Sorciers)岩厦遗址发现的用石质手镐创作的浅浮雕雕塑。高浮雕或圆雕技术在奥杜贝尔洞穴的泥刻塑像以及象牙、骨质或石质小雕像中都有运用。

参考:肖韦洞穴(距今36000年);露天岩画(距今25500年);佩什梅尔洞穴(距今25000年);拉斯科,史前的西斯廷教堂(距今17000年);阿尔塔米拉洞穴(距今15000年);奥杜贝尔的泥塑野牛(距今13500年)。

距今36000年

史前洞穴艺术家在创作时使用了全套技术

手印，世界性的标志

手印是旧石器时代人类留下的最直接、最吸引人的印记，也是史前岩画中常见的图像，不过它的含义一直很难解读。

亚里士多德说，人的手是"一切工具的工具"，在艺术创作中占中心地位。对于史前时代而言更是如此，早在旧石器时代晚期的开端，欧洲的奥瑞纳文化、格拉维特文化中就出现了手印，而且世界各个地方如东南亚、南非、南美和澳大利亚都发现了大量手印壁画。

有好几种方式可以帮助人类把手印印在石壁上。一种是阳文手印，就是先在一只手上敷上颜料，再把它印在石壁上。肖韦洞穴墙壁上的阳文手印与某些记号、多种动物形象同时存在，而且还用红点标记了掌心。另一种是阴文手印，数量更多。它们是将手放在石壁上画出来的，具体来说，艺术家会以不同方式（如使用铅笔、模具，吐口水）勾画出手的轮廓。比如在科斯克尔就发现与其他动物共存的55只手印，似乎在设置路标，指向一个已淹没于水底的深不可测的坑洞……

长期以来，史前学家认为手印这种具象画最基本的元素，从旧石器时代晚期开端就出现了，它是一种本能和原始的表现形式。不过对最早的洞穴艺术家（肖韦洞穴和科斯克尔洞穴）所具有的艺术创作能力的研究表明，恰恰相反，石壁上的手印不仅是精心设计的，而且是复杂的、多样化的，包括左手印或右手印、男人手印或女人手印、完整手印或残废手印，就像加尔加斯（Gargas）遗址发现的一样；它们有时是单一孤立的，有时与其他形象关联（就像佩什梅尔洞穴斑驳的马一样）；不同艺术家用形成手印的巨幅壁画来表示他们的存在（就像在澳大利亚发现的那样）。绝大部分手印对我们来说仍然是未解之谜。

参考：残手之谜（距今26860年）；加里曼丹岛，指甲怎么了？（距今12000年）

距今36000年

全世界到处都有史前艺术家在石壁上留下扑朔迷离的手印

笛声飘荡

施瓦本侏罗山发现的笛子作为音乐实践行为的证据，见证了欧洲最早的现代人的文化创新能力。

旧石器时代晚期最早到达欧洲的现代人留下的遗存不仅表明音乐是他们生活中的重要组成部分，而且证实他们具有更进步的象征思维和沟通能力。

2009年，尼古拉斯·科纳德及其德国图宾根大学（université de Tübingen）的同事公布了他们在德国霍勒菲尔斯洞穴属于奥瑞纳文化开端的文化层里发现的骨笛，它由12个碎片拼成，接近完整。这件拥有35000年历史的乐器长22厘米，直径8厘米，钻有5个孔。两个V字形的凹缺指示了演奏者吹奏的位置。它是用秃鹫的骨骼打制而成的。这种翼展2.5米的鸟，其骨骼是制作笛子的理想材料。该遗址还发现了用天鹅骨骼和猛犸象牙制作的笛子碎片，它们跟秃鹫骨骼制作的笛子出土于同一层位，也是在距今35000年。这些遗存表明此地可能拥有相当古老的音乐传统，可以上溯至43000—42000年前。工匠拥有极高超的制作水平，因为与在有自然凹陷的鸟骨上钻孔相比，使用硬直的材料如象牙做出带孔的成品是更难的挑战。

除了骨笛以外，旧石器时代的人类还使用过一些乐器。比如响板，这是一种在旋转时发出吹哨声的乐器；再如刮擦器，一种带切口的、与其他物品摩擦时发出声音的乐器；还有钻孔的驯鹿指骨，类似哨子，常用于狩猎而非演奏。在马格德林文化中，钻孔的海螺壳也用作管乐器。洞穴本身也可以当乐器使用，洞壁上的锤击痕迹显示，有些石头缝的褶皱或石柱被用作天然的响石，也就是音乐石，在法国洛特（Lot）的库尼亚克（Cougnac）洞穴、罗讷河口（Bouches-du-Rhône）的科斯克尔洞穴都有类似发现。

参考：用史前石头奏乐（2014年）

德国霍勒菲尔斯洞穴发现的秃鹫骨骼制成的笛子，现藏于布劳博伊伦博物馆

可纺织的纤维

一个位于高加索的洞穴出土了极细的亚麻碎片,表明旧石器时代晚期的人类已经会使用亚麻纤维了。

旧石器时代的人类会使用纺织纤维来制作衣服吗?这并非不可能。实际上,根据动物骨骼和石器、骨器的发现来看,兽皮构成了史前人类所穿衣服的主体;从艺术品表现的某些内容推测,纺织纤维应该被用于附属品或其他衣服的制作。

目前很多考古发现都支持这个假设。2009年,《科学》杂志公布了一项新发现,称在格鲁吉亚西部一个名叫"祖祖阿纳"(Dzudzuana)的洞穴里找到了人类最早使用的纺织纤维。这些纺织纤维由好几个亚麻碎片构成,其中最古老的埋藏在距今36000—31000年(校正过的数据)的地层里。研究者发现,有些纤维被打了结,还有的可见染色痕迹,有黄色、玫红色、青绿色、黑色和灰色;上面还发现了小的鞘翅目昆虫("吃皮的食客")、蛀虫、山羊毛。据此学者推测,这里应是旧石器时代的毛皮和衣服加工场。

属于格拉维特文化的捷克下维斯特尼采遗址年代离我们又近了一些,这里也有新发现。学者在显微镜下观察了该遗址几块红烧土上印的纺织纤维痕迹,发现每隔1.5—2毫米就出现一个规则长方形图案,说明27000年前的古人已经掌握了好几种纺织和编绳的工艺。

除了上述旧石器时代的罕见发现以外,纺织纤维如线、细短绳、绞绳、编织或搓成的纤维、细网、篮筐这些一直用到现在的物品,在新石器时代的层位里也有发现。目前最早的材料出自瑞士埃戈尔茨维尔(Egolzwil)和克莱纳哈夫纳(Kleiner Hafner)湖相遗址,年代为公元前第5千纪后半叶。在考古发现的纤维中,最多的是亚麻,以及椴木、栎树、柳树的韧皮部(树木的纤维),不过肯定还有另外一些植物和树木是可以使用的,只是有待我们继续发现。

参考:下维斯特尼采的葬礼(距今27000年)

距今33500年

30000多年前的人类已经会制作亚麻的纺织纤维了

人类最老的朋友

化石研究和基因分析为狗的起源问题带来了一个新的认识：狗的祖先灰狼是人类最先驯化的动物。

长期以来，狗的起源一直是个谜，不过新发现使我们对狗从唯一祖先——灰狼（*Canis lupus*）驯化而来的历史有了更多的认识。作为人类的老朋友，狗比我们预想的要古老得多。根据已证实的史前狗的标本［以色列艾因马拉哈（Aïn Mallaha）墓葬里一个妇女头骨旁边放置的幼犬骨骼］可知，最早的狗应该是在末次冰期快结束时即 14000 年前被驯化的。不过新的化石将这一时间大大提前了。古生物学家米耶·格蒙普雷（Mietje Germonpré）在研究了比利时戈耶遗址的狗化石后，认为它存在于 32000 年前。

在捷克普雷德莫斯特（Předmostí）遗址大约距今 26000 年的层位里，研究者发现了好几个完整的狗头骨，其中一个嘴里还放了一块猛犸象的骨头，可能是它已经消失的主人给它的陪葬品！2011 年，俄罗斯研究团队在西伯利亚阿尔泰山发现了距今 33000 年的犬科动物化石，他们认为这是一种原始的狗。最后，在肖韦洞穴，化石印记学家（对化石痕迹进行研究）米歇尔·加西亚（Michel Garcia）证实，这里发现的距今 26000 年且和一名幼童共存的动物印记属于一只家犬。这些最早的狗的谱系并不长，现生狗是在后来的驯化过程中变成家犬的。美国生物学家罗伯特·韦恩（Robert Wayne）在 2013 年的《科学》杂志发表了他的研究成果，认为狗的驯化发生在距今 32100—18800 年，而且可能是以欧洲为中心的，并不是此前认为的以中东或亚洲为中心。

不过还有一些问题没有弄清楚。一是旧石器时代的狩猎者经常捕猎狼是为了食用吗？他们捕获年幼的狼崽是为了驯化它们吗？二是这些"原始狗"是狩猎的助手、保镖还是人的伙伴？还是（更平凡单调的）游牧主人得力的搬运工？

参考：最早的家猫（距今 9500 年）

（上）距今 26000 年的犬科动物头骨，发现于捷克普雷德莫斯特遗址，嘴里放了一块猛犸象的骨头，这是主人给它的祭品吗？
（右）灰狼，现生狗的祖先

屈尔河畔的阿尔西遗址

这是法国卢瓦尔省北部一个罕见的遗址,在这里发现的旧石器时代艺术品具有极高的造诣,不过这个宝藏的面纱可能永远无法揭开……

约讷河的支流屈尔河畔的阿尔西遗址位于法国约讷省内,是由多个洞穴和岩厦构成的遗址群,整体是由屈尔河在中生代末期侵蚀石灰岩山体形成的。

这是法国北部旧石器时代中期和晚期的重要遗址,学者在此发现了人类在20万年间连续居住的遗存,从莫斯特文化时期到新石器时代,历经奥瑞纳文化、沙泰尔佩龙文化、格拉维特文化和马格德林文化。

虽然该遗址在地理上远离旧石器时代"艺术大区"(佩里戈尔,比利牛斯山),不过它的"大洞"也集中保存了重要的岩画,年代为距今33000—28000年,曾是欧洲最古老的岩画之一(在肖韦洞穴之后)。

科学家对阿尔西遗址的探索已有150年之久,刚开始是在不怎么科学的情况下进行的,所以人们一度认为,该洞穴不再具有较大的研究价值了。1976年,为了去除不断增加的让石壁变得模糊的烟灰,人们决定用漂白水清洗"大洞"。1990年,史前学家皮埃尔·吉洛雷(Pierre Guilloré)在洞穴底部意外地发现了一只羱羊的绘画,因受其上覆盖的方解石层的保护,它在那场大清洗中幸免于难。在多米尼克·巴菲尔(Dominique Baffier)和米歇尔·吉拉尔(Michel Girard)的支持下,学者对"大洞"进行了系统研究,揭示出一壁面藏在方解石下面的名副其实的动物绘画。为了不损坏岩画,学者细心刮磨了这层方解石的表面才将其揭开。今天我们可以欣赏到180多幅幸免于难的岩画作品,它们用赭石和木炭画成,有60多个动物形象,除了猛犸象外,还有与肖韦洞穴相似的不常见的熊、犀牛、猫科动物、鸟,还有8个男人、女人和儿童的手印,以及抽象的元素如波点、线条、抽象记号。

参考:肖韦洞穴(距今36000年)

阿尔西洞穴壁上发现的一头用赭石绘制的猛犸象

穿孔权杖

穿孔权杖作为旧石器时代晚期遗址常见的一种遗存，它的功能一直是个谜，也是历史学家最疑惑的问题。

卢塞特·蒙斯（Lucette Mons，1924—2013）将穿孔权杖定义为"将鹿角一端切开，并在切开的位置对钻成孔的长条棒"。

穿孔权杖从史前学初创以来就为人所熟知，因为自1866年开始，我们就沿用爱德华·拉尔泰和亨利·克里斯蒂的定义（最初将其命名为"指挥棒"），将其看作首领拿在手上、象征权力的物品。一直以来它就像谜一样，促使学者猜想，围绕它的使用功能至少有39种不同的假设。

作为旧石器时代晚期的典型器物，穿孔权杖出现于奥瑞纳文化的开端，随后比较少见，到了马格德林文化时期又多起来，并且用刻画的抽象图案或动物形象做装饰，外观越来越精美。它们平均长为15—20厘米，常用鹿角的近端（贴近头侧）制作而成。在钻其中一个孔的时候形成了开口，随着压力和旋转，位于鹿角侧枝底部的开口逐渐变大。

在权杖使用功能的假设中，接受度最高的是"骨质标枪矫正器"。这是由安德烈·勒卢瓦-古朗（André Leroi-Gourhan，1911—1986）提出来的，他认为穿孔权杖可能是用来对加热后的标枪进行矫正的工具。虽然常被引用，但该假设也有值得怀疑的地方，因为即便没有特殊工具，也是可以矫正标枪的。此外还有一些假设，比如弹弓的柄、标枪助推器以及用来编绳的工具（葡萄牙有一种长棒，是用来缠紧马鬃毛的）。

2001年，安德烈·里戈（André Rigaud）根据权杖上留下的磨损和破碎微痕提出了一个新的观点：它是一个缆绳锁，用法是将它固定在一个物体上，而不是拿在手上，以便在高处悬挂重物而避免绳子滑动。这可能就解释了为什么四分之三的标本在发现的时候就是破损的。

参考：投射器和回旋镖（距今23000年）

距今30000年

马格德林文化中的鹿角穿孔权杖，出土于多尔多涅的马德莱纳遗址，现藏于图卢兹博物馆

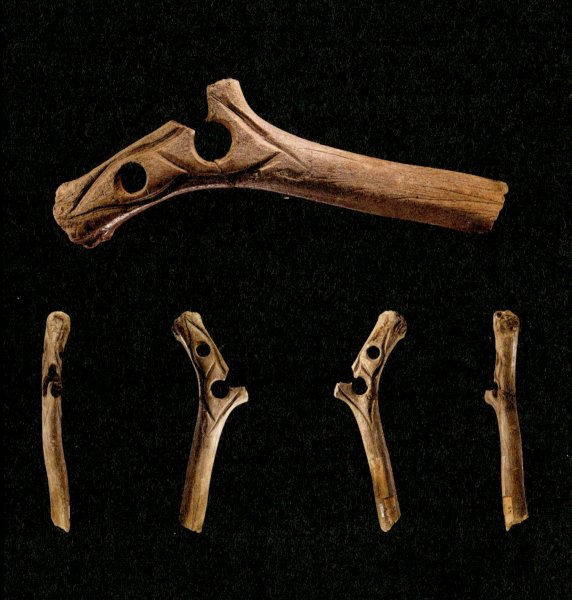

格拉维特文化

> 整个欧洲的人类曾经拥有一个共同的文化——格拉维特文化,其中有几种标志性的遗物是共有的,比如"维纳斯"。

格拉维特文化得名于法国多尔多涅的格拉维特遗址,是继奥瑞纳文化之后欧洲旧石器时代晚期的第二大文化,距今29000—22000年。它对应的是一个气候非常寒冷的时期,在距今23000年时转入温和期,在这个温和期里曾经出现过温带森林的环境。这个文化是解剖学意义上的现代人——克罗马农人创造的(因为他们的骨骼化石年代属于这个范围),有时候也被称为"佩里戈尔晚期文化",在东欧被称为"帕夫洛夫文化"(Pavlovien)。它的分布范围从葡萄牙到西伯利亚,从北欧到安达卢西亚(Andalousie)。

格拉维特人群曾共同拥有一些文化元素,在工具方面包括"格拉维特尖状器"(用优质燧石的石叶制成)及其他小型化的专门工具(雕刻器、小砾石石器、细石叶石器)。史前学家根据这些工具的发展演化将它划分了不少于7个阶段。格拉维特文化的艺术品也非常丰富,标志性遗存是著名的"旧石器时代的维纳斯",如威伦道夫(Willendorf)的"维纳斯"、"布拉桑普伊的女子"等,都是雕刻的、很丰满的女性形象。格拉维特人群也留下了保存很好的岩画,在某些区域数量相当丰富,如凯尔西(Quercy)遗址,只是彩色绘画比较少。在科斯克尔洞穴或佩什梅尔洞穴,最著名的就是阴文手印。格拉维特文化洞穴艺术里的动物最有特色的地方是它们的轮廓,有时候与事实相去甚远,比如对身体某些部位以几何方式来表现,极少表现解剖学的细节,身体变形,如腹部隆凸、头部缩小。

格拉维特的墓葬分布广泛,包括巴托(Pataud)岩厦、克罗马农遗址、帕夫洛夫(Pavlov)遗址、下维斯特尼采遗址、桑吉尔遗址等,甚至一直延伸到俄罗斯。

参考:奥瑞纳文化(距今40000年)、旧石器时代的"维纳斯们"(距今29000年)、装饰品里的永生(距今29000年)、克罗马农人(距今28000年)、下维斯特尼采的葬礼(距今27000年)、布拉桑普伊的女子(距今25000年)、梭鲁特文化(距今22000年)

格拉维特文化存在于气候非常寒冷的时期

旧石器时代的"维纳斯们"

到20世纪初,在欧亚大陆一共发现了200多件旧石器时代晚期的女性小雕像,它们被史前学家命名为"维纳斯"。

1864年,法国多尔多涅省的劳杰里-巴斯(Laugerie-Basse)岩厦出土了一件性别非常清楚的小雕像,被命名为"无羞耻的维纳斯"。它表现的是一个年轻女子,只有少部分特征与旧石器时代其他遗址的"维纳斯"相似。这些"维纳斯"是用象牙、质地较软的石头甚至烧土做成的,在旧石器时代晚期遗址里一共发现了200多件,分布范围从比利牛斯山到西伯利亚平原,伊比利亚半岛除外。它们的典型标志是夸张的女性特征,如腹部、髋部、胸部、臀部等,其他部位被缩小,弱化细节,甚至缺失。安德烈·勒卢瓦-古朗认为,绝大部分"维纳斯"雕像遵循了相似的风格传统,如身子整体呈菱形,而夸张的解剖学部位表现为圆形。

实际上,"维纳斯"在尺寸(4—25厘米)、形态和制作方式等方面还是有一些差异的。如著名的布拉桑普伊的维纳斯就有一张清晰的脸;劳塞尔(Laussel)的维纳斯是浅浮雕,似乎拿着一个牛角;莱斯普格(Lespugue)的维纳斯相当特别,可以从两个方向看;蒙帕齐尔(Monpazier)的维纳斯表现的是女性怀孕的后期;而威伦道夫的维纳斯则有明显的肥胖;下维斯特尼采的黑色维纳斯被视为结合了男性和女性特征密码的艺术品……这些维纳斯的年代也不同,绝大部分属于格拉维特文化和马格德林文化,其中最古老的是霍勒菲尔斯的维纳斯,可能早至距今40000年。此外,新石器时代也有不少维纳斯被发现。

要解释这些雕像的功能是很困难的。有的可能用于佩戴,有些可能用于祈求生育多产的仪式上。

参考:霍勒菲尔斯的维纳斯(距今40000年),下维斯特尼采的葬礼(距今27000年),布拉桑普伊的女子(距今25000年)

距今29000年

劳塞尔的维纳斯,属于格拉维特文化,原件藏于法国波尔多的阿基坦博物馆(Musée d'Aquitaine)

装饰品里的永生

> 桑吉尔旧石器时代晚期遗址里发现了极为丰富的墓葬，使我们对狩猎-采集者的社会性质提出了疑问。

莫斯科东部的俄罗斯平原上有一个史前人类居住过的巨大遗址——桑吉尔，这里出土了房子、火塘、储藏区、石器加工场，还有至少属于8个人类个体的化石。其中3个人被埋在界限清晰的墓坑里：桑吉尔1号，是一名50多岁的成年男性；桑吉尔2号和3号是两名儿童，分别是12—14岁的男孩和9—10岁的女孩，二人头靠头地合葬在一起。

今天看来，这些墓葬仍然是非常令人惊叹的发现。这位成年男性仰身直肢，双手叠于腹股沟处，身上覆盖了红色的赭石，从头到脚有好几千个猛犸象牙珠子缝在衣服上做装饰。他还佩戴了象牙手镯，纤细的脚趾表明他是穿了鞋的。儿童的装饰除了象牙珠子、赭石以外，还有北极狐的牙齿。据估计，覆盖在这三具尸体上的13000个象牙珠子的制作要耗费10000个小时！

这种"炫富"式的遗存，颠覆了我们对粗蛮的旧石器时代狩猎者的认知。这个男人是拥有权力的人（首领）吗？最近的测年结果表明其年代为距今29000年，意味着这是欧亚大陆旧石器时代晚期最古老的墓葬。根据民族志研究，这个时期的狩猎-采集者是游牧人群，他们的物质遗存并未丰富到可以去讨论社会性质包括名望和权力的程度。

加拿大考古学家布赖恩·海登（Brian Hayden）提出，除了当今生活在非洲赤道森林的卡拉哈里（Kalahari）沙漠和澳大利亚腹地的狩猎者以外，还有一些民族学材料比如西北海岸印第安人的礼物互赠文化因素也是应该考虑的。

无论如何，桑吉尔墓葬之谜表明，旧石器时代的社会远比我们想象的复杂。

参考：最早的墓葬（距今10万年），铺给逝者的花床（距今12700年）

桑吉尔炫富式的墓葬真的表明死者曾享有特殊地位吗？

克罗马农人

19世纪发现于克罗马农岩厦的人类化石,打破了我们对"史前人"种类和特征的认知。

1868年,在法国多尔多涅省埃齐斯-德-塔亚克-西雷乌伊(Eyzies-de-Tayac-Sireuil)镇的修路施工过程中,工人们在挖一个斜坡的时候发现了我们祖先——克罗马农人的化石。

这次发现的化石是5个局部覆盖赭石的骨架,分别是3个男人、1个女人和1个才出生几天的婴儿,他们埋葬在岩厦最里面的位置,几乎完整保存。"克罗马农"这个地名实际指的是另一个岩厦,在出土这5个骨架的岩厦上面,里面出土的遗存与这些骨骼化石是关联在一起的。该遗址由路易·拉尔泰(Louis Lartet,1840—1899)发掘,除了被送往博物馆研究的骨骼化石外,还出土了墓葬中的石器、大量用作装饰品的滨螺壳和刻画的鹿骨。这项发现打乱了人们对祖先的既有认知,第一次揭示了人类身上还存有一些相当古老的特征。学界对这些化石的确切年代讨论颇多,今天通过测定与骨架共存的贝壳并结合文化遗存和地层分析,我们已经知道,克罗马农人生活在28000年前,属于格拉维特文化而不是长期以来认为比较早的奥瑞纳文化开端。

克罗马农1号完整骨架是一个40多岁的"老人",体型小,患有多种疾病。基于此,阿尔芒·德·卡特法吉(Armand de Quatrefages)和埃内斯特-泰奥多尔(Ernest-Théodore)在1874年定义了"克罗马农人"。这个新的人种实际上是解剖学意义上的现代人,身材高大,除了扫描重建的颅后骨显示其大脑体积更大,与我们有点儿不同之外,几乎与今天的人类一样。"克罗马农人"这个名称长期被用来指代欧洲最早的解剖学意义上的现代人,但其年代并没有那么早,所以现在有时使用这个名称并不是从科学角度出发的。

克罗马农岩厦遗址经过修复后,已于2014年4月向公众开放。

参考:奥瑞纳文化(距今40000年),格拉维特文化(距今29000年)

距今28000年

这是最著名的史前人类——克罗马农人的复原像,由伊丽莎白·戴内斯(Élisabeth Daynès)(伊丽莎白是根据化石遗存复原史前人类及动物形象的专家,在巴黎有自己的工作室,她复原的塑像在世界很多著名的博物馆里展出,2010年获古生物学3D科学艺术最高奖项——约翰·兰岑道夫奖。——译者注)制作

性别的表现

性别特征虽然少有研究涉及，不过它在史前人类的生活中似乎发挥了很大的作用，现在发现的艺术品表明，他们已经开始十分关注身体的某些部位了。

在霍勒菲尔斯洞穴出土的考古珍宝中，有一件长19.2厘米、用细砂岩磨光并刻画的物品非常引人注目。它在出土时分成了14块碎片，考古学家轻松将其拼合成一件完整器，并于2005年公布了这一新发现。其年代为距今28000年，尽管表面因日常使用明显可见划痕、凹坑等痕迹，但是一眼就能认出是男性生殖器的形态……

在众多表现性别的物品中，这件石头说明性别在旧石器时代晚期男人的体质特征里处于核心位置。不过迄今为止像这件一样表现男性局部或整体的物品都不多，多数是男性勃起的阴茎，就像拉斯科谜一样的"井里的壁画"中阴茎勃起的鸟头狩猎者一样。虽然有些物品表现了史前人类对男性生殖器的关注，有时也表现了重要的发明创造［比如"地狱的喉咙"（Gorge d'enfer）发现的双生殖器、"马坎普的岩石"（Roc de Marcamps）发现的人头形生殖器］，与生殖器相比，对男性身体的表现要简单得多。

可以说，正是相对于旧石器时代女性特征的表现，对男性特征的表现才特别值得关注。以旧石器时代"维纳斯"为代表，人类通常用夸张的胸、臀部、腹部或脂肪来表现明显的性别特征。会阴也是经常被描绘和强调的特征，有时候裂得极开（其实解剖学意义上它们内部的特征是看不见的），就像劳杰里－巴斯遗址发现的"无羞耻的维纳斯"一样。此外，会阴在女性局部特征的表现（与或多或少程式化的臀部轮廓同时出现）中也占很大部分，其数量之多使史前学家一直不能对这个既普通又令人不适的图案做完整的统计……

史前人类性别特征的表现，特别是女性身体的性器官和臀部的表现，其意义似乎更多的是寻求乐趣而不是祈求多产多育。因为所见到的几乎全是裸体女性，缺乏儿童的参照，也缺乏分娩和哺乳状态的表现。另外，很奇怪的是，几乎没有看到性交的表现，唯一可以提及的是，马格德林文化恩琳洞穴的一块石板上刻了一幅性交的画面，当然这是十分特殊的例子。

参考：旧石器时代的"维纳斯们"（距今29000年）

霍勒菲尔斯洞穴出土的石头生殖器，表面可见细心使用所留下的痕迹

科斯克尔洞穴

只能通过潜水进入的科斯克尔洞穴保存了好几十幅绘画和刻画图案,是展示旧石器时代晚期艺术的重要遗址。

科斯克尔洞穴位于法国马赛附近的小海湾里,是世界上唯一只能从海底进入的洞穴。它在海平面以下37米处,只能沿着175米长的危险隧道潜水进入。洞内墙壁上有大量绘画和刻画图案,在末次冰期之末海平面上升中奇迹般地保存下来,人们直到1991年才确定它的准确位置。

据让·克洛特和让·科廷(Jean Courtin)统计,洞穴图案里一共表现了177个动物,分为11个不同的种,比旧石器时代晚期其他洞穴多(肖韦洞穴除外)。陆生动物最多的是马,有63幅刻画或绘画作品,还有野牛和原牛、羱羊和岩羚羊、欧洲马鹿、巨角鹿、猫科动物和高鼻羚羊。该地属海洋环境,学者在此分辨出了16种海洋动物,有9只海豹、4条鱼和3只企鹅。此外还有65个阴文手印,其中很多不完整,以及性别特征的标记,尤其是女人的性器官,具体表现方式是把石壁上的天然小洞涂成黑色。

在洞穴高处比较软的洞壁上发现了儿童的印痕和一些遗物,如用作照明的方解石板、盛有一大块木炭的贝壳。对洞壁上特意刮下来的粉末和大结核进行分析,发现科斯克尔的人类曾将方解石用于医疗。

科斯克尔洞穴壁画的大部分都被海水淹没了,我们现在看得到的只是一小部分,总体估计有400—800幅,这无疑是欧洲洞穴艺术最重要的遗址之一。大量碳-14测年数据表明,该洞穴的艺术品是在两个时段里创作完成的,一个处于格拉维特文化时期,距今27000年,另一个处于梭鲁特文化(Solutréen)时期,距今大约19000年。

参考:梭鲁特文化(距今22000年),被淹没的遗址(2014年)

大海虽然淹没了科斯克尔洞穴,但不能淹没它的名声。它的岩画里有很多海洋动物,比如企鹅

下维斯特尼采的葬礼

下维斯特尼采营地遗址出土了令人震惊的象征行为证据，展现了东欧属于格拉维特文化的狩猎者的面貌。

1925年，捷克学者卡雷尔·阿布索隆（Karel Absolon）在发掘报告中公布了一项新发现，赞之"可媲美图坦卡蒙墓"，引起学界轰动。下维斯特尼采和帕夫洛夫这两个营地遗址，位于摩拉维亚附近，在波希米亚和喀尔巴阡山之间，曾被格拉维特文化中半游牧的狩猎-采集者占据，距今29000—25000年。

这两个重要的考古遗址出土了大量遗存，其中有很多泥质小雕像，最著名的是下维斯特尼采的"黑色维纳斯"，头和胸部极具特色，又似乎融合了男性和女性的特征。此外还发现了一些植物遗存以及旧石器时代最古老的纺织活动的证据。

学者在摩拉维亚的不同遗址发现了露天的墓葬，这些墓葬位于村庄中心，人的头和骨盆上都有赭石粉。1986年，学者发现了以这种方式埋葬的三个年轻人的骨架，他们葬于村庄中心，中间一具的性别难以确定，使人联想到"两性人"，可能被他所在的人群赋予了超自然的力量。

20世纪50年代，这两个遗址还发现了大量烧过的人雕像以及动物、似人形的塑像，其中有些是在营地外面的"巫房"发现的。阿布索隆推测这些人雕像是在仪式中被人为毁坏的。最近的研究表明，它们被扔进火里时可能是湿的。"黑色维纳斯"背面有一个儿童的印痕，可能整个部族都要出席在营地中心举办的仪式，还会用代表性的符号（狮子、妇女）进行象征性的活动，上演仪式性场面，就像我们在整个欧亚大陆发现的一样。

参考：最早的墓葬（距今10万年），可纺织的纤维（距今33500年），格拉维特文化（距今29000年）

距今27000年

摩拉维亚下维斯特尼采遗址发现了三个谜一样的墓葬，两名年轻男性埋葬在一名年轻的残疾女性旁边

残手之谜

旧石器时代岩画中大量存在的手印有一个令人好奇的地方：很多手指是不完整的。是没有在图像中表现出来，还是真的被切断了？

在世界上很多地方，史前人类都在洞壁上留下了手印，但这些手印的确切含义我们仍然不得而知。更令人不解的是，有些手印的手指是不完整的。这种不完整的手印最早是1906年在法国上比利牛斯省的加尔加斯洞穴发现的。手印附近的碎骨片测年显示其年代为距今26860年，属于格拉维特文化。

史前学家马克·格罗宁（Marc Groënen）在加尔加斯洞穴发现了192个阴文手印，对其中110个进行了细致研究。结果表明，这些手印只有15%是完整的。在接近一半的手印中，手指（除了大拇指外）被缩到了仅剩一个手指节。学者共发现了20多种构型方式，如手指完整（除了中指缩到一个手指节以外）、三个手指完整而两个缩减了，等等。

为什么这些手指是不完整的？最简单的解释是，史前艺术家在墙上作画时将一个或多个手指弯曲折叠，以便获得不完整的手印。最先研究这个问题的布日耶和埃米尔·卡尔塔伊克就持这种观点，不过他们没能进行复原实验。

随后，学者提出了仪式性切指的观点，加尔加斯洞穴变成了"残手之洞"。这个解释得到了民族志材料如布须曼人（Bochimen）和凯伊人（Khai）举行的入教仪式的证实。波兰奥布拉佐瓦（Oblazowa）洞里发现的两个手指节（距今30000年，是在年纪特别小的时候被切断的）以及共存的多种物品，如具有仪式含义的赭石，也是证据。

加尔加斯洞穴发现的手印既有男性的也有女性的，包含各个年龄段，似乎与上述理论相悖。所以，当今的史前学家认为弯曲手指假设更合理，特别是在马克·格罗宁和米歇尔·洛布兰切特（Michel Lorblanchet）的实验证明完全有可能通过弯曲手指复原加尔加斯洞穴的所有手印后，学界更多地接受了弯曲手指的假设。

参考：手印，世界性的标志（距今36000年）；加里曼丹岛，指甲怎么了？（距今12000年）

洞穴艺术家将手放在墙壁上，熟练地"画"出手印

露天岩画

葡萄牙科阿河谷是整个欧洲旧石器时代晚期最重要的岩画遗址,值得我们永远保存。

1981年,葡萄牙东北的杜罗河(Douro)支流科阿(Côa)河河谷里发现了旧石器时代的刻画岩画。1991年,河谷打算修建水坝,这些岩画面临被水淹没的危险。水位下降时又发现了一些新的岩画,于是在对这些艺术品的古老性进行反复艰难的讨论后,水坝修建计划于1995年放弃。这个欧洲旧石器时代晚期露天岩画中的重要遗址总算是逃过一劫。

在这些岩画被发现之前,人们一直以为伊比利亚半岛在旧石器时代并无人类生活,之所以艺术作品少,是因为洞穴又暗又深。但是科阿河谷的岩画极大地丰富了我们对该地区史前艺术的认识,表明洞穴艺术也是一种露天艺术。

科阿河及其支流的河谷里都有岩画,尤其是下游的17公里,由于这里的岩石表面平整光滑,岩画更多、更丰富。大约有5000幅不同的图案,被分组展示,其中很多是在格拉维特文化时期(距今29000—22000年)创作的,也有在梭鲁特文化时期(距今22000—17000年)创作的,有的甚至延续到铁器时代。

史前艺术家使用不同的技术如切、掘、开槽、刮来作画,画面表现了动物解剖学的细节(比如舌头),不过颜料基本上都被恶劣的气候毁掉了。岩画大多是用示意的方式表现动物侧面轮廓,有马头、牛和鹿,有些驯鹿、野牛或犀牛看起来就像正在崖壁的板岩上移动一样。有3头重叠的原牛图案画在崖壁很高的地方,只能从河对岸才可以看见,似乎在传递着我们永远不知道的信息。

1998年,科阿河谷与西班牙的席尔加-维德(Siega Verde)一起被列入世界文化遗产名录。根据规定,游客可以分成小组在引导下参观其中的三个区域:卡尼亚达-杜因费尔努(Canada do Inferno)、里贝拉-迪皮斯克斯(Ribeira de Piscos)和佩尼亚斯科萨(Penascosa)。

葡萄牙福斯-科阿河谷的崖壁上的两只羱羊。可以看出公羊的两个连续动作:先闻了闻前面这只母羊的屁股,然后突然转头向后看

佩什梅尔洞穴

> 正如勒内·泰塞杜（René Teyssédou）所说，佩什梅尔洞穴是真正的"自然王国里的艺术画廊"，它不仅有美丽的自然风光，还拥有极具科学价值的属于格拉维特文化时期的艺术品。

佩什梅尔洞穴位于法国洛特省的卡布勒雷（Cabrerets），和很多洞穴的发现经过相似，1922年被几个好奇的孩子发现，由此这些古代艺术家的秘密进入公众的视野。这些绘画和刻画作品最早是由镇上的神父阿梅代·莱莫齐（Amédée Lemozi）研究的，后由米歇尔·洛布兰切特接手，并在此后几十年里不断推进。

佩什梅尔洞穴所在山脉绵延2公里以上，发育出一些空间很大的洞室，它首先具有很高的地质学和美学价值，形成这些地貌堆积的地质现象在数百万年里的发展过程的确让人惊叹，正是这些丰富、保存完好且包含多种工艺和主题的史前艺术作品让这里成为欧洲旧石器时代艺术的殿堂。

在洞穴东边史前康贝尔（Combel）厅入口处有几幅年代古老的绘画，至少距今25000年，题材有红色斑点以及马、狮、鹿。在西边一个更大的洞室群里藏着更丰富的艺术精品，"斑驳的马"是在一块3.6米长的石头上创造的杰作，画上两匹马相互连接，还有6个黑色的阴文手印、一些符号和圆点，以及一条红色的大鱼。右边的马，头很小，正好借用了酷似马头的石头轮廓画成，对它所做的碳-14测年表明，其年代为距今24640年，属于格拉维特文化时期。另一幅同时期的画作被命名为"黑画"，表现了1匹马、4头野牛、11头猛犸象和4头原牛。在洞顶，艺术家爬到坍塌后的石壁上留下了一些手指印。此外，还有一名青少年的10多个脚印。

作为向公众开放的历史文化古迹，佩什梅尔洞穴是罕见的旧石器时代大型洞穴艺术作品之一。除洞穴以外，遗址区还有阿梅代·莱莫齐史前博物馆，在这里曾举办过独一无二的史前电影节。

参考：手印，世界性的标志（距今36000年）；格拉维特文化（距今29000年）

著名的画作"斑驳的马"，距今25000年，是格拉维特文化的艺术精品之一

史前女性的地位

以往对史前女性不是抱有成见就是持有偏见,随着考古发现的增多,我们起码对她们在史前社会中的角色和地位有了更多新认识。

长期以来,女性被看作男性的陪衬,只局限于从事"次要"工作如采摘、生火、制皮衣,以及哺育后代,所以史前女性通常也是男权主义的受害者。比如著名的威伦道夫雕像被称为史前"维纳斯",难道就没有嘲笑其夸张体型的意味吗?

不过,民族志和史学研究从更加公正的角度为我们揭示了旧石器时代晚期女性的经济地位和社会角色。对资源的最佳开发需要更好地组织和明确的分工,史前可能存在分工,但并不一定是性别的分工,也不意味着所有地区都一样,更不意味着不会对这种分工进行调整以达成群体活动的目标。

当今狩猎-采集社会的资料显示,并不存在普遍意义上男性或女性活动的分别。例如,打制石器通常被认为是男人的工作,但是在新几内亚的阿拉韦(Arawe)和俄罗斯西伯利亚的科里亚克(Koriaks),女性也能打制石器;两性通常从事相同的劳动,只是方式不同而已。虽然考古学能发现专门从事某种活动的生活区,但是这种分区并不一定反映性别的分工。我们可能会想当然地认为某些工作自然而然地落在男人身上合适,但是根据曼宁指长比(indice de Manning,约翰·曼宁及其同事提出的一个指数,即计算食指和无名指的指长比例,该比例是胎儿暴露在子宫的雄激素和雌激素不同程度的结果所致,可以判断性别。——译者注)的计算,洞穴艺术的阴文手印可能是女性创作的。2013年,对西班牙和法国洞穴(包括佩什梅尔洞穴)的30多个手印的研究证实,这些史前艺术家绝大部分是女性!

参考:手印,世界性的标志(距今36000年);旧石器时代的"维纳斯们"(距今29000年),豹子与女人(距今8000年)

距今25000年

长期以来女性被认为是男性的附属,不过今天学者的研究已经让我们对女性在史前社会中的角色和地位有了更准确而深入的认识

布拉桑普伊的女子

旧石器时代晚期这件精美动人的象牙小雕像，是最古老的人脸形象的写照。

"布拉桑普伊的女子"，又叫"戴风帽的女子"，是一件精美的写实主义史前女性雕像，毫无争议地成为旧石器时代艺术精品中的一员。它用猛犸象牙雕成，4厘米大小，由爱德华·皮耶特（Édouard Piette）在1894年发现于法国朗德省（Landes）布拉桑普伊的巴普（Pape）洞穴，年代为距今25000年。

格拉维特文化中其他"维纳斯"雕像通常只有简略的、示意性的头部，但是"布拉桑普伊的女子"不同，可能具有宗教和象征的功能，仰赖雕刻家高超的工艺水平（切、钻孔、刮、磨光），她拥有了一张特别清晰的脸，从而脱颖而出。

她的脖子特别修长，下颌线条分明。脸部雕刻得非常清晰，下巴突出，鼻子较扁，额头饱满，眼睛杏仁状，还有精心刻画的瞳孔。因为蕴含着史前的奥秘，参观者只要走进伊夫林省（Yvelines）圣日耳曼-昂莱（Saint-Germain-en-Laye）的法国国家考古博物馆，就会立刻被这个女子的小雕像吸引，在皮耶特展厅的展柜前驻足流连。这张写实主义的精美面孔，唯一遗憾的是没有嘴巴。

有史前学家认为，在某些真正的格拉维特文化中，这个雕像并不是一个真实的人像，而是对女性的理想化表现。她头上交错雕刻的规则的几何图案以及垂到脖子两边的奇特造型是疑问的焦点：是发辫，还是装饰？是爱德华·皮耶特命名的"风帽"，还是装饰性的发网？

除了"布拉桑普伊的女子"外，巴普洞穴还出土了8个小雕像，都陈列在博物馆的皮耶特展厅里。

参考：旧石器时代的"维纳斯们"（距今29000年），格拉维特文化（距今29000年）

这件属于格拉维特文化的精美象牙雕像，无疑是最著名的艺术品，现藏于法国国家考古博物馆

圣埃利纳遗址

巴西圣埃利纳岩厦遗址出土了巨大的陆生贫齿类动物化石，表明人类在这个遗址活动的时间在距今25000年。

在巴西西部亚马孙河流域马托格罗索州（Mato Grosso）首府库亚巴（Cuiabá）北部的然加达（Jangada）圣埃利纳（Santa Elina）岩厦遗址，发现了最早的人类活动遗存，为人类何时到达美洲大陆这个长期争议的问题提供了关键证据。

史前学家阿格达·维列纳·维亚卢（Àgueda Vilhena Vialou）和丹尼斯·维亚卢（Denis Vialou）对这座岩厦遗址进行了发掘。洞长60米，上面覆盖着很厚的前寒武纪石灰岩层，地层序列很长，最古老的部分可以追溯到更新世。

遗址出土了一些石制品，同出的还有巨大的陆生贫齿类动物舌懒兽（*Glossotherium*）的骨骼，古人类曾经猎捕它，或者食用它的腐尸，然后将部分尸体带回岩厦。大约5000件化石遗存（长1—4厘米）被史前人类分成不同的堆，有些经过研磨，似乎是为了获得制作装饰品的材料。学者对三种样品进行了测年，分别是骨皮、地层里包裹化石的石英和细微炭粒，得出了一致的年代数据：距今25000年。岩厦上部地层的测年显示，这里从距今10000年直到1800年都有人类活动。

史前学家在崖壁相对平坦的石墙上发现了与上述最晚近的地层序列同一时期的900幅岩画。虽然石壁上没有留下可供直接测年的有机颜料，但是丹尼斯·维亚卢分辨出了岩画的4个时期，最古老的是由50多个人像和动物形象（主要是貘）构成的大幅绘画，它们略带紫色，绘在两米多高的石壁上。而最晚的描绘的是成群的小鹿、大幅的记号和人群形象，有些人的头上还戴着装饰品。

参考：卡皮瓦拉山（距今50000年），跨越白令海峡（距今22000年）

巴西圣埃利纳遗址发现了被处理过的大型陆生贫齿类动物化石，表明人类很早就在此活动

尼安德特人的消失

尼安德特人是我们最熟悉的化石人类，他的灭绝是千古谜题。

尼安德特人在20万年间的几个冰期内都是欧洲和西亚的主人，为什么在智人入侵之后的几千年里就灭绝了呢？

学者曾经认为有几个因素与他们的灭绝有关，比如尼安德特人使用语言的能力不高、技术水平低下、象征性文化的发达程度不高，甚至在面对环境巨变（距今60000—20000年，气候向寒冷转变）时扩大食物种类的能力不够，但是这些解释都是建立在尼安德特人智力、适应力和文化能力低下的偏见上，没有一个经得起推敲，也没有一个能独立揭示灭绝原因，因为有证据表明在智人的包围中，最后的尼安德特人仍然躲在不同的避难所里（如法国夏朗德省、勃艮第地区，西班牙南部以及克里米亚半岛）生存了不短的时间。

更有可能的是，尼安德特人在一系列压力如断断续续的气候变化给生活方式带来的突变、人群分散导致的基因多样性减弱等的共同作用下被削弱了，当面对与之共存的人种——智人的入侵时，这些压力就变得尤为突出，从而导致悲剧发生。根据这样的设想，智人可能对尼安德特人的局部灭绝产生了直接推动作用（比如没有被证实的大屠杀、疾病）或间接的影响（对相同资源的竞争、更有利的人口结构）。

由于对尼安德特人的测年仍有争议，所以关于他灭绝的问题就变得更加复杂。2008年，学者研究发现，最后的尼安德特人可能在直布罗陀地区的戈勒姆洞穴生活到距今24000年。但《自然》杂志2014年发表的文章称，学者对来自西班牙和俄罗斯40多个尼安德特人遗址中的200件骨骼、贝壳和炭样直接测年后提出，尼安德特人在欧洲大陆消失的时间可能比我们想象的要早，大约在距今40000年。

参考：尼安德特人留给我们的烙印（距今50000年），尼安德特人的文化（距今50000年），尼安德特人每天消费5份水果蔬菜（距今46000年），欧洲的现代人（距今45000年）

戈勒姆洞穴发现的化石表明，最后的尼安德特人可能是在直布罗陀地区灭绝的

投射器和回旋镖

投射器是少为人知的史前人工制品，在欧洲从格拉维特文化中开始出现。澳大利亚的回旋镖可能比它更早。

很多地区的史前人类都曾使用木头、象牙或骨雕的投射器作为武器，而澳大利亚土著的传统回旋镖形态特别，最为有名。

从事投射器研究及实验分析的专家吕克·博尔德（Luc Bordes）对这种工具的定义是这样的："投射器是一种取于自然的工具，一般是用木头做的，由一个或几个分支组成，被投出去后在空中围绕重心旋转0到180度。"这个定义包含了投射器非常多样化的种类，根据形态和体积可以分为4种：重型投射器、典型投射器、轻型投射器以及回旋镖，最后这种的特殊之处在于投射出去后能返回。

德国舍宁根发现的长矛距今30万年，是世界上最古老的狩猎武器，其中有些像重型投射器，射程20—30米；如果它不算是投射器，那么欧洲最早的投射器就是波兰奥布拉佐瓦洞穴发现的象牙棒，它属于格拉维特文化，在大约23000年前。这件投射器不太对称，有可能是一件仪式性用品，可以飞出60米远。我们还在更晚的遗址里发现了一些类似证据，如法国沙兰（Chalain）湖发现的距今5000年的投射器、丹麦布拉班特（Brabant）发现的距今6000年的轻型投射器（也可能用于钓鱼），以及图像记录如西班牙黎凡特地区（Levant espagnol，西班牙地中海沿岸的伊比利亚半岛东部地区的名称，没有现代地缘政治定义。——译者注）乔坡（Choppo）的洞穴壁画、巨石阵的多种刻画图案。

在亚洲、非洲和美洲，史前投射器也有发现。在澳大利亚，刻画成对雌雄动物的狩猎棒可能早至40000年前；已知最老的标本是1974年在澳大利亚南部威利斯旺普（Wyrie Swamp）的泥炭沼里发现的，距今10000—9000年。

参考：带上标枪去狩猎（距今30万年），弓箭（距今12000年）

澳大利亚昆士兰卡那封（Carnarvon）国家公园的岩画，同时出现了阴文手印和土著的回旋镖图案

农业产生前，从种粒到磨粉

在农业发明之前的很长时间里，旧石器时代的人类通过采集大量植物维系生存，这些行为在以色列一个保存相当完好的遗址里得到了证明。

我们经常忘记，旧石器时代的狩猎者也是采集者。磨盘除了制备颜料外，也用于研磨各类食物包括谷物。目前已知最早的磨盘是在法国屈尔河畔阿尔西的雷恩洞穴发现的，距今44500—41000年。

1989年，在以色列太巴列（Tibériade）湖干涸的河畔发现了更有说服力的证据。在奥哈罗（Ohalo）Ⅱ号遗址出土了23000年前人类活动的遗存，包括1个墓葬、6个树枝堆，以及火塘、工具；尤其是丰富的植物遗存，共有10万多件属于142种植物！如此海量的植物遗存反映出一种比之前更干冷的气候，正是因为这样的气候，尽管遗址被水淹没，植物遗存仍能异常完好地保存下来，甚至某些穗的碎片上还有谷粒和芒须。

这些植物有大麦、二粒小麦、橡子、水果和浆果（葡萄、无花果、覆盆子、枣子），以及橄榄、开心果、杏仁和罕见的豆科植物。它们富含碳水化合物和糖分，虽缺乏蛋白质，但其他遗存如鱼、乌龟、鸟、兔、狐狸和瞪羚证明，当时的人类是不缺乏营养的。更令人吃惊的是，大量禾本科植物的细小谷粒显示，这类植物虽然营养不太丰富且制备所需时间长，但在人类日常饮食中仍然占据相当的比例。此外，从石磨盘上提取的150个淀粉粒以及类似炉子的火塘表明，当时的人们肯定会加工面粉来制作面包。

奥哈罗Ⅱ号遗址说明，旧石器时代的人类曾经为了确保食物供应，极大地扩展了食物种类。不过在距今12000年以后，这种广谱性的食物结构随着第一批植物的驯化缩小了。

参考：植物的驯化（距今10500年）

距今23000年

以色列太巴列湖的自然景观

梭鲁特文化

在欧洲南部相对温和的气候之下，梭鲁特人采用新技术将石器打制技术发展到了顶点。

距今22000—20000年，盛冰期的干冷气候导致人类从欧洲很多地区撤出，迁徙到南部边缘，格拉维特文化被梭鲁特文化取代。新的文化从22000年前持续到距今17000年。

梭鲁特文化，得名于法国索恩-卢瓦尔省（Saône-et-Loire）的梭鲁特。该地点是欧洲考古遗存出土骨器和石器最丰富的遗址之一，从1866年开始发掘。加布里埃尔·德·莫尔蒂耶在1872年定义了"梭鲁特文化"，将它看作燧石打制石器的"黄金时代"，因为这里的石器质量极好，制作非常精美。一端带凹缺的尖状器、一面是平面的尖状器以及精美的"月桂叶形器"和"柳叶形器"，都是用新技术制作出来的典型器类。这些新技术有用工具在石头上压制而不是锤击来获得石片、开采质量极好的燧石原料以及制作之前对石料加热等。有些燧石石叶的尺寸非常大，长20厘米或30厘米，边缘特别薄，似乎从来没有使用过（它们可能特别容易破碎，无法再修得锐利），只是为了展示打制者的技术水平而已。

梭鲁特文化时期也有很多洞穴绘画作品，典型的如科斯克尔洞穴，拉斯科洞穴可能也属于这个时期，当然如果它最老的年代数据可信的话。艺术品同样引人注目，比如"魔鬼之炉"（Fourneau du Diable，在法国多尔多涅省）和洛克-德赛尔斯（Roc-de-Sers，在法国夏朗德省）岩厦壮观的浅浮雕雕像、带针眼的缝衣针，以及标枪助推器和弓，这些都是很好的证据。

在让位给马格德林文化（及其骨器和鹿角制作的精品）之前，梭鲁特文化发展到了巴德古勒文化（Badegoulien）。

参考：格拉维特文化（距今29000年）；科斯克尔洞穴（距今27000年）；带眼的缝衣针（距今18000年）；拉斯科，史前的西斯廷教堂（距今17000年）；马格德林文化（距今17000年）

距今22000年

月桂叶形器，出土于法国夏朗德省普拉卡尔（Placard）洞穴，长6—12厘米，现藏于法国国家考古博物馆

跨越白令海峡

关于美洲大陆最早的人类，多数学者认为他们是从西伯利亚通过白令海峡到达美洲的。

谁是最早占据美洲的人类？他们从哪里来？沿着什么路线过去的？到今天为止，这些问题仍然没有系统的、令人满意的答案。

白令海峡可能在人类最早到达美洲的过程中发挥了重要作用。今天的白令海峡连接着两个大陆，但实际上在距今26000—18000年（即末次盛冰期，具体在大约距今22000年前后），海水退去，这里曾经是没有冰的陆地（海平面有好几次升降的过程）。所以当海平面足够低的时候，一小群西伯利亚狩猎者——智人（白令海峡和美洲考古遗存证实的唯一人种）和动物（野牛、狮子、猛犸象）就能跨越这片宽1000—2000公里且覆盖着草原和苔原的广大陆地了。

在很长的时间里，人们将克洛维斯文化（Clovis culture，源自新墨西哥州同名遗址）看作美洲最早的文化，大约距今13000年。最近的考古资料将北美最早人类出现的时间提前了，如阿拉斯加育空（Yukon）地区的蓝鱼洞（Bluefish）、老乌鸦遗址（Old Crow）和宾夕法尼亚的梅多克罗夫特（Meadowcroft）岩厦遗址，至少在距今19000年。南美有些更古老的考古遗址被发现，但具体年代仍然不确定。

学者对当今美洲印第安人的基因演化历史进行了研究。2012年，他们对52个美洲印第安人群和17个西伯利亚人群中的500个人的基因进行了深入研究，从364470个标记基因中找到了美洲印第安人演化的踪迹，证实白令海峡在人类到达美洲的过程中的确发挥了重要作用。然而该研究没有解决年代问题，因为它显示人类曾经从西伯利亚出发，发生了三次迁徙的浪潮，其中最主要的迁徙浪潮距今只有15000年。

参考：卡皮瓦拉山（距今50000年）、圣埃利纳遗址（距今25000年）

现在的白令海峡连接着欧亚大陆和美洲大陆，但在历史上曾经是海水退去、没有冰的陆地，海平面有过几次升降，所以它在早期人类移民的过程中发挥了重要作用

石头上所见的土著人历史

> 澳大利亚卡卡杜国家公园的岩画遗址是珍贵的历史文化遗产,它们生动地记录了欧洲人在此定居前土著人的生活。

1981年,卡卡杜(Kakadu)国家公园进入世界文化遗产名录。这座公园占地20000平方公里,是澳大利亚最大的国家公园。它既拥有独一无二的自然景观,孕育了罕见的动物种类,也是无可比拟的考古学和民族学研究宝库,这片土地上从好几万年以来就一直有人居住。

卡卡杜国家公园是全世界最密集的岩画分布区之一,这些露天岩画被绘在陡峭的峡谷岩石上或独立的石头上。这里还保存了人类连续活动的最厚的地层序列,透露出从史前最早的狩猎-采集者到当今土著人群的生活方式和技术水平。

对公园内大约5000个土著遗址的考古发掘显示,人类在此活动的时间可上溯至50000年前。关于岩画的年代,学界比较倾向于认为它们是在20000多年前创作的。最古老的是具有写真风格的动物形象,它们透露了某些灭绝动物的信息,比如其中有一只很可能是属于有袋类的袋獾。在距今15000年左右,出现了多样化的人像,风格一致,都戴着很大的头饰和缠腰布。从距今8000年开始,河口文化(Estuarienne)出现,正是从此时海水开始上涨直至今天的高度。此外,岩画的"X射线"风格也从这时开始出现,它们似乎有意展现动物和人体的内部特征。距今2000年至今是所谓的"淡水"时期,从这一阶段的遗存可以看到土著人与印度尼西亚苏拉威西(Sulawesi)的渔民在300年前首次接触时的情景,也可以看到150年前最早的白人殖民的情况。

参考:蒙戈湖的男人和女人(距今42000年),威兰德拉的脚印(距今20000年)

澳大利亚澳北区卡卡杜国家公园努尔兰吉(Nourlangie)地点的岩画

伊尚戈的神秘骨头

刚果民主共和国发现的伊尚戈骨头似乎是20000年前人类进行算数的证据，不过这个观点似乎值得推敲……

20世纪50年代，比利时地质学家海因策林（Jean de Heinzelin de Braucourt，1920—1998）在比属刚果爱德华（Édouard）湖边的火山灰层里发现了两块伊尚戈（Ishango）骨头。

遗址的年代显示，这两块骨头可能早于距今20000年。从尺寸上看，第一根长约10厘米，第二根长14厘米，不知道属于猴子、狮子还是人。最引人质疑和争议的是它们的用途。较小的那根骨头顶端镶嵌了一块石英碎片，似乎是一件有刃工具的柄。但是这两根骨头表面的切痕是什么意思呢？

第一根即较小的骨头，最为著名，它的表面有好多凹缺的痕迹，按照不同数量合并成不同的组，每三个大致平行的凹痕合为一组。第二根也有一组一组的凹痕。发现者海因策林是第一个将其解释为纯数学用途的人，他认为这些凹痕的组合代表数字。数学家德克·休伊布鲁克（Dirk Huylebrouck）和弗拉迪米尔·普莱瑟（Vladimir Pletser）更加大胆，他们认为这些数字和平行成列的组合构成了一个运算体系，表达了一个基于10甚至是6或12的计算规则。当然，也有人认为它们是用作月历的。

科技史专家奥利维尔·凯勒（Olivier Keller）对上述观点提出了尖锐的批评。他强调，这些解释除了本质上的缺陷以外，对考古学痕迹的释读也很生硬牵强，因为好多刻痕已经模糊甚至看不清了。他提示，这种带凹痕的遗存被解释为数学用品是很草率的，例如下维斯特尼采遗址发现的狼的桡骨被认为说明了格拉维特人会计算。即使这些凹痕是千真万确的记号，也不能证明就是数字，除非我们学算数学糊涂了。

参考：穿孔权杖（距今30000年）

每根伊尚戈神秘骨头上都刻有凹痕，可能具有数学含义，具体用途不得而知

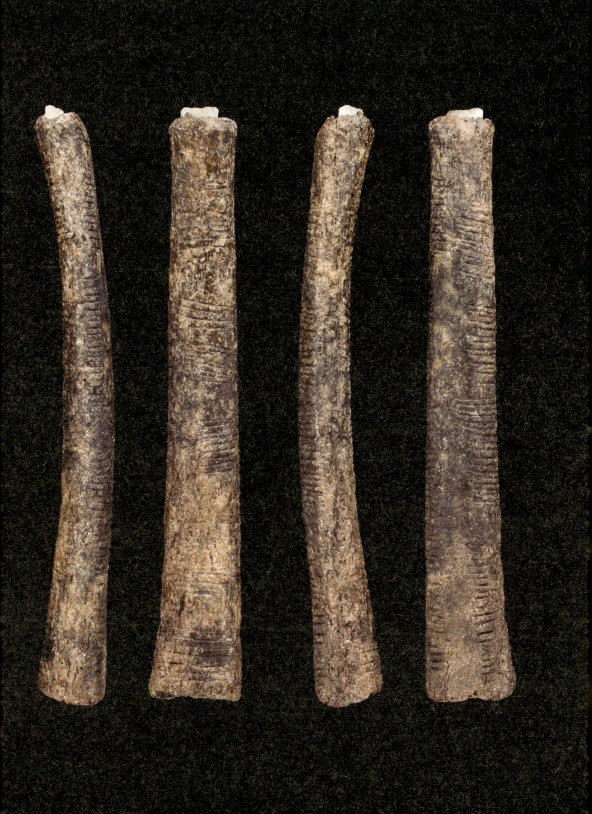

威兰德拉的脚印

澳大利亚更新世的湖相沉积和沙丘里保存了该地区最古老的人类化石和珍贵的脚印。

60000年前,海平面比现在低很多,那时人类可以很容易地从东南亚迁徙到澳大利亚。现在的澳大利亚和新几内亚之间虽然是100公里的海湾,但当时是一大片陆地,即莎湖(Sahul)陆棚。作为最早的人类到达澳大利亚的历史性标志点,位于新南威尔士州的威兰德拉湖发现了该区域最早的人类化石,距今42000年,被列入世界文化遗产名录。

威兰德拉湖不仅维持着大约18500年前的湖相生态系统,而且完整保存了人类和鸸鹋、有袋类等动物的大约500个脚印,十分壮观。这些脚印埋藏在一片富含碳酸盐的土壤里,像水泥一样硬,而后被砂子覆盖,直到2003年才被发现。

人类的脚印长13—30厘米,测年显示,它们距今23000—19000年,是好几个人在越来越干旱的环境里觅食时留下的。第一组脚印可能属于一个家庭,其中有一名儿童跑得比较远,可能听到了呼唤,又折回来与家人会合。一两天后,另外一些人(似乎都是男人)在此追捕猎物,快速跑过。其中有一个人是瘸腿,但也不影响他奔跑的速度!

这些脚印是唯一所知的澳大利亚更新世人类活动的直接证据,其规模在世界上也是最大的。比它们更早的是2009年在肯尼亚库比福勒(Koobi Fora)距今150万年的沉积层里发现的人类脚印。除了非洲,2014年在法国的布列塔尼海滨也发现了早至80万年前的脚印。

参考:纳瓦拉加巴曼遗址(距今45000年),蒙戈湖的男人和女人(距今42000年),石头上所见的土著人历史(距今20000年)

距今20000年

在澳大利亚干涸的湖相沉积的土壤里,史前人类为子孙后代留下了脚印

陶　器

在旧石器时代晚期、农业出现之前10000年，亚洲的狩猎-采集者就开始制作陶器来烹煮食物了。

陶器与新石器时代的关系非常紧密，以至于在近东地区有无陶时代（前陶新石器时代A和B期，缩写为PPNA和PPNB）和有陶时代（公元前6500年）的分野。在欧洲，陶器的形态和装饰风格成了年代标识，可以帮助我们判定不同新石器文化的时代。实际上陶器出现的时间要早于新石器化的过程，而且与农业变革和储藏的需求无关。

虽然中欧的格拉维特人掌握了烧制黏土的工艺，但他们制作的是象征性的、非实用的物品，就像捷克共和国下维斯特尼采遗址发现的小雕像一样；而真正的烧制要晚到日本绳纹时代，对这种物质和技术有足够的控制能力后才出现。实际上，日本的这些定居狩猎者，除了烧制黏土小雕像以外，还会烧制更加复杂精致的陶器，不同类型的陶器可以用来区分该文化的不同阶段，从公元前17000年的原绳纹时代（Proto-Jōmon），到公元前300年的绳纹时代末期。这些陶器用泥条盘筑法制成，是烹煮食物的日常生活用器。因为表面有压印的绳纹装饰，所以它们被命名为"绳纹陶器"。这种风格的陶器是1877年由美国考古学家爱德华·西尔维斯特·莫尔斯（Edward Sylvester Morse）发现的。它们在较晚时代出现得越来越多，用途、尺寸和制作技术也越来越多样，越来越完善。

在大致相同的时间，中国也出现了陶器。2012年，学者在江西省仙人洞遗址发现了距今20000—19000年的陶罐和陶碗的碎片。它们可能是被狩猎-采集者用来烹煮食物（可能是汤）的。

参考：下维斯特尼采的葬礼（距今27000年），绳纹时代（距今17000年）

距今19500年

最古老的陶器发现于中国，时间早在新石器时代之前

驯鹿时代

在旧石器时代晚期，史前人类的生活大部分都与驯鹿息息相关。

与鹿科其他的动物相比，驯鹿在旧石器时代人类生活中的地位尤为重要。我们通过出土驯鹿骨骼的数量可以看出，它们在约12万年前广泛分布于西欧，随着距今40000—12500年气候变冷数量剧增，因此法国史前学家爱德华·拉尔泰将旧石器时代晚期最后一个阶段直接命名为"驯鹿时代"。

今天的驯鹿分布于斯堪的纳维亚半岛、西伯利亚北部、阿拉斯加以及加拿大北部的寒冷地区，直到西班牙北部的苔原和草原都是它们的聚集之地。它们靠吃地衣、苔藓和苔草生活。在气候比较适宜的时期，有些驯鹿群会有短距离的迁徙，在夏天进入比利牛斯山，冬天到达多尔多涅省。它们是旧石器时代晚期游牧社会人群的猎物，人类集体狩猎，将其捕获，吃它们的肉，还利用它们的骨骼、鹿角和毛皮制作工具和衣服。

驯鹿是旧石器时代岩画中经常表现的10种主要的动物之一，不过出现的数量只有马的十分之一。在拉斯科洞穴，驯鹿在骨骼化石遗存中占绝大部分，表明它们曾被大量消费，但是只发现了一个刻画驯鹿图案，而肖韦洞穴有一整幅壁画表现的都是驯鹿。在马格德林文化中，驯鹿不同部位的骨头都用作艺术品的毛坯，用来雕刻、刻画和钻孔，其中长骨或扁平的骨头以及鹿角加工成薄片，然后饰以动物形象或几何形状的图案。很多用驯鹿不同部位做成的艺术品很精美，令人印象深刻，比如在马斯-达兹尔发现的"小鹿与鸟"雕像就是用鹿角的一个侧枝做成的，还有一件刻有一头母牛的穿孔圆片（被命名为"母牛"）是用驯鹿的肩胛骨做成的。

参考：马格德林文化（距今17000年），"小鹿与鸟"雕像（距今14000年）

距今19000年

驯鹿曾经广布于整个欧洲，为史前狩猎人群提供了生活资源

井里的壁画

这幅奇特的岩画长期以来被视为旧石器时代艺术中独一无二的精品,它带领我们深入拉斯科艺术家的想象和信仰世界。

在拉斯科洞穴外面有一口深6米的自然井,井中绘制了拉斯科最著名的岩画作品之一,它具有明显的叙事特征,从拉斯科洞穴被发现至今被誉为"井里的壁画"。1998年,通过对井中一块驯鹿角碎片进行测年发现,该岩画为距今18600年,处于梭鲁特文化晚期的边缘。

与公牛厅相反,能看到这幅作品的人很少,可能影响了它的知名度。它的不同寻常之处是画面中一头野牛的旁边有一个头呈鸟形且阴茎勃起的男人,而他似乎是被动物打倒了。画面中还有一头犀牛和一匹马,它们没有直接参与这个打斗的场景;还有一个饰有鸟头形的东西,可能是标枪助推器;野牛的屁股上似乎叠放着一柄标枪和几组记号。除了犀牛以外,所有图案都是黑色的,颜料制法相同,而且是在同一时间绘好的。

无论是从单幅还是从其他洞穴壁画的同类作品来看,拉斯科井里的壁画都可能达到了图像叙事的巅峰。对这幅壁画的解读方式有好几种,最简单的,是把它看作狩猎的场景:一头野牛被标枪射中,它流了血,内脏也不见了,随后它攻击了身后的猎人,猎人倒地,右手握着的标枪助推器掉在地上。值得注意的是,头呈鸟形的男人和武器给这幅作品赋予了一层象征性含义。让·克洛特对系统研究拉斯科艺术的史前学家诺伯特·奥茹拉(Norbert Aujoulat,1946—2011)说,这个两重性的人体可能说明"鸟类具备引导亡灵去阴间的特性,是灵魂升天的驱动力"。根据马克·格罗宁的观点,这个阴茎勃起的人-鸟形象在马格德林文化的阿尔塔米拉洞穴也出现过,可能是虚构的形象,而不是人类。

参考:梭鲁特文化(距今22000年);拉斯科,史前的西斯廷教堂(距今17000年);公牛厅(距今17000年);马格德林文化(距今17000年);阿尔塔米拉洞穴(距今15000年)

距今18600年

这幅谜一样的岩画中,有阴茎勃起的鸟头男人、一头野牛和一头犀牛,是在一口6米深的自然井里创作的

带眼的缝衣针

在末次盛冰期,梭鲁特人发明了人类迁徙演化过程中最宝贵的工具——缝衣针。

在旧石器时代晚期的最后阶段,距今22000—17000年,是梭鲁特文化存在的时期,这段时间气候干冷,所以人类主要在气候温和的地区活动,在欧洲主要是法国西南部、罗讷河谷(vallée du Rhône),以及葡萄牙和西班牙。这个阶段的末期出现了一个重大发明——带眼的缝衣针。这个在今天看来很普通的物品帮助人类连缀、缝制动物毛皮,从而战胜寒冷气候,征服最严酷的环境。

如果说,旧石器时代人们留下一样能让我们一眼认出的东西,那就是带眼的缝衣针了,因为它的形态和用途从发明至今都没有变过!它出现于距今18000年,是马格德林文化中的常见物品。它由一个带尖的远端和一个带眼的、方便穿线的近端(头部)以及中部(正身)构成。常见制作材料是驯鹿、马、鸟的骨骼,也有用象牙或鹿角制作的,长度从3厘米到8厘米不等。实验还原了制作过程:首先从原材料上获得棍状粗坯,然后细心地刮削、修整直到获得最终形态。随后做针眼,孔径0.5—2.4毫米,以不同方式从针的两面对向细致钻成,使针孔内部尽可能平滑。

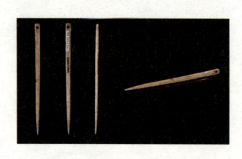

有的学者根据人骨关节处发现的残留物提出,缝衣服的线可能来自驯鹿或羱羊的筋腱,动物的跗骨被用作"线轴"来缠绕线绳。我们往往忽略了缝纫的工艺问题,针眼在缝制皮衣的过程中容易断裂,需要经常修理,这在有些发现中得到了验证,比如重新钻个针眼或重新做出一个针尖。

参考:可纺织的纤维(距今33500年),梭鲁特文化(距今22000年)

(上)古尔丹-波利尼昂(Gourdan-Polignan)发现的马格德林文化的缝衣针,现藏于图卢兹博物馆
(右)这个在今天看来很普通的物品帮助人类战胜寒冷气候,征服了最严酷的环境

181

标枪助推器

有了标枪助推器，史前狩猎者就可以远距离攻击猎物。这种狩猎武器也是史前艺术中的精品。

标枪助推器是一种旨在提高长枪、标枪、鱼叉等武器速度和力度的工具。它的优势很多，比如可选择的原料多样、易于控制、所需生产材料很少、制作技术简单、比弓更耐用。对史前狩猎者来说它是一种重要的辅助工具，在与猎物保持合适距离的情况下，帮助他们发挥出投射的力量并保证投射的精准度。

标枪助推器是天然材料制成的棍子或平板，远端支撑标枪杆，近端被修整以便装柄。其实早在1862年，法国多尔多涅省的劳杰里-巴斯岩厦就发现了这种器物，只是后来通过民族志材料才知道它的用途。我们今天看到的标枪助推器通常只有远端，有时也能看到完整器，但是大多数的柄部都没有保存下来。

最古老的标枪助推器由让-米歇尔·热内斯特于1986年在多尔多涅省的科姆-索尼埃（Combe-Saunière）发现，时代为梭鲁特文化晚期（距今19000—17000年）。从那时开始，欧洲不少地方比如法国西南部、西班牙、瑞士和德国，标枪助推器被狩猎者使用，大部分我们熟知的标本都属于马格德林文化中期和晚期（直到距今12000年）。

用鹿角或猛犸象牙制作的标枪助推器远端通常被精心装饰过，某些标本堪称旧石器时代艺术珍品，比如1936年发现于马斯-达兹尔洞穴著名的"小鹿与鸟"雕像。

弓没有完全取代标枪助推器，澳大利亚、北极或美洲的某些狩猎-采集者还在用这种武器，比如当今的澳大利亚土著或美洲印第安人使用的标枪发射器，还有用这种史前武器投射标枪的比赛，当然使用的是现代材料，投射标枪的世界纪录是258米。

参考："小鹿与鸟"雕像（距今14000年），弓箭（距今12000年）

标枪助推器使梭鲁特文化的狩猎者能够提高标枪投射的射程和速度

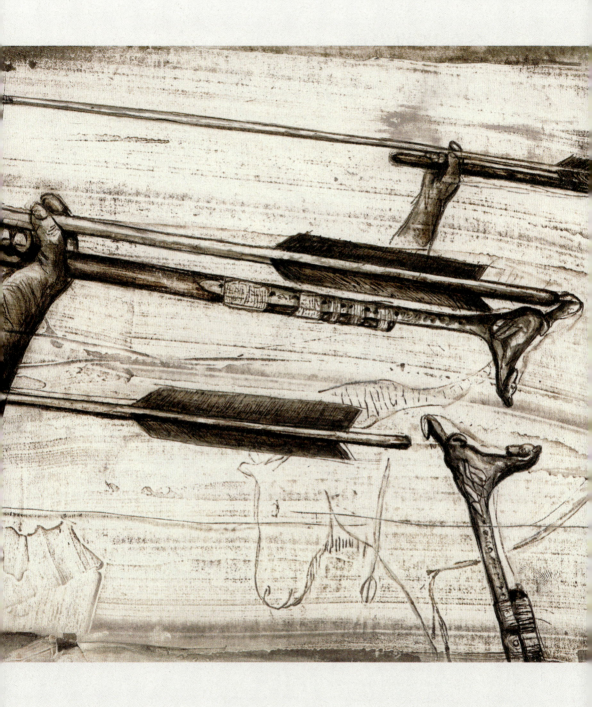

夸尔塔的岩画

埃及南部发现的动物刻画图案,证实非洲也有与欧洲相似的旧石器时代艺术作品。

2007年,学者公布了一项新发现,他们在上埃及找到了一组旧石器时代晚期的露天岩画,引起全世界关注。出露岩画的夸尔塔(Qurta)遗址位于尼罗河谷埃德福镇(Edfou)附近。最早由加拿大团队在20世纪60年代初期发现,当时只发表了一些绘图和照片,却吸引了比利时岩画艺术家德克·休伊格(Dirk Huyge)开始对它们进行研究。他在3.5公里长的河谷砂岩崖壁上发现了一整套史前岩画作品,其写实主义风格相当令人震惊。

夸尔塔一共有大约160幅岩画被辨识出来,它们分布在三块大岩石上。牛科动物(无疑是原牛)在所有形象中占70%,还有一些鸟、河马、瞪羚、鱼和一头驴,以及至少9个简易的人形。与埃及前王朝时期(约公元前4000年)几个著名遗址的岩画截然不同,夸尔塔的岩画几乎不表现场景,也没有想象性的线条,动物几乎朝向任意方向,姿态多样,有时候还故意不画完整。这些岩画几乎都是用挖或切的浅浮雕方式制成,与其他岩画相比,尺寸也大得多。

2011年,学者对石壁上的沉积物进行了测年,进而给出这些岩画的年代,结果令人震惊。根据岩画上的石锈推断,这些岩画可能比覆于其上的沉积物的年代(距今至少15000年)还要早几千年,达到距今19000—17000年。这是非洲无可争议的旧石器时代艺术品,在德克·休伊格看来,它们与欧洲某些岩画的相似性提出了史前人类远距离相互影响和沟通的问题。

参考:撒哈拉沙漠,世界最大的博物馆(距今10000年);尼日尔的长颈鹿(距今9000年);"伟大的神"和"火星人"(距今9000年)

距今18000年

学者在临摹夸尔塔的岩画,这些艺术品证实了非洲旧石器时代艺术的存在

拉斯科，史前的西斯廷教堂

1940年，四个中学生偶然发现了一个旧石器时代洞穴艺术遗址，这就是拉斯科——属于马格德林文化时期，大约距今17000年。

1940年，年轻的马塞尔·拉维达特（Marcel Ravidat）和他的三名同学在韦泽河左岸占据河谷大部分的石灰岩山体里发现了一个壁上有绘画的洞穴。之后，包括从1940年开始第一批临摹工作的布日耶在内的最伟大的几名史前学家，相继对这个旧石器时代艺术圣地的绘画和刻画作品进行了统计和研究。这个洞穴虽不大，画廊只有235米长，但是壁画的数量和质量都达到了顶峰。

这个史前的西斯廷教堂被分成了几个区，每个区的名字都与宗教建筑有关。狭长的公牛厅，其中的动物绘画是岩画中最重要的代表；"分支窨室"中不同画幅的主角是马；"侧殿"的檐壁上绘有悬浮的鹿和黑色大母牛；还有"井"，绘了一幅鸟头男人的神秘形象。

拉斯科洞穴出土了石器和骨器，以及一点儿动物遗存，还有其他的装饰品残件、盛装照明燃料的勺子和颜料碎块。对木炭的测年间接表明，壁画创作于17000年前，因此拉斯科洞穴可以归入马格德林文化。1998年，对一块驯鹿角棒碎片的测年给出了更早的年代，为距今18600年，这意味着洞穴早在梭鲁特文化开始时就经常有人活动，不过这个假设并没得到一致认可，因为所有的考古遗存都是属于马格德林文化的。

拉斯科洞穴发现后就被列入了历史文化古迹，遭遇了严重的保护问题，从1963年就对公众关闭了。复制的拉斯科2、3、4号洞穴，即位于蒙蒂尼亚克-拉斯科（Montignac-Lascaux）的国际岩画中心于2016年底开放，这使公众能再次欣赏这座欧洲艺术殿堂。

参考：井里的壁画（距今18600年）；公牛厅（距今17000年）；处于危险中的艺术品（1963年）；莫妮可·佩特拉尔，拉斯科的现代画家（1971年）

距今17000年

拉斯科洞穴每个区的名字都与宗教建筑有关，图为"分支窨室"

几何学的主题

旧石器时代岩画和艺术品里或多或少都会出现几何图案，这些图案多种多样，史前学家也很难解释。

法国阿列日省（Ariégeoise）尼奥洞穴里，13000年前的马格德林文化人群在离洞口不远的石壁上，留下了红色和黑色混合的几何图案，有点、线、棍棒状的……正如布日耶命名的，这些"指示牌"是旧石器时代艺术中数不胜数的符号——这是一个统称，根据丹尼斯·维亚卢在《史前史、历史和词典》（*La Préhistoire, Histoire et Dictionnaire*）中的定义，它"指史前艺术中常见的有时候甚至是垄断式的绘画或刻画的几何抽象图案、具有简单或复杂结构的整体"。

史前人类从奥瑞纳文化时期（大约距今40000年）就开始创作多种类型的符号，几何图案并非旧石器时代晚期才有，在南非布隆伯斯洞穴就发现了距今77000年刻在赭石块上的"十"字纹。符号从马格德林文化时期开始增多，类型也变得多样。完整统计这些符号是很困难的，尤其是在离开欧洲材料的情况下，我们可以从中区分出一系列简单的符号（杆形、线条、椭圆形、圆形以及类似佩什梅尔洞穴"斑驳的马"上的斑点）和复杂的符号（大括号形、角形、鸟形、带刺状、杯状或梳状、屋顶形状、四边形等）。

从19世纪60年代爱德华·拉尔泰和亨利·克里斯蒂定义它们到现在，这些符号的含义一直在困惑着史前学家。人们长期以来都在试图寻找反映日常生活的固定图案，比如工具、武器、窝棚等，但都没有成功。安德烈·勒卢瓦-古朗认为这是"旧石器时代艺术研究最吸引人的领域"，并推测这些符号可能具有性别象征的意义。对于持"萨满假设"的学者来说，它们是人脑在意识被改变的状态下看到的内容。实际上至今并无令人满意的理论能解释这些符号整体的意义。

参考：直立人，最早的雕刻家？（距今50万年）；抽象思维（距今77000年）；画在洞穴里的动物（距今36000年）；手印，世界性的标志（距今36000年）；尼奥洞穴（距今13000年）

距今17000年

拉斯科洞穴的"徽章"画板，对这些符号的解释可谓不胜枚举，真是个谜

兽人

作为神话中常见的主题，这些半人半兽的形象在史前人类的洞穴和岩画中占有独特的地位。

在所有大陆的旧石器时代艺术中，有一类岩画主题具有独特地位，它们就是人与动物合体的形象，被称为"兽人"（théranthropes，在希腊语里 thêr 意为"野兽"，anthrôpos 意为"人"）。

这些半人半兽的形象被布日耶命名为"巫"，在旧石器时代晚期之初的遗址就有发现，比如霍伦斯泰因-斯塔德尔和霍勒菲尔斯洞穴中发现的"狮子人"雕像和肖韦洞穴的"人-牛"像。再后来，就出现了男人或女人与牛合体的形象，比如在阿尔塔米拉洞穴、"三兄弟"（Trois-Frère）洞穴、佩什梅尔洞穴石壁上的作品，还有西班牙卡斯蒂略（Castillo）洞穴借用一块大石笋创作的作品。在拉斯科神秘的"井"中壁画上，人们还发现了一个鸟头形的男人形象，这在阿尔塔米拉洞穴也有发现。

学界对兽人做出各种解释，不过都止于推测。它们是在仪式活动上戴着面具的男人吗？它们是超自然的存在吗？它们是正在变身的萨满吗？这种萨满说是学者根据世界不同地区发现的艺术品提出的主流观点，在法国受到让·克洛特支持，从而变得非常流行。

撒哈拉沙漠地区岩画艺术专家让-洛伊克·勒·克利奇（Jean-Loïc Le Quellec）认为这些推测都具有局限性，且指出很多神话都包含了兽人形象（比如我们熟悉的狼人）。在撒哈拉沙漠地区发现的少量新石器时代绘画或刻画的兽人形象，虽在数量上与欧洲旧石器时代的几十幅不能比拟，但是表明在公元前 5000 年左右，撒哈拉沙漠地区中部有两个相邻的人群以各自的方式塑造了一个共同的神话主题——犬头人身像。一个是梅萨克（Messak）人塑造的"人-四趾猎狗"像，另一个是塔西里-恩-安杰尔（Tassili-n-Ajjer）的人群塑造的"人-豺"像，这两种动物是两个人群都不喜欢的野生动物，所以与其他地区不同，这样的兽人形象对他们来说，可能是具有强烈文化意义的标记。

参考：霍伦斯泰因-斯塔德尔的狮子人雕像（距今 40000 年），井里的壁画（距今 18600 年）

距今 17000 年

"三兄弟"洞穴发现的半人半兽的岩画形象，属于马格德林文化时期

公牛厅

> 数量众多的公牛、一只神秘的"独角兽"和一头罕见的熊,让公牛厅成了拉斯科洞穴最丰富、最壮观的地方。

拉斯科洞穴的公牛厅又叫圆厅,一共有130幅岩画作品,其中许多表现的是动物,包括17匹马、11头牛、6只鹿、1头熊;还有50多幅简单的几何图像如斑点、杆形;也有一些展现史前人类生活的痕迹。

这些绘画集中分布在大厅中央,左面墙壁被命名为"独角兽面板",右面墙壁被命名为"黑熊面板"。

研究拉斯科洞穴艺术最全面深入的学者诺伯特·奥茹拉指出,这里的"独角兽"是一种很奇特的动物,似乎有一股力量将左面墙壁上所有的动物都推向了画廊的尽头。它的身体似乎是波浪形的,有一个方形的头,鬐甲突出,腹部鼓胀,肋部有环状图案,角呈直线。学界有多种解释,有人认为它也有可能是一种猫科动物。

在独角兽的前面,一幅绘了8匹黑马(有时候只是隐约让人联想到马)、长达9米的画板逐渐铺开,它们沿着洞壁岩石上的一条标志线向尽头延伸。在它们上面是一匹黑红双色的大马和第一头标志性的公牛,它画在洞厅高处宽达3米的石壁上,在这头公牛的对面是另一头宽3.5米的公牛的轮廓。

在右面墙壁上,那头唯一的熊的头、鬐甲和画着三个爪子的右后掌从第三头公牛的腹部位置浮现,都只是若隐若现。第四头公牛跟在第三头的后面,从角尖到尾巴,完整地画在宽5.6米的墙壁上,头部的某些解剖学细节很明显做了重点描画。

这些画在圆厅中的牛令人印象深刻,是最壮观的旧石器时代艺术作品之一。

参考:拉斯科,史前的西斯廷教堂(距今17000年)

距今17000年

拉斯科洞穴圆厅墙壁上画的牛科动物,在所有壁画中令人印象特别深刻

照明术

为了抵达洞穴深处，旧石器时代的人类曾经用石灯、火把和火塘照明。

对于坚决反对旧石器时代存在洞穴岩画的人来说，史前人类在不借助可携带照明工具的情况下，在黑暗的洞穴深处绘画或刻画艺术作品的确是不可思议的。

事实上，旧石器时代晚期的人类发明了便携式照明工具，使得他们可以钻入洞穴深处，而且可能在更早的时候就有了，因为我们知道尼安德特人在距今17.6万年就到达法国布鲁尼克尔（Bruniquel）洞穴深处了！在多尔多涅省的穆特（Mouthe）洞穴，埃米尔·里维埃（Émile Rivière）首次发现了一个用砂岩制成的、刻画源羊图案作为装饰的物体，底部盖有炭和以动物脂肪为基质的燃烧物残留。这就是史前最早的灯！

此后有大量石灯被发现，最古老的属于奥瑞纳文化时期，仅在拉斯科就发现了100多个。特别著名的灯是用红砂岩修整、磨光制成的，而大部分只是用简单挖空的灰岩板制成。在这些石灯中，专家发现有些呈封闭的环形，有些是"开放的"，随着油的融化，油可以排出来。这些石灯的修理方式不同，发现于洞穴的不同地方，说明不同造型风格的石灯是为了满足不同的需要。

事实上，给一幅几米长的画板提供足够的照明应该需要很多石灯，但是遗址发现的石灯数量并不多，所以我们可以想象，一定还有其他照明方式。比如位于洞穴特殊位置如十字路口、大画廊的边上或宽阔大厅的高处，且里面不见任何燧石和骨头遗存的火塘，毫无疑问只有一个功能，就是照明。作为岩画中的特例，肖韦洞穴的石壁和洞顶发现了大火集中燃烧的痕迹。根据地质学家埃弗利娜·德巴德（Evelyne Debard）、凯瑟琳·费里尔（Catherine Ferrier）、贝特朗·克尔瓦佐（Bertrand Kervazo）的研究，这些火塘有可能用来照明、做路标甚至制作颜料。旧石器时代的人类也用含树脂的火把照明，肖韦洞穴和其他洞穴墙壁上发现的烟熏痕迹可以证实，不过它们更多地用于移动照明，而非固定在某个位置上。

参考：洞穴艺术家的技术、工具和材料（距今36000年）

距今17000年

灯、火塘和火把让史前洞穴艺术家们能深入黑暗的空间创作艺术精品

马格德林文化

在旧石器时代晚期的最后阶段，马格德林文化的狩猎者留下了数量丰富且种类多样的可移动艺术品和岩画作品。

距今17000年

马格德林文化属于欧洲旧石器时代晚期最后阶段，距今大约17000—12000年。它得名于法国多尔多涅省图尔萨克（Tursac）镇的马德莱纳岩棚。该岩棚由爱德华·拉尔泰在1863—1865年发现并发掘，出土了数量丰富的艺术品和一名3岁儿童的墓葬，其中随葬一件由几千个贝壳做成的装饰品。后来加布里埃尔·德·莫尔蒂耶以此遗址为基础命名了马格德林文化。

马格德林文化从末次冰期的最后阶段开始出现，比梭鲁特文化的分布范围更广，在欧洲，西班牙、葡萄牙、法国、比利时、瑞士和德国，以及更东边的捷克共和国和波兰都有发现。

尽管梭鲁特文化是燧石打制石器的巅峰，但马格德林文化人群制作和使用的燧石工具数量也不少，有端刮器、雕刻器、带背石叶。埃松省（Essonne）的埃蒂奥勒斯（Étiolles）就是一个史前人类经常光顾的遗址，因为这里有优质燧石，旧石器时代的工匠用这里开采的石料生产的石叶不仅尺寸大，而且工艺水平特别高。马格德林文化的人群大规模地使用坚硬的动物材料比如鹿角、骨骼或象牙来制作武器和日常生活用具，特别是鱼叉、谜一样的穿孔权杖和标枪助推器，这些物品经常用几何或象形图案做装饰，其中著名的有"小鹿与鸟"雕像。此外，还有几千幅洞穴壁画和刻画图案，其中某些可以称得上是旧石器时代的艺术精品，比如阿尔塔米拉洞穴的壁画、尼奥洞穴的壁画和维埃纳省的洛克-沃-索尔西耶岩厦的雕刻，它们都是马格德林文化艺术的代表。拉斯科洞穴的壁画以往也被归入这个唯一经过考古遗存证实的文化，不过有些学者认为它可能要比马格德林文化稍微早一点。

参考：标枪助推器（距今18000年），阿尔塔米拉洞穴（距今15000年），马斯-达兹尔洞穴（距今15000年），潘思旺（距今14000年），帕尔特人的伟大浅浮雕（距今14000年）

到了春天，马格德林文化人群的很多家庭团体会在法国上萨瓦省（Haute-Savoie）韦里耶（Veyrier）——一个由崖壁坍塌的大块岩头形成的营地相聚

绳纹时代

在日本，狩猎-采集者曾以定居方式生活，并且在面对新石器化的过程中采用了一种不以农业为基础的经济模式。

"绳纹时代"这个概念，源于在陶器烧制之前用绳子在器物表面压出的装饰纹样。广义上讲，是指日本历史上以这种陶器为特征的一个大时代，从公元前15000年直到公元前300年。

让-保罗·德穆勒（Jean-Paul Demoule）认为，绳纹时代的社会是个例，与欧亚大陆新石器化的主要中心区不同：近东和欧洲的渐变过程是先有定居，然后出现农业和磨制石斧，随后出现陶器，再后出现社会分级和冶金术，最后是国家出现；而日本首先是发明陶器，然后出现定居和磨制石斧，再后是社会分级，随后是农业和冶金术出现，最后是国家。

从过早出现的陶器和复杂的居住地（近600座房子）来看，日本群岛史前人群的生计方式更偏向中石器时代，仅以海洋资源为基础，这从捕鱼的工具、贝丘、狩猎工具（弓箭）和大量橡子、核桃和栗子（证据是栗木森林发育、被成堆栗子浸泡的遗址）中可见一斑。然而栽培农作物在这种原创性经济模式中也是存在的，比如绿豆和红豆、大麦、黍、葫芦或水稻都得到不同程度的栽培，只是并非不可或缺。

法国国家东方语言文化学院的劳伦特·内斯普卢斯（Laurent Nespoulous）认为，尽管绳纹时代的人类社会拥有转向农业经济的技术知识，也有动机（比如人口压力、自然条件的恶化）在几千年间完成这个过程，但是他们从来没有将这些知识付诸实践，只在较晚的时期引入了稻作文化，但也并非首创，亚洲大陆此前早已出现了这种生产方式，所以他们在诸多经济方式中好像是有选择的。因此绳纹时代更像是一个反例，是一个"反"新石器化的社会。

参考：陶器（距今19500年），新石器时代（距今12000年），中国的新石器文化（距今9000年）

日本千叶（Chiba）出土的绳纹时代中期的陶器

阿尔塔米拉洞穴

西班牙阿尔塔米拉洞穴发现的彩色野牛，让人们开始重新认识旧石器时代晚期的艺术品。

阿尔塔米拉这个不大的洞穴位于西班牙北部坎塔布里亚（Cantabrie）桑坦德（Santander）附近的桑蒂利亚纳－德尔马（Santillana del Mar），保存的壁画是旧石器时代晚期最珍贵的艺术作品之一。这些壁画在1879年由西班牙的考古爱好者马塞利诺·桑兹·德·索图奥拉（Marcelino Sanz de Sautuola，1831—1888）发现，当时他在洞里工作，并没有抬头观察，直到有一天，他终于仰起头来，隐约看见洞顶令世人赞叹的彩色野牛壁画。

画家米格尔·巴塞洛（Miquel Barceló），也是"阿尔塔米拉学派"的艺术家，他说，"认为艺术从阿尔塔米拉到塞尚已有大幅度的进步，是西方世界的自命不凡"。但是对于19世纪的科学界来说，史前人类能创作出如此完美的艺术品是不可理解的。这样的认识一直主导着人们的思想，直到其他洞穴的发现，特别是在1902年，坚决反对阿尔塔米拉真实性的学者埃米尔·卡尔塔伊克发表了《一个怀疑论者的悔过》，旧石器时代岩画的真实性才得到人们的普遍认可。随后的科学研究显示，该洞穴从旧石器时代晚期之初（莫斯特文化和梭鲁特文化晚期）开始就是人类的居住地，不过以动物主题的写实主义为特征的兼具法国-坎塔布里亚风格的壁画，是在马格德林文化早期之末创作的（距今15000年）。

阿尔塔米拉洞穴壁画中最有代表性的动物是欧洲野牛，仅野牛大厅就有16头；马、鹿、人和一些记号也有表现。壁画的颜色非常生动，有红色、黑色、黄色、棕色；而且施色时利用洞壁自然表面的起伏，使画作变得栩栩如生，其中最著名的就是"受伤的野牛"。

与西班牙北部其他旧石器时代洞穴艺术一起，阿尔塔米拉遗址被列入世界文化遗产名录。1977年停止对公众开放，在对洞穴做了测试，确定参观不会损坏这些珍品后，于2002年重新开启。

参考：野牛（距今13万年），处于危险中的艺术品（1963年）

阿尔塔米拉野牛大厅里欧洲野牛的局部

马苏拉斯洞穴的野牛点画

在旧石器时代岩画比较奇特的作品中,马苏拉斯洞穴饰以红色斑点的野牛绘画榜上有名。

虽然法国西南部上加龙省(Haute-Garonne)的马苏拉斯(Marsoulas)洞穴很早就为人所知,但是它的岩画直到1897年才被费利克斯·勒尼奥(Félix Régnault)发现,而这些"岩画属于旧石器时代人类所作"这一事实,直到1902年埃米尔·卡尔塔伊克发表《一个怀疑论者的悔过》之后才得以承认。

经测定,这些岩画的年代为马格德林文化早期之末,大约距今15000年。它们沿着一条大约90米长的狭窄画廊展开,大部分作品集中在开头的50米内。主题难以辨认,刻、绘都很细致,部分被自然因素和历史时期人类的扰动(上有涂鸦、烟熏痕迹)侵蚀掉了。野牛和马在比利牛斯地区的艺术形象中占主体,也有一些奇怪的似人形的画像和带刺的、四方形的大符号。

在大画板的中央,有一幅不同寻常的画总是一下子就能吸引人们的注意。它是一幅刻绘结合的野牛图像。艺术家用大拇指在它的身体上打了至少500个红点。在更高的地方可以看到另一头局部被截去的野牛,身上同样布满了斑点,区别是这些点呈黑色。这种在岩画中很罕见的"袍子"有什么含义?这些斑点是符号还是大自然的一种奇特标记?它们代表的是成群的昆虫吗?总之,马苏拉斯洞穴这幅标志性的画一直没有统一的解读。

基于研究结果和图像合成技术,吉尔斯·托塞洛(Gilles Tosello)和卡罗尔·弗里茨(Carole Fritz)将这幅15000年前的壁画进行了复原。这项2009年完成的虚拟复原是旧石器时代艺术研究的首次尝试,而且创造出了与真实环境相同的自然景观,并在塔拉斯孔(Tarascon-sur-Ariège)史前公园里对公众展出。它使我们深切感受到洞穴艺术的原创魅力,这些彩色绘画图像完全不逊色于阿尔塔米拉洞穴和丰德戈姆洞穴的彩色壁画。

参考:野牛(距今13万年),洞穴艺术家的技术、工具和材料(距今36000年)

马苏拉斯洞穴壁画上的野牛,史前艺术家在它身上用大拇指打了至少500个红点

可移动艺术品

拉斯科洞穴、肖韦洞穴的壁画的确令人赞叹，旧石器时代还有众多可移动艺术品也表现了象形或抽象的图案。

旧石器时代艺术分两大类，一种是岩画，另一种是可移动艺术品。后者指的是所有可移动物品，即可以挪动、佩戴、随身携带的东西，与壁画艺术不可移动的特性相对，可能是实用的，也可能是纯粹用来装饰的。

史前学家很早就对可移动艺术品感兴趣了，1861年爱德华·拉尔泰在法国维埃纳省的夏福洞穴就发现了带有母鹿和疑似鱼图案的物品。1867年，拉尔泰和亨利·克里斯蒂出版了一本关于旧石器时代可移动艺术品的著作，在广泛收集大量艺术品的基础上确定了它们的年代。之后，安德烈·勒卢瓦-古朗根据4种风格的继承关系构建了新的年代框架，认为从马格德林文化中期（距今15000年开始）到晚期是可移动艺术品数量和质量非常可观的时期。今天史前学家更感兴趣的是物品的生产，包括制作工艺、毛坯选择、原料开发，而勒卢瓦-古朗的框架强调的是动物形象的增加和多样化过程而不是技术的革新。

可移动艺术品的毛坯极为多样，有矿物材料如砾石和石板、石块，动物材料如象牙、其他牙齿、骨头，还可能有植物材料，只是没有保存下来。这些艺术品由刻画或雕刻而成，工艺多样，如著名的"维纳斯"雕像采用圆雕工艺，还有骨头切割（如圆形、片状）工艺，绘画或用黏土塑形的工艺。根据毛坯种类及其特性，装饰的主题既有动物形象（马和野牛也占重要地位，整体的动物种类要比岩画更加多样），也有大量的几何图形。某些物品如石灯具有实用的功能，但是也有功能至今很神秘的物品，比如穿孔权杖。

参考：穿孔权杖（距今30000年），旧石器时代的"维纳斯们"（距今29000年），光学玩具（距今15000年），"小鹿与鸟"雕像（距今14000年）

法国多尔多涅省马德莱纳遗址中用一块鹿角雕刻成的野牛，它正转过头来舔自己的身体

猛犸象骨骼"营帐"

用猛犸象骨骼搭建住宅，这种特殊的文化现象表现出半定居人群对冰期草原的严酷气候具有很强的适应能力。

大约22000年前，冰期达到极盛之后，传统的"后格拉维特文化"（距今19000—13000年）人群活动在广阔的"猛犸象草原"上，从亚洲一直延伸到太平洋，他们集体狩猎食草动物群，有时也吃永冻土里埋藏的猛犸象肉。

这种人群的典型特征是对猛犸象的充分利用，用猛犸象骨骼搭建的"营帐"（窝棚）非常有特色。第聂伯河谷中游盆地南部的好几个遗址就发现了这样的窝棚，保存完好。其中距今大约15000年的乌克兰梅日里奇遗址出土了4个窝棚，里面还有火塘，火塘周围有坑道，还有活动区、废料堆积，窝棚外面也有火塘。

虽然尺寸和形态各异，但是这些窝棚的共同点是对猛犸象头骨的使用。梅日里奇遗址的4个窝棚一共使用了137个头骨，这些头骨用黏土固定在地面上，构成了墙基。墙体几乎都是用下颌、长骨、平骨或各类骨骼混合搭建而成。象牙用作支撑屋架，再用木杆来加固。

虽然不知道这些狩猎者为什么要用猛犸象骨骼而不是冰川沉积的砾石来搭建窝棚，但是我们知道他们收集的都是已经干燥的骨架甚至是化石。研究者提出假设，这些小规模的人群，在春天出发，去寻找天然的骨骼堆积并选定位置构筑营地，为过冬做准备；然后在选好的位置上搭建窝棚、挖好用来储藏肉食的窖穴和垃圾坑。冬天来了，人群就在选定的营地集合，在此生活至少几个星期。他们在营地里留下的遗存还有大量艺术品，尤其是风格突出的象牙女性雕像和用赭石涂绘的猛犸象骨骼等。

参考：猛犸象（距今60万年）

乌克兰梅日里奇遗址的发掘现场，这里出土了猛犸象骨骼"营帐"

马斯-达兹尔洞穴

这个贯穿比利牛斯山的巨大洞穴在考古界享有盛誉,不仅因为它出土了马格德林文化的遗存,而且因为这里发现了过渡时期的文化。

马斯-达兹尔洞穴的洞口很大,高51米,宽48米。流经法国阿里埃日省的加龙河(Garonne),其支流阿里兹河(Arize)从洞里奔涌而过,蔚为壮观。洞穴由比利牛斯山体之内的河流流经普朗托雷勒(Plantaurel)时侵蚀而成,在洞穴内厅发现的猛犸象骨骼、熊和披毛犀遗存表明经常有动物在此活动,从史前到历史时期都有人类居住于此。这个考古遗址的知名度很高,但研究程度比较有限,主要是因为从1857年发现考古遗存开始就受到修路计划的影响,导致后续发掘艰难,阻碍了我们对历史的了解。

马斯-达兹尔拥有几个装饰壁画和雕刻的洞厅(布日耶厅、驯鹿厅、烤炉厅),最有名的是出土了数量丰富且种类多样的可移动艺术品,其中就包括那件著名的"小鹿与鸟"雕像;还有一个女孩的头骨,眼眶里镶嵌着打成眼睛形状的骨片。

2011—2015年,由马克·雅里(Marc Jarry)主持的发掘表明,该洞穴从奥瑞纳文化时期(大约35000年前)就有人类活动,石器和骨器的存在(其中4件是确定无疑的工具)表明梭鲁特文化人群也在此活动过,不过在此活动最多的还是马格德林文化人群,因为绝大部分遗存包括工具、武器、食物、岩画、装饰品等都属于马格德林文化,它们还显示出季节性居住和阶段性聚集的特点。

爱德华·拉尔泰根据这些考古发现命名了一个新的过渡文化——阿齐尔文化(大约距今10000年),代表遗存是小型工具、骨质鱼叉和砾石做成的艺术品。洞外搭建的石冢和不同类型的人工制品表明,新石器时代的人类仍然在此活动。

参考:马格德林文化(距今17000年),"小鹿与鸟"雕像(距今14000年),阿齐尔文化的刻画砾石(距今12000年)

距今15000年

马斯-达兹尔洞穴内,河流奔腾,十分壮观

光学玩具

掌握了动态画面如何分解的原理,欧洲旧石器时代晚期的人类发明了"旋转动画卡片"。两个独立静止的画面通过运动,形成一个动态图像。

马格德林文化的艺术品里有一种特殊的物品,非常知名。这种圆形的骨片,直径大约4厘米,在比利牛斯山地区、西班牙北部和法国佩里戈尔都有发现。它们用牛科或鹿科动物的肩胛骨切割而成,在中心钻孔,两面装饰图案。关于它的用途以往有好多假设,或为纽扣,或为耳坠,或为陀螺。

1991年,马克·阿泽玛凭直觉猜测,这种物品是一种光学玩具,它在围绕中轴快速旋转时,两面的图案呈现循环重复的动画效果,上面的动物栩栩如生。2007年,史前人类技术实验专家弗洛朗·里韦尔(Florent Rivère)证实了这个想法。最令人惊叹的标本是1868年由哈迪(M. Hardy)在法国多尔多涅省的劳杰里-巴斯岩厦发现的,属于马格德林文化中期。这个圆形骨片直径3.1厘米,两面都刻画了比利牛斯岩羚羊,一面是站着的,另一面是躺着或卧着的。这两个图案的构型很完美,快速转动圆片时,视觉上就重叠成了一个动态画面。我们仿制圆片并用牛筋腱制作细绳穿过中心的小洞,两手的大拇指和食指拉住细绳两端,当圆片沿着中轴呈180度旋转时,产生了"奇迹":这只动物不断地倒下又站起,循环往复,就像动画一样。

所以,旧石器时代的艺术家很可能已经发明了"旋转动画卡片",我们又叫它"奇迹轮"(thaumatrope),thauma在希腊语里指"奇迹",tropion指"旋转"!而历史上旋转动画卡片是由天文学家约翰·赫谢尔(John Hershel,1792—1871)发明的,后来由英国物理学家约翰·艾尔顿·帕里斯(John Ayrton Paris,1785—1856)普及开来,做成商品广泛销售。它标志着前电影时代拉开了序幕,直到卢米埃(Lumière)兄弟真正发明了电影。

参考:狩猎的叙事艺术(距今36000年),马格德林文化(距今17000年)

距今15000年

(上)劳杰里-巴斯岩厦发现的圆形骨片(藏于法国佩里戈尔艺术与考古博物馆)
(下)弗洛朗·里韦尔实验复制的"旋转动画卡片",快速转动圆形骨片,使刻在两面静止的动物形象变成动画

(上)

(下)

211

纳吐夫文化

黎凡特地区纳吐夫文化的社会处于向定居生活方式过渡阶段，出现了大量文化创新元素。

距今14500—11500年，近东地区从托罗斯山脉（Taurus）到西奈半岛（Sinaï）的人群最早开始向定居生活过渡，"新石器化"给他们的生活带来了深刻变化。他们创造的文化被命名为纳吐夫文化（Natoufien），它得名于黎凡特地区约旦河西岸的瓦迪-埃尔-纳吐夫遗址（Wadi El Natouf）。

纳吐夫文化连接旧石器时代和新石器时代，是两种生计方式的过渡形态。有的学者认为它的范围局限于约旦、巴勒斯坦和以色列，但实际上纳吐夫文化的遗址在整个黎凡特地区都有分布。这里发现了最早的长期居住的村庄。燧石制成的石叶镰刀和各种研磨工具显示，这些人在良好的气候条件下过着比较富足的生活，采集植物、储存野生谷物如单粒小麦或二粒小麦作为狩猎（瞪羚、牛和野猪）和渔猎的食物补充。地中海、红海、尼罗河的贝壳，安纳托利亚的黑曜石，约旦、叙利亚的准宝石在此地区的发现表明，他们开展了最早的区域贸易。他们掌握了石器磨制技术，生产大量骨质鱼叉，为了狩猎还驯化了狗。另一个重要的文化特征——墓葬的大量存在与在它之前少见墓葬的考古学文化形成鲜明对比。因为居住在固定的营地里，所以对死者尸体的处理成为纳吐夫人群迫切的需求。多种多样的丧葬遗存表明，刚开始时似乎处理得很粗糙，直到文化末期才出现最早的真正意义上的丧葬仪式，包括将头与身体分开埋葬的习惯，还出现了真正的墓地。

纳吐夫文化末期正值地质史上的新仙女木期，气候条件恶化，他们的定居生活中断了一千年；定居方式再次出现，推动黎凡特地区出现了最早的城市。

参考：村庄（距今14500年），铺给逝者的花床（距今12700年），希拉松-塔奇蒂特的乌龟（距今12000年）

方解石雕刻的两个女人拥抱的塑像，发现于犹大旷野（désert de Judée），属于纳吐夫文化早期，大约距今13000年

村 庄

在农业的推动下,人类逐渐过上了定居生活,出现了最早的房子和村庄。

随着全新世的到来,气候变得温暖,人类全年都可以方便地获取多种食物资源。近东地区的狩猎-采集者开始经常到同一个地点活动,活动的持续时间比以前更长。人们逐渐向农业方式转变,住所也逐渐固定化,需要构建居住的房子和耐久的储存设施。这些结构组合在一起就诞生了最早的村庄。

约旦河谷的纳吐夫文化遗址马拉哈(Mallaha)就是一个这样的村庄,这里发现了9个圆形和半圆形的、直径3.5—5米的遗迹现象。这些建造于公元前12500年,是目前所知最古老的地上永久性建筑;周边是用石头砌的矮墙,上面盖有屋顶,杆状遗存表明屋顶曾用杆子支撑。这个村庄可以容纳200名狩猎-采集者长期居住,他们采集豆科植物,还有谷类植物和杏仁。

随着定居方式在新月沃地不断发展,住宅不断完善,村庄也渐次成形。公元前10000—前9500年,纳吐夫文化与新石器时代初期之间的过渡文化——希阿姆文化(Khiamien)出现了房子,它们不再是地穴式的,而是与地面平齐的。学者在以色列的纳哈尔奥伦(Nahal Oren)发现了17个圆形的石墙房子,中间有一个火塘,分布在四级河流阶地上。在公元前第9千纪,叙利亚穆雷贝特(Mureybet)村建造了最早的用于储物的长方形建筑。距今11000年,杰里科(Jéricho,《圣经》里的耶利哥)出现了最早的被4米高的城墙环绕的大型居址。土耳其的恰塔尔胡尤克(Çatal Hüyük,又译作加泰土丘或恰塔尔休于)出现了土砖砌的多层房子,上面保存了大量修整和装饰的证据。

参考:纳吐夫文化(距今14500年),杰里科塔(距今11000年),恰塔尔胡尤克(距今9500年)

距今14500年

塞浦路斯岛乔伊鲁科蒂亚(Choirokoitia)新石器时代村庄里曾经生活着300—600位居民,人们在这里一直生活到公元前6000年

潘思旺

五十多年来，追随安德烈·勒卢瓦-古朗的脚步，很多学者研究了旧石器时代最后一个寒冷期的驯鹿狩猎者的营地。这个营地就是潘思旺。

潘思旺遗址（Pincevent）在一片古河滩旁，地处塞纳河左岸，位于约讷河和洛宁河（Loing）汇入塞纳河的交汇处。它曾是马格德林文化的驯鹿狩猎者在距今14000年经常造访的营地。

潘思旺遗址位于法国塞纳-马恩省（Seine-et-Marne）的大教堂区（Grande Paroisse），1926年是个开发中的采沙场，刚开始只是偶然发现遗存，后来经过抢救性发掘。由于塞纳河的淤泥沉积，这里的石器、骨器和火塘完好地保存了文化价值，所以政府出资保护了这个遗址。在安德烈·勒卢瓦-古朗的主持下，持续进行了精细化的发掘。通过系统详细地记录微小遗存信息，学者们完成了对这个史前人类居住地的空间分析，并进行了3D图像复原。

得益于方法的进步，通过精细发掘，学者在15个有人居住过的文化层位、几千平方米的范围内发现了几万件石片、分散的木屑或骨骼碎片。研究者证实，潘思旺遗址所在区域的良好环境使马格德林文化的狩猎者常在秋初聚集于此，此时塞纳河水位下降、河岸出露，修建营地所需要的材料如燧石、树枝等能方便地获取。遗址所在的战略位置使他们能趁着迁徙的驯鹿群放慢速度过河时集体攻击，从而获得肉和冬季所需的衣服、被子、缝衣针、锥子、线绳、棍子等材料。在遗址较高的层位，另一个时期的马格德林人群则以马为狩猎对象，而且全年在此居住。

参考：驯鹿时代（距今19000年），马格德林文化（距今17000年）

西伯利亚驯鹿饲养人的营地，使人联想到经常活动于潘思旺遗址的马格德林文化狩猎者的生活方式

帕尔特人的伟大浅浮雕

旧石器时代晚期,人类在雕刻艺术上有很高的造诣,洛克-沃-索尔西耶崖壁上的雕刻一点儿不逊色于古代或中世纪的浅浮雕作品。

洛克-沃-索尔西耶壁画位于法国维埃纳省安格林河畔昂格莱-苏-安格林(Angles-sur-Anglin),在安格林河(Anglin)右岸的一处崖壁上,堪称"雕刻中的拉斯科"。1950年由苏珊·德·圣-玛瑟林(Suzanne de Saint-Mathurin)发现,保存完整,后来崖壁右侧坍塌到了塔耶堡洞穴(Cave Taillebourg)的位置,部分石块现在保存于圣日耳曼昂莱(Saint-Germain-en-laye)的国家考古博物馆。

无论白天黑夜,从远处都可以看到20多米长的崖壁上用石镐凿出的动物和人的浅浮雕轮廓,就像古代庙宇门楣上的装饰一样。风格强调自然主义,图案颇具动感,其写实主义的造诣在史前技术比较局限的情况下可谓非常高超了。作为大自然的细心观察者,这些艺术家细致地勾画出了一对前后相继的野牛、一群正在吃草的马、一群快速奔跑的羱羊。崖壁上还可以看到至少两只洞狮,只是尺寸有意识地缩小了,与它潜在的猎物不太相称。从民族志的角度看,这些雕刻作品非常真实,更有意思的是旁边有一些无头的裸体女性轮廓,反映的是女性怀孕或未孕的不同状态。这种"宇宙起源论"的场景应当得益于史前照明技术的发展才被创作出来的。

目前由热纳维耶芙·潘松(Geneviève Pinçon)主持该遗址的研究工作,他们想破解这个门楣式的雕刻古迹和马格德林人群季节性居住遗址之间的关系。它是一个简单装饰的营地,还是一个以仪式性活动为目的的聚集场所?除了这个遗址外,还有一些类似的浅浮雕门楣被发现,如法国多尔多涅省白鼻岬(Cap Blanc)、夏朗德省的切尔-阿-卡尔文(Chaire-à-Calvin)和洛克-德赛尔斯,只是保存得不够好。

距今14000年

这是一块维埃纳省洛克-沃-索尔西耶崖壁侧面坍塌的石头,崖壁上的壁画有"雕刻中的拉斯科"之称

"小鹿与鸟"雕像

作为马格德林文化广为人知的雕像,"小鹿与鸟"是理解史前人类文化极好的遗物。

"小鹿与鸟"是距今15000—13500年(马格德林文化中期)的一件装饰性标枪助推器。1940年,业余考古学家马尔泰·佩夸特(Marthe Péquart)和圣-朱斯特·佩夸特(Saint-Just Péquart)在马斯-达兹尔洞穴发现了它。它的远端有一只用圆雕法雕刻的精美的小动物,正转头看向身后的两只鸟,这两只鸟栖息在从小动物身体冒出来的一个圆柱上——推测为一节粪便,其中一只鸟的尾巴形成了助推器的钩子。

这件标枪助推器长32厘米,装饰非常精美,是旧石器时代晚期可移动艺术品中真正的精品,表明马格德林文化人群在鹿角雕刻工艺上拥有很高的造诣。不过史前学家更加关注其他方面。这件物品可能是需要装柄的,因为在基部有三个钻孔。但它如果真正用于狩猎,似乎又太脆弱了,所以应该具有象征的功能。与最开始的解释相反,有学者根据观察到的解剖学细节认为这个动物不是小鹿,而是一只幼年比利牛斯岩羚羊或羱羊。"鸟"可能只是装饰助推器的简单条纹,因为马格德林文化艺术中的符号比动物形象更丰富。而那节"粪便"实际上是胎盘囊,所以这个动物可能是一只正在分娩中的比利牛斯岩羚羊。这种雕像并非孤例。实际上,在比利牛斯地区的多个遗址都发现了"小鹿与鸟"雕像,贝代埃尔哈奇(Bédeilhac)的雕像就与马斯-达兹尔洞穴的这件很像,只是小动物的腿呈折叠状,而且只有一只"鸟";圣-米歇尔-达鲁迪(Saint-Michel-d'Arudy)的雕像头部破碎了,拉巴苏德(Labastide)也有发现。如果我们不考虑这些雕像的确切含义及其创作的时间,那么"小鹿与鸟"的主题,正如让·克洛特所说,反映了"比利牛斯地区马格德林文化中的一个神话或一段传说"。

参考:标枪助推器(距今18000年),马格德林文化(距今17000年),马斯-达兹尔洞穴(距今15000年)

距今14000年

马斯-达兹尔洞穴发现的标枪助推器,以往命名为"小鹿与鸟",也有人认为可能是一只幼小的比利牛斯岩羚羊

马

在旧石器时代晚期大量食草类动物中，马既提供了珍贵的肉食资源和原材料，也是艺术家表现的主题之一。

现生马有两种，一个是现存数量最多、品种丰富的家马（*Equus caballus*），一个是普氏野马（Przewalski），后者是一个亚种，保留着从未被驯化的形态，在1879年发现于蒙古。

出现于上新世大约距今500万—400万年的马属动物曾经占领了北美、欧亚大陆大部分地区和非洲。2003年，学者用一块距今78万—56万年的长骨碎片重建了旧石器时代马70%的基因组，表明普氏野马和家马在距今72000—38000年分异，这个阶段也是全世界马的数量最多的时候。

一点儿也不奇怪，这种数量巨大的动物是整个旧石器时代岩画中表现最多的主题，排在野牛前面。拉斯科洞穴壁画中就有至少364幅马的绘画，其中有一幅，从肥胖的身躯、浅栗色的皮毛和其他标志性特征来看，极有可能是普氏野马。旧石器时代艺术家们也在岩画中描绘过驴（也可能是野驴），最有说服力的是法国阿里埃日省"三兄弟"洞穴壁上的野驴绘画。

旧石器时代的人类曾经大量捕猎马，捕猎过程不需要任何特殊技术，只需合理组织人力，惊吓马群，再将它们驱赶到天然陷阱即可。法国索恩-卢瓦尔省梭鲁特岩石脚下的石灰岩陡坡上留下的丰富遗存表明，"赶入深渊"式的狩猎方式从奥瑞纳文化一直持续到马格德林文化晚期。被捕获的动物既可以食用，也用来制作衣服、武器、工具，马鬃用来制作细绳，等等。大约距今14000年，马格德林文化中期的艺术家们甚至利用马舌骨的天然形状来切割和修整马雕像的头部。

参考：猛犸象（距今60万年），原牛（距今30万年），野牛（距今13万年），洞熊（距今70000年），披毛犀（距今39000年），洞狮（距今36000年），驯鹿时代（距今19000年），马的驯化（距今5500年）

从未被人类驯化的普氏野马很像旧石器时代洞穴艺术家描绘的马

克洛维斯文化

史前广布于北美的克洛维斯文化,长期以来被视为古印第安人最早的文化。

1929年,里奇利·怀特曼(Ridgely Whiteman)在美国新墨西哥州克洛维斯市附近发现了黑水1号地点(Blackwater Locality No. 1),据此命名了一个古印第安人的文化,大概出现于13500年之前。该文化以矛尖形的尖状器和带凹槽的石刀为标志,古印第安人用这些工具狩猎大型动物如猛犸象、乳齿象、骆驼和马。克洛维斯文化广布于北美,南面一线从美国的亚利桑那州(Arizona)分布到加拿大新斯科舍省(Nouvelle-Écosse)。

长期以来,克洛维斯文化被当作美洲大陆最古老的文化。随着越来越多的发现,这个假设逐渐被丢弃了,许多证据证明之前还有更古老的人类在此活动,而且克洛维斯遗址本身也出露了前克洛维斯地层,如弗吉尼亚州"仙人掌山"(Cactus Hill)遗址就发现了距今17000年的石英工具。

因为克洛维斯尖状器与欧洲梭鲁特著名的"月桂形器"有些相似,两个美国学者丹尼斯·斯坦福(Dennis Standord)和布鲁斯·布拉德利(Bruce Bradley)提出梭鲁特人群殖民北美的假设,他们认为梭鲁特人群是在冰期沿大西洋航行过去的,在部分路段还跨越了极地大浮冰。但是,在人类学和语言学尤其是基因分析的证据下,这种假设被推翻了。2014年,学者从克洛维斯文化的最早的美洲印第安人遗址——蒙大拿州安兹克(Anzick)出土的一名2岁男童(距今13500年)身上提取了DNA,分析表明该文化的人群并非来自西欧,而是最早的美洲印第安人即西伯利亚人跨越白令海峡殖民北美大陆后繁衍的后代。

参考:跨越白令海峡(距今22000年),屠杀野牛(距今10000年)

美国爱荷华州鲁梅尔斯-马斯克(Rummells-Maske)遗址发现的克洛维斯文化尖状器

奥杜贝尔的泥塑野牛

> 作为流传至今的艺术奇迹,尽管被留存在一个深邃隐秘、难以进入的地方,但并不妨碍奥杜贝尔的泥塑野牛成为马格德林文化艺术家高超塑模技艺的典范。

奥杜贝尔洞穴发现于1912年,与"三兄弟"洞穴、恩琳洞穴同属位于法国阿里埃日省巨大的沃尔普(Volp)洞穴群。这个洞穴群包含三个地质堆积层。人们需要坐船从沃尔普下洞的地下河溯流而上才能进入。沃尔普中洞出土了距今大约13870年的居住遗迹和岩画。经过一段14米高的狭窄小道后就进入了上洞,继续走500米就能发现大量的遗迹:成年人和儿童的印记、熊的头骨,以及动物形象的绘画和符号。所表现的动物种类有马、罕见的狮子或熊,还有一些虚构形象,数量最多的是野牛。作为这段艰难旅程的终点,最里面的洞室还有一个奇迹在等着我们。

在洞室一个突出的崖角上,著名的泥塑野牛赫然现于眼前。它是马格德林文化艺术家高超技艺的绝佳证明,也是精湛的雕刻和塑模水平的展现。他们的手指印留在这对泥塑野牛上,依稀可见。这两头野牛具有非常明显的写实主义特色,表现了一头公牛跟随一头母牛的情形。泥塑所需的泥土是从25米外的一个坑里取的。这两头栩栩如生的野牛并不孤单,在它们旁边,就在崖角的脚下,还有3只小野牛的泥塑,局部只打了粗坯。马格德林文化的人因为酷爱作为肉食的野牛,在这个洞的最里面创作了至少5对泥雕野牛,也许在他们的意识里,这些雕像具有算数方面的功能。

在几十公里以外的甘蒂斯-蒙特斯潘(Ganties-Montespan,隶属法国上加龙省)也发现了类似的泥塑像,其中一个是熊,尽管很破碎,但仍可以反映出塑模泥刻工艺曾经广泛分布。在其他洞穴里,由于自然侵蚀或人为因素对地层堆积的影响,这些脆弱的雕刻作品可能被毁坏了。

参考:野牛(距今13万年),马格德林文化(距今17000年),马苏拉斯洞穴的野牛点画(距今15000年)

距今13500年

奥杜贝尔洞穴发现的泥塑野牛,证明马格德林文化的人群拥有高超的雕刻和塑模水平

冲　突

考古学研究证明，武装暴力与人类的历史一样古老。13000年前因气候变化，就发生过真正的暴力冲突。

人类群体性暴力行为早在旧石器时代就开始了。发现于中国南部的距今20万—15万年的古老型智人头骨表明，这位死者生前头部曾遭钝器打击而破裂。在近东和欧洲，好几个尼安德特人的化石上都有暴力打击的痕迹。以色列的斯库尔遗址中，一名成年智人的腿部曾被一枚木质标枪头射伤，头也被打碎了。不过，对于这些比较古老的时段来说，要分辨暴力和事故是很难的。有些尼安德特人的伤痕与专门性活动产生的痕迹相似，比如狩猎大型猎物就意味着会受伤，这种"职业风险"就比较高。

不过距今13000年的苏丹杰贝尔-萨哈巴（Jebel Sahaba）遗址就不属于这样的意外了，它确凿无疑地证实了人群之间曾经发生过激烈冲突。1965—1966年发现的117号遗址，距今14340—13140年，这里埋藏了61具人体，其中有一半死于暴力，嵌在身体里的箭头、骨头上的切割痕迹、插入眼眶的标枪都是证明。其中有些是妇女和儿童，他们可能是另一场暴力冲突受害者的旁系家属，而这些暴力冲突的原因可能与气候有关。他们所处的时代，气候干冷，尼罗河水流量减少且不稳定，生活资源和活动空间被严重压缩，迫使这些也许属于不同部族的人群不得不面临相互残杀的境地。

杰贝尔-萨哈巴墓地的发现显示，人群之间的冲突在非定居社会中就已经存在。新石器时代更是暴力升级加剧的阶段。西班牙黎凡特地区的岩画（公元前第5千纪）就表现了排成阵形、杀伤力强的弓箭手之间的战斗场面，毫无疑问这是战争常态化和制度化的开始。此外，有些公元前第4千纪的石碑和巨石上还刻有一种至今没有弄清楚的人物形象——战士。

参考：西班牙东部岩画里的战争与和平（距今8000年），不平等社会（距今7500年），石头战士（距今5500年）

1981年，让-雅克·阿诺（Jean-Jacques Annaud）拍摄了《火之战》（*La Guerre du Feu*），剧中画面展示了史前存在的暴力冲突。目前已知最早的冲突发生在距今13000年

尼奥洞穴

尼奥洞穴被法国考古学家布日耶誉为"史前六大巨作"之一,也是当今为数不多的仍然对公众开放的洞穴艺术品。

安德烈·勒卢瓦-古朗曾说,尼奥洞穴"表现主题广泛,画面极具动感,是唯一在作品质量和保存状况方面可以与拉斯科媲美"的洞穴。它位于法国阿里埃日省,洞穴的画廊延伸3公里,保存了丰富的岩画作品。科学家埃米尔·卡尔塔伊克和布日耶从1906年开始就在此工作。在目前已知距今13000年的马格德林人的艺术作品中,绝大部分都是他们在这个洞里发现的。

最令人印象深刻的是壮观的黑厅,这个巨大的主厅呈圆形,仿佛具有音响效果,装饰黑色的野牛、马、羱羊、鹿的绘画;还有一些刻在地上的作品,如"带箭头的野牛",这是一种罕见的技术,只在比利牛斯地区发现过,此外还在洞室内部和重要的十字路口见到红色和黑色符号构成的画板。

在距离尼奥洞穴1公里的克拉斯特(Clastres)洞穴群也发现了一些壁画。这个洞穴群长期不为人所知,因为必须穿过四个地下湖才能进入。这里有人类留下的500多个脚印,可以看出有些属于马格德林文化时期的儿童,他们曾经到访过。还有5幅动物绘画,最独特的是小型食肉类哺乳动物——鼬的画像,它长46厘米,比实际动物要大一些,比较罕见,研究者发现画家只用10笔就勾出了清晰可辨的轮廓。这种动物在以往的绘画里几乎从来没有出现过,因此这又是一个证明马格德林文化艺术家具备异乎寻常天赋的证据。

为了保持洞内的气候稳定、做好史前绘画的保护,人们制定了特殊的参观规则,在遵守规则的前提下,游客可以分成小组携带照明灯进入尼奥洞穴探索参观。

参考:马格德林文化(距今17000年)

在法国阿里埃日省的尼奥洞穴,大量动物轮廓绘在黑厅墙壁上,令人叹为观止

孔巴海勒洞穴

因拥有数量丰富的马和鹿的绘画而闻名的孔巴海勒洞穴，被发现时犹如一个"巨大的爆竹"，标志着人们开始承认旧石器时代艺术的真实性。

在法国多尔多涅省埃齐斯-德-塔亚克附近的一个小山谷里，有一个洞穴叫孔巴海勒（Combarelles），它是由地下河侵蚀形成的长约300米的溶洞。19世纪末期，洞穴的一部分已被人们发现；1901年，在蜡烛的照明下，三位史前学研究的巨擘——丹尼斯·佩罗尼、路易·卡皮唐和布日耶才真正发现洞穴里的珍贵艺术品。

洞穴里的一些精美岩画在当时具有重要的科学价值，它们与大致同时发现的其他洞穴，特别是距离丰德戈姆洞穴很近的壁画一起结束了由阿尔塔米拉洞穴引发的争论，使人们开始承认旧石器时代洞穴艺术的真实性。事实上，壁画中的动物形象——马、驯鹿、熊、猛犸象、牛、羱羊只有在它们还在这片土地上生存的时候才能被创作出来。正如布日耶所说，孔巴海勒洞穴的发现正是"史前史一个巨大的爆竹"。

根据骨骼化石的测年结果，洞穴的年代为距今13680—11380年，马格德林文化人群占据了这里，同时发现的还有一些石器。

岩画大约有600—800幅，绝大部分是刻画的，在洞里集中呈一圈分布，准确数量很难统计，因为画面本身比较混乱，上面还覆盖了一层方解石。这些丰富的动物形象都是第四纪的动物种类，包括100多匹正在喝水或打架的马科动物，表现手法极具写实主义风格、辨识度很高的驯鹿，一头母狮子和熊、野牛等动物，还有一些似人形的、示意性更强的形象（仿照女性身体）和符号。

与其他史前遗址和韦泽河谷具有装饰壁画的洞穴群一起，孔巴海勒洞穴被列入世界文化遗产名录，并允许游客分成小组进入参观。

参考：马格德林文化（距今17000年），阿尔塔米拉洞穴（距今15000年）

距今13000年

布日耶于1924年临摹的孔巴海勒洞穴石壁上的大猛犸象和野牛

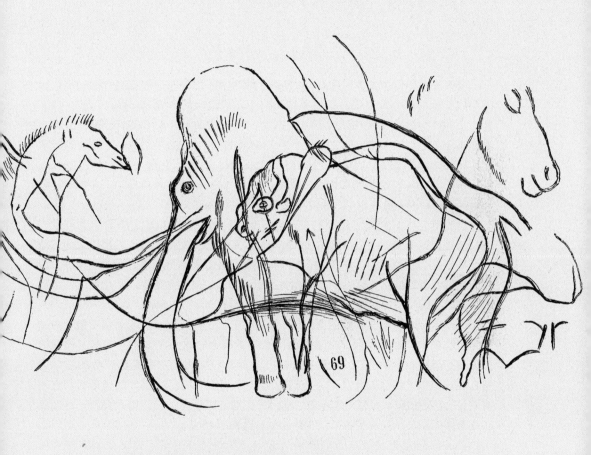

百头猛犸象之洞

在鲁菲尼亚克洞穴地下画廊的最深处,马格德林文化的人群描绘和刻画了大量猛犸象的形象。这座洞穴画廊在欧洲享有盛誉。

位于法国黑佩里戈尔(Périgord Noir)地区中心的鲁菲尼亚克洞穴是一个巨大的洞穴画廊群,分为三层,是白垩纪灰岩山体被侵蚀而形成的。很久以前,在文艺复兴时期,法国作家弗朗索瓦·德贝勒-福雷(François de Belle-Forest)于1575年在这里找到了一些壁画。"二战"后,当地的洞穴研究者也注意到这里的艺术品。1956年,布日耶、勒内·努吉耶(René Nougier)、罗曼·罗伯特(Romain Robert)、查理·普拉萨特和路易·普拉萨特(Charles et Louis Plassart)开始对这些艺术品进行科学研究,迅速引发了有关其真实性的争论。

鲁菲尼亚克洞穴起初是熊的窝,这里有它们数不清的爪印、睡觉坑的脏乱痕迹,但是少见骨骼,在距今大约13000年成为马格德林文化艺术家的创作之地。他们运用超强的联想能力创作了250个动物形象,其中很多是用不同方式制成的,包括用手蘸着很软的白垩涂绘;此外还有用黑色线条,可能是用锰的氧化物画的以及类似"通心粉"一样的横竖条纹。整体绘画面积在500平方米以上。

该洞不愧为"百头猛犸象之洞",猛犸象在墙壁和天花板上的动物形象中占主导地位,共有158头。他们对厚皮动物如此喜欢(总体而言这在旧石器时代很罕见),以至于这个洞穴里的猛犸象形象占到西欧已知岩画中猛犸象总数的三分之一!在这些引人注目的作品中,我们隆重介绍一下"象王",巨大的长牙表明它的高寿;"大天花板"上的"象爷爷"是另一头地位尊贵者,它四周围绕着一群似乎正在旋转的羱羊、马、野牛以及少数犀牛,大概有65头。

鲁菲尼亚克洞穴经过清理修整,于1959年对公众开放,在这个洞穴参观可以获得与众不同的体验——坐火车!这不仅避免了劳累,也有利于史前艺术品的保护。

参考:猛犸象(距今60万年),马格德林文化(距今17000年),"马德莱纳的猛犸象"(距今12000年)

鲁菲尼亚克洞穴的典型特征反映了人类对厚皮动物的显著偏好,总体而言这是旧石器时代艺术家很少表现的一种动物

235

征服高海拔之地

> 距今 30000—10000 年，人类不断向高海拔地区演化。随着基因的突变，他们的身体最终适应了极端气候条件。

新石器时代以来，在人类一系列的适应性行为中，对高海拔地区的征服可谓榜上有名。考古学和遗传学研究都为我们提供了人类向高海拔地区进军的证据。

2014 年，《科学》杂志发表了一项新成果，考古学家在秘鲁南部的普昆乔（Pucuncho）遗址——位于安第斯山上海拔 4355—4480 米的营地发现了史前人类的活动证据，这是目前已知史前人类占据的海拔最高的地方。在两个岩厦里，学者们发现了 260 件石器，有投射尖状器、两面器和端刮器。最古老的测年为距今 12800 年，这项结果将人类在高海拔地区活动的时间提早了近一千年。

在严酷的环境里，气温低下、太阳辐射强烈、氧气稀薄，这些"山里人"只能狩猎小羊驼和原驼、鹿。那么他们是否已经适应了这种环境？虽然学者没有回答这个问题，但有研究揭示，来自安第斯山、中国西藏和埃塞俄比亚高原的三个不同人群通过不同的适应机制，已经具备了适应这种环境的基因。

得益于基因转变，安第斯山的盖丘亚人（Quechuas）和艾马拉人（Aymaras）的血红蛋白可以携带更多的氧气，他们的肺还拥有面积更大的肺泡。不同人群在利用氧气方面的基因差异在西藏人中也有反映。最早的人类从距今 30000—20000 年以来逐渐占据喜马拉雅山附近的高原，基因分析表明西藏人的基因中有一个调控血红蛋白供氧的基因，它在不到三千年的时间内快速扩散到了 90% 的西藏人群中。在埃塞俄比亚人身上也发现了与高海拔有关的基因，他们的演化表明对高海拔的适应能力源于早期（25000 年前）的选择压力。

参考：征服高纬度之地（距今 8000 年）

大约距今 13000 年，人类就已经在秘鲁安第斯山的高海拔地区生活了

铺给逝者的花床

科学家在以色列的一个洞穴里发现了史前人类在丧葬仪式中最早使用花床的证据。

在墓里放花的行为表明从史前开始人类就已经有仪式性的活动了。2013年,以色列北部卡梅尔山(Mount Carmel)拉基费特(Raqefet)洞穴的发现证明,这里的居民曾将死者埋在用芬芳的野花铺成的床上。该洞穴遗存属于纳吐夫文化(距今15000—11500年,存在于中东地区,连接旧石器时代与新石器时代的文化)。纳吐夫人是目前已知最早建有明确墓地的人群,已经发现了450多具人骨。

2004—2011年,考古学家在拉基费特洞穴仅15平方米的地面上发掘出29具婴儿、儿童、成人的骨架,还有100多个带凹陷的石头,主要用来研磨或碾碎谷物。从埋葬的两个男人腹部旁边提取的植硅体样品(植物在生长过程中吸取硅元素填充在细胞和组织中,转化为蛋白石体即植硅体,死后落入土壤中,可以由此复原植物)表明,当时人曾将可食用的谷物作为祭品奉献给死者。

在距今13700—11700年的四个不同的墓葬里,学者找到了几十种植物遗存,这些植物覆盖在墓底形成一床厚厚的毯子。其中有鼠尾草属植物、唇形科植物(薄荷属)和玄参科植物。春天,这些植物生长在洞穴周围,散发出浓烈的香气,有些还具有药用价值。

在丧葬活动中使用花可以明显地缓解压力、加强人群的身份认同、增强群体的凝聚力。这种行为在伊拉克库尔德斯坦(Kurdistan)地区的沙尼达尔Ⅳ号尼安德特人墓葬中早有发现,不过新的分析表明那些在墓葬里发现的孢粉可能是被擅长挖掘的啮齿类动物带进去的!

参考:最早的墓葬(距今10万年),纳吐夫文化(距今14500年),泰尔阿斯瓦德的翻模复制人头(距今9500年)

鼠尾草属植物经常被纳吐夫人用于丧葬仪式中

"马德莱纳的猛犸象"

作为第一个被确认的猛犸象图案,这件无比精美逼真的艺术品在史前研究中发挥了决定性的作用。

"马德莱纳的猛犸象"是一件用猛犸象牙刻画的艺术品,1864年发现于法国多尔多涅省图尔萨克镇的马德莱纳岩棚。当时学界正在为灭绝动物与古老人类共存与否的问题进行激烈争论,它的发现带来决定性的证据,成为科学史上的里程碑。我们不知道它在地层里的确切位置,推测应该属于马格德林文化晚期之末,即大约距今12000年。

学者早在1865年就对这件艺术品进行了科学研究。在1867年的巴黎世界博览会上,它和50多件旧石器时代艺术品同台展出,马上家喻户晓。它被数次复制,但大多数复制品都不太准确,甚至把猛犸象弄反了,所以后来产生了数不清的赝品。

"马德莱纳的猛犸象"刻在一片长24.8厘米、宽10.6厘米、最厚处1.8厘米的猛犸象牙化石上,体型很大,展现了猛犸象极具动感的姿势,看起来像是正在往前冲。猛犸象身体的前面部分非常逼真,如高昂但比较短的头颅、长而厚的鼻子、精细刻画的眼睛但没有瞳孔,上嘴唇与鼻子根部几乎合在一起。一些平行线或相交线勾勒出它的毛皮,尤以下巴和前胸最浓密。象牙很长,明显向上卷翘,甚至比真实的象牙卷得更厉害。身体后面稍微逊色一点儿,表现了拱起的背部和一条直着似乎在摇动的尾巴,尾巴和屁股上部之间的三角形像是它的肛门!艺术家用了好多线条,可能想将动物身体的细节表现得更真实。

这件令人惊叹的艺术品现藏于法国国家自然历史博物馆古生物厅。

参考:猛犸象(距今60万年),马格德林文化(距今17000年)

距今12000年

马德莱纳岩棚的猛犸象,证明人类曾经与灭绝动物共存。图为1898年《科学普及插图周报》(*Science Illustrée*)发表的线描图

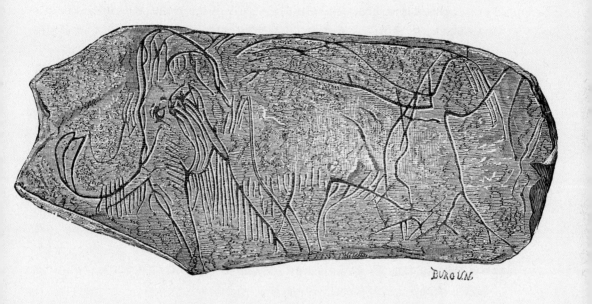

中石器时代

在全新世初始,使用弓的欧洲狩猎人群面对环境的深刻变化,调整了他们的生计策略和生活方式。

石器时代是漫长的,新旧石器时代之间存在中间阶段,名曰"中石器时代"(Mésolithique,希腊语mesos意为"中间的"),也叫石器时代的中期,以此表示在时间和文化上都呈过渡特征的阶段。

这个中间阶段延续了四五千年,从大约公元前10000年延续到公元前5000年,只见于欧洲大陆。其出现的背景是气候和环境发生了剧烈变化,即大约在公元前9700年,欧洲大陆从末次冰期的寒冷气候突然向温暖气候转变。中石器时代在欧洲大陆并不是普遍存在的,而是呈马赛克分布,总体上反映出一些基本的共同特征。

在中石器时代,环境不断变化,从松树森林恢复(中石器时代早期),到榛树森林出现(中石器时代中期),最后发展到栎树混合林繁盛。在这种环境下,游牧模式的狩猎人群越来越多地受到大型哺乳动物迁徙的影响。他们的生计方式以狩猎广泛分布的大型哺乳动物(鹿、野猪)为基础,也捕猎小型哺乳动物和鸟类,还捕鱼和采集(如榛子)。对贝类的消费不断增多,在滨海地区形成了巨大的贝丘堆积。中石器时代的标志之一是弓箭的使用,这些箭头尺寸很小,考古学家称它们为"细石器",有尖状、三角形、梯形等不同样子。

在艺术方面,动物形象之后最常见的是多样的抽象图案,如阿齐尔文化的绘画和刻画的砾石,其他遗址还发现了由成百个穿孔鹿牙或贝壳做成的装饰品。墓地的考古发现证实,丧葬行为多样,如火化、对骨骼的选择性处理;随葬品种类丰富,有可移动艺术品、祭品、装饰品,偶见赭石,还出现了最早的墓地。

参考:阿齐尔文化的刻画砾石(距今12000年),新石器时代(距今12000年),泰维耶克血腥的仪式(距今7400年),新石器时代的人口(距今6000年)

距今12000年

在中石器时代森林密布的环境下,狩猎者十分擅长使用弓箭来捕鹿

阿齐尔文化的刻画砾石

根据马斯-达兹尔洞穴的考古发现,学者命名了出现在马格德林文化之后的一种文化,其特征除了富有特色的小型石器工业之外,还有砾石上奇怪的雕刻和绘画艺术。

诞生于19世纪的史前学面临一个"断裂"的时段,因为缺乏考古学资料,旧石器时代晚期之末与新石器时代之交的文化很难举证。直到1889年,爱德华·皮耶特在法国阿里埃日省发现了马斯-达兹尔洞穴,据此一个久不为人所知的文化即阿齐尔文化诞生了。

该文化发源于旧石器时代晚期末段,距今大约12000年,延续了三千年。总体而言,属于该文化的人群延续了旧石器时代人类以狩猎为基础的生活方式,兼有捕鱼和采集。不过此时环境和动物群有了显著的改变,鹿、野猪和小动物甚至蜗牛在冰后期之初森林覆盖率更高的环境中变得十分丰富,是人类食物来源的重要组成部分。

阿齐尔文化的典型特点是工具小型化,打制工具很小,还具有特殊的形态如细小的尖状器、薄的细石叶、小的圆形端刮器;鱼叉很扁平,长不到10厘米,带有一个扣眼可以捆绑带子。

该文化在艺术方面也发生了显著改变。马格德林文化时期发达的象形艺术此时不再流行,取而代之的是抽象艺术,载体主要是小砾石,表现方式是刻画或用红赭石绘制示意图符号。绝大部分装饰图案是边缘带波浪形的长条纹、重复的线条或斑点,别无其他。马斯-达兹尔洞穴的装饰小砾石在阿齐尔文化中数量最丰富,比利牛斯地区的很多遗址也出土了近2000件这种小砾石,意大利、西班牙和瑞士也有类似发现。阿齐尔文化的人群为什么要在板岩小砾石上装饰这种普通的图案,我们不得而知。显微镜观察显示,砾石上的线条是用一种工具快速刻画形成的,应该不是日历。

参考:马斯-达兹尔洞穴(距今15000年),可移动艺术品(距今15000年),中石器时代(距今12000年)

刻画示意图符号和用红赭石绘制示意图符号的小砾石,是阿齐尔文化的主要特征

新石器时代

这是一个史前史的关键时代，此时世界范围内的不同人群开始定居生活，采用新的以农业和饲养为基础的生计模式。

"新石器时代"，是希腊语"新"（nouveau）和"石头"（pierre）的组合，字面意义指"石器时代的新时期"，该术语由史前学家约翰·卢伯克（John Lubbock, 1834—1913）在1865年提出，将人类这段崭新历史与旧石器时代区分开来。

新石器时代，最早的农业定居社会出现并迅速发展，与之前狩猎-采集者的社会不同，农业定居社会需要控制现实人群，并把他们改变成真正的生产者。生活方式的本质改变和人群思维的转变在考古学上主要表现为磨制石器——它虽然出现于旧石器时代，但只是石质工具组套中的一种——的普及以及与之关联的开垦土地、陶器生产、驯化动物和栽培植物的需求，最早的村庄和公共建筑，还有新的更加复杂、等级分化、组织明确的社会形态的出现。

上述转变远不如我们想象得那么快，也不像考古学家柴尔德（Vere Gordon Childe, 1892—1957）所说的"新石器革命"那么突然。实际上它是一个长期的过程，而且是相对匀速和渐进式的，在不同的地方、不同的时间，在条件合适的时候突然出现质变，它发生的时空多样性非常明显，以至于新石器时代的年表与地理区域直接相关。最早的新石器化中心是中东新月沃地，这里的动物驯化和植物栽培在大约12000年前就开始了，随后扩散到欧洲和地中海周边。此外，在中国、安第斯山脉、墨西哥、美国密西西比州、新几内亚、非洲等国家或地区，新石器化是完全独立发展的。

参考：纳吐夫文化（距今14500年），村庄（距今14500年），中石器时代（距今12000年），植物的驯化（距今10500年），动物的驯化（距今10500年），新病来袭（距今9000年），新石器时代的人口（距今6000年）

距今12000年

侧卧女神像，长12.2厘米，被称为"最胖睡美人"。出土于马耳他岛的史前地下宫殿，公元前2500年

弓　箭

确凿证据表明，旧石器时代末期，狩猎者使用弓攻击猎物，甚至敌人。它的使用或许还可以上溯到更早时间。

史前人类是否使用了弓，一直以来存在争议。最直接的证据就是考古发现，德国斯特尔穆尔（Stellmoor）泥炭沼里发现的箭头和弓的碎片证明，最古老的弓出现于旧石器时代最末期。这个遗址是古老的驯鹿狩猎者的营地，距今大约12000年。箭杆用松枝制成，有些上面还带着石英尖状器的碎片。遗憾的是，它们在第二次世界大战中被毁掉了。

学者在欧洲北部的泥炭沼里发现了中石器时代与弓箭有关的遗物，比如丹麦霍尔梅加德（Holmegaard）发现的大约公元前6000年用榆木做的弓和圆铤箭头。还有新石器时代完整的弓，比如法国贝尔西（Bercy）出土了一件公元前4700—前4400年的简单弯弓，长1.54米，用紫杉木做成，还有大量箭头，其中有些发现时嵌在受害人的骨骼里。这些证明弓曾经是狩猎工具，也是战争武器，而狩猎和战争在西班牙黎凡特地区的岩画中都有表现。新石器时代的箭头很容易识别，它们更尖锐锋利，具有强大杀伤力。我们通过一些痕迹可以知道它们被固定在箭杆上的方法，比如公元前7500年瑞典小洛舒尔特（Lilla Loshult）遗址发现的箭头，用燧石石叶两面磨尖制成，用于狩猎大型猎物，它是用桦树的树脂粘连固定在箭杆上的。

旧石器时代的人类在距今22000年（格拉维特文化末期）甚至更早就会使用弓了，不过我们只有间接证据，比如考古学家发现的大量细石器和特别小的尖状器。有些研究者认为，这些细石器不是重型投射器，是徒手或用助推器投射的。所以，根据民族学材料的观察，它们极有可能配备弓箭使用。

参考：标枪助推器（距今18000年），西班牙东部岩画里的战争与和平（距今8000年）

这张图复原了旧石器时代的人类使用弓箭狩猎的场景

航行于地中海

陆生动物在塞浦路斯的发现表明近东最早的农民完全具备了在大海上航行的能力。

40000多年前，人类对遥远陆地如澳大利亚的殖民表明，他们很早就有了远距离航海的能力，不过我们没有发现青铜时代以前的海上船只或与航海技术有关的遗存证据。

地中海岛屿的发现为我们提供了一些间接信息。弗兰赫蒂（Franchthi）洞穴发现了来自米洛斯的黑曜石，表明人类在公元前第11千纪之前就到达爱琴海100多公里外的地方进行贸易交流。塞浦路斯岛的发现更是直接为我们提供了海上船只的线索。从第三纪开始，这个岛和大陆一直是分离的，中间隔着40公里的海洋，最深处达500米。克利莫纳斯（Klimonas）村庄的考古发现显示，在开始驯化野生谷物之后仅仅几百年的时间，近东地区的人类就离开大陆迁徙到了塞浦路斯岛。早在公元前9100—前8600年，这些以村庄为居住单位的人将5种有蹄类动物带到了岛上，它们是绵羊、山羊、黄鹿、野猪和牛。

这些体型不小的动物是怎么被带到岛上去的呢？民族学为考古学家提供了需要谨慎思考的参照，一个三四米长的木筏可载重150—200公斤，所以用一定数量的木筏运输也许就够了。更何况还有线索表明，人类可能使用了更庞大甚至配有帆的船只。事实上，考虑到与海岸的距离，即便纳吐夫文化末期的气候更加有利于航行，也很难想象用独木舟或木筏将成对的牛运出海。人类在这段航线上经常来往，所以应该配备了相当大的船只。这种频繁的交流既能从岛屿与大陆之间关系密切的文化现象看出，也能从另一种"搭乘"的动物——灰鼠身上得到印证。考虑到它们的生存条件，啮齿类动物在塞浦路斯岛上的成功移植，表明岛屿与大陆之间很可能存在一条集中的交通线路，而且人类会乘坐比较大的船只"偷渡"。

参考：最早的家猫（距今9500年）

距今12000年

塞浦路斯岛北边是土耳其，东边是叙利亚和黎巴嫩，与大陆之间的距离不到40公里，人类对它殖民只能依靠海上航行的能力

希拉松-塔奇蒂特的乌龟

在以色列发现的一位女萨满的墓葬和她举办宴飨的遗存,为我们打开了了解定居社会人们精神世界的窗口。

在南黎凡特地区,以定居和向农业生活方式的转变为标志,纳吐夫文化人群的社会-经济形态经历了深刻的变化。与此相应,以色列发现的罕见遗存表明,伴随这些变革,纳吐夫人群产生了观念和信仰的变化。

这个罕见发现是这样的。在加利利地区(Galilée)一个叫希拉松-塔奇蒂特(Hilazon Tachtit)的小洞穴里,考古学家发现了至少28座纳吐夫时期的墓葬。根据莱奥雷·格罗斯曼(Leore Grosman)和娜塔莉·蒙罗(Natalie Munro)2008年的描述,其中之一埋葬的是一名45岁的女性,她的骨架是变形的——尾骨和骶骨连接在一起,脊柱弯曲,为单人葬,周围放置了非常多的祭品,有50个乌龟壳(与其他小猎物和瞪羚相比,乌龟是纳吐夫人群大量消费的一种动物)、一条原牛的尾巴、一根野猪的骨头、鹰的翅膀、两个榉貂的头骨、一个非洲豹的骨盆,甚至人的一只脚!这么多的随葬品不禁让人猜想这名女性可能是一位萨满,拥有进入精神世界与神灵沟通的能力。

这项发现并非孤例。两年以后,研究者在这座墓旁边又发现了两个墓坑,同样发现了乌龟壳,不少于71个(这么多乌龟够35个人食用),还有三头原牛的遗存,证明当时的人在这位女萨满的葬礼上为她举办了规模惊人的宴飨仪式!

研究者认为,纳吐夫人群是最早使用萨满仪式的人群,这种萨满仪式在世界各地不同人群的精神世界中都居于核心地位。纳吐夫人群也组织节日的纪念活动,以便缓解压力、巩固成员之间的社会连接。这两个关键特征使我们可以更好地理解观念和信仰是如何伴随深刻的社会变革而发挥作用的。

参考:纳吐夫文化(距今14500年),铺给逝者的花床(距今12700年),泰尔阿斯瓦德的翻模复制人头(距今9500年)。

纳吐夫文化女萨满墓葬的复原图

加里曼丹岛，指甲怎么了？

学者在加里曼丹岛发现了丰富的岩画，其中有大量精心制作的阴文手印，它们具有独一无二的特征。

1988年，在对加里曼丹岛（由印度尼西亚管辖的部分）的调查过程中，法国洞穴探险家兼导演吕克-亨利·费奇（Luc-Henri Fage）在一个洞穴里发现了最早的用木炭画成的岩画。从1992年开始，他和民族考古学家让-米歇尔·查津（Jean-Michel Chazine）对这片处女地进行了考古调查，因为自然环境复杂，难以深入，最后经过15次考察才找到了以往不为人知的岩画。

这些岩画的年代可上溯到距今12000—10000年，典型特征是有大量的阴文手印。在这两位学者发现的35个洞穴中，一共有1938个手印，其他主题的绘画仅265个。它们具有与欧洲艺术品明显不同的特征。

这些手印有的连在一起，有的成双成对，有的进行了装饰，有的捆扎在一起组成了布满或几乎布满手印的画板，马斯里洞穴（Gua Masri）的墙壁上就有141个各不相同的手印，有些手印里面还用小的图示符号做了装饰。这种特征的手印在世界上可谓独一无二。

好几个洞穴的手印带有明显的指甲，通常是小手指的指甲伸出去。让·克洛特认为，这是岩画中的首次发现，很令人吃惊，同时也提出了问题，为什么有些指甲特别长？具有这种指甲的人难道不从事狩猎-采集者的常规工作吗？

2001年，学者在塔姆林洞穴（Gua Tamrin）发现了十几个手印，它们更加令人吃惊。这些手指似乎被"削尖"了，整体轮廓让人觉得更像动物的爪子而非人手。这些奇怪的手印创作于距地面5米的崖壁上，得益于远距离摄像头，它们才被发现。在苏拉威西附近的岛屿上还发现了一些"动物"爪印，这些阴文手印的轮廓被缩小了，而且通过去掉一个或几个手指，来表现它们之间在互相回应。

参考：手印，世界性的标志（距今36000年）

加里曼丹岛的塔姆林洞穴遗址，十几个手印的手指似乎被"削尖"了，轮廓更像动物的爪子而非人手

哥贝克力石阵,最早的庙宇?

土耳其哥贝克力石阵的建筑古迹被视为最早的神庙,不过学界对这个假设存有争议。

哥贝克力石阵(Göbekli Tepe)位于土耳其安纳托利亚高原东南,距离尚勒乌尔法(Sanliurfa)不远。遗址在一个人工堆积的小山上,上面可以见到1963年以来当地人在此活动的痕迹,直到1995年由克劳斯·施密特(Klaus Schmidt,1953—2014)主持,才开始正式考古发掘,发现了令人惊叹的建筑遗址。施密特在中间最古老的区域找到了人类建造的第一座庙宇,经测年为公元前第10千纪。

这些遗迹在地面上有4个圆环,2003年经过地磁探测,发现地下还埋藏了至少16座建筑结构。这些用当地石头垒砌而成的圆环直径最大可达20米。在圆环中心有两个巨大的T形石头,高5.5米,此外还有一些更小的T形石头。施密特认为,这些T形柱石代表特定的人物形象。柱石上雕刻了各种抽象的动物图案,有蛇、鸭、鹤、公牛、狐狸、狮子、野猪、母牛、蝎子和蚂蚁。

哥贝克力石阵令人费解之处在于,按照测年数据,它们是由既未驯化动物也未栽培植物的狩猎-采集人群建造的,但是这种建筑规模需要好几百人合作完成。正是基于这样的考虑,施密特认为,哥贝克力石阵建筑遗迹是当时人们举行宗教活动的场所,具有宗教革命的意义,这场革命与农业革命紧密相连。不过这个假设颇值得怀疑,主要是因为这里虽然发现了长久居住的遗迹,如工具、箭头、动物骨骼和炭化的木头,但并没有发现房子,也没有发现农业遗存。所以,在考古学家泰德·班宁(Ted Banning)看来,这些建筑古迹是居住场所,而不是拜神的地方。

哥贝克力石阵建筑古迹在公元前8000年可能经过人类有意埋藏而废弃。

参考:植物的驯化(距今10500年)

距今11500年

哥贝克力石阵建筑古迹是狩猎-采集人群的"宗教革命"建筑吗?

最早的金属

近东新石器化的过程中，人类学会了加工金属，特别是铜，逐渐发展成真正的冶金术。

人类最早加工的金属是地壳里的天然矿藏：金、铜和银。它们最初是在不加热的情况下经过石锤简单锻打而成，尽管工艺简单，却是人类制作复杂金属器的开始。

金子更容易加工，但人类对铜的加工更早，在近东新石器化过程中就以比较成熟的面貌出现了，比如伊朗阿里库什（Ali Kosh）和土耳其卡育奴遗址（Çayönü Tepesi）就发现了公元前第9千纪和公元前第7千纪的小型自然铜制品，如别针、珠子和锥子。

真正的冶金术，也就是通过热处理改变金属形态、用特殊技术从矿脉里提取金属以及合金，与"用火艺术"的发展密切相关，所以直到较晚即公元前7000年前后在制陶业发展的推动下才出现。距今8000年时，在卡育奴遗址生活的人类已经会在加工铜之前把它加热，只是温度较低，大约500度。在土耳其的恰塔尔胡尤克，公元前第7千纪的人类已经会用熔化的铜制作一些小型物品。在公元前第6千纪，仍在土耳其，人类将矿石还原后制作了大量武器。这项技术随后传播到美索不达米亚、高加索和欧洲东南地区。欧洲最早的冶金术可能是在公元前第5千纪后半叶从不同地区如欧洲中东部、黑海到亚得里亚海的文化中独立发展出来的。

冶铜术后来被运用到金银器的生产中。最著名的金器是在保加利亚瓦尔纳（Varna）墓地里发现的，距今6500年。冶铁业直到公元前1500年才在安纳托利亚和伊朗出现，不过埃及格泽（Gerzeh）发现的距今5300年的装饰品，表明陨铁很早就被史前人开发了。

参考：瓦尔纳的金器（距今6600年），铜石并用时代（距今6500年），青铜时代（距今3800年）

距今11000年

由扁平晶体构成、长在干枯树枝上的自然铜，发现于美国亚利桑那州的雷矿（Ray Mine）

杰里科塔

发现于约旦河西岸、高8.5米的杰里科塔,大约距今11000年,是世界上最古老的建筑之一,关于它的功能至今众说纷纭。

位于约旦河谷的杰里科古城——杰里科土丘从距今第10千纪就有人居住,是世界上最古老也是海拔最低的,在海平面以下258米。这里的自然资源良好而稳定,肥沃的河流区域使狩猎-采集者可以富足地生存。

2.5公顷的遗址经过考古发掘,发现了至少23个文化层,最早可上溯到纳吐夫文化时期,最晚直到青铜时代中期之末。基于该遗址的发现,学者定义了前陶新石器时代A期(PPNA),标志着近东新石器时代的开始。

作为世界上最古老的大型居址,杰里科土丘内最早的遗迹是高3.6米且将城市包围的巨大石墙(可能是为了保护城市免受水灾),以及一座高8.5米的塔,年代为公元前9000年。这座塔发现于1952年,内有高22级的石头台阶,一直吸引着科学家的注意。2008年,两位以色列学者〔罗伊·利朗(Roy Liran)和拉恩·巴尔卡伊(Ran Barkai)。——译者注〕提出了"宇宙标记"的假设,认为在夏至这一天,当太阳落山时,夸伦多(Qarantal)山的阴影分毫不差地落在杰里科塔上,逐渐将它罩住,最后覆盖整个村子。

2011年,这两位学者以这个新石器时代村庄的模型和环境模拟了6月21日太阳照射的过程,进一步论证了假设。他们认为这是人类最早的"摩天大楼",比该地区农业出现的时间早,所以是世界上最早的公共建筑。这座高耸的建筑花了十多年才建成,从中诞生了拥有权力且控制胆小人群的管理者,也帮助管理者成功说服了这些人采用集体统一的生活方式。

杰里科塔和城墙也发挥了地理标记的作用,向外界宣扬了村庄的富裕和强大。

参考:村庄(距今14500年)

令人惊叹的杰里科塔,它的实际功能充满争议

植物的驯化

距今10000年,近东的史前人类开始驯化栽培野生谷物,这个驯化过程持续了一千多年。

史前人类消费过大量从大自然采摘而来的植物,根据以色列奥哈罗 II 号遗址的发现,采摘行为至少可以上溯到距今23000年。然后,他们开始在田野里播种、收割野生植物,通过人工选择逐渐驯化它们。

近东大量遗址出土了可供碳-14测年的植物遗存,这样考古学家就可以确定每种植物是何时被驯化的,并根据植物特征来判断它们是野生的还是被驯化的。具体来说,研究者在显微镜下检查穗轴就可以知道"落粒层"(支撑穗上的谷粒连在一起的物质)是否变强韧了,它意味着野生植物是否丧失了成熟后种子自然落地的特性。

这些遗存表明,"驯化前的农业"在至少距今11500年就开始了,到10500年前出现了最早的真正被驯化谷物的形态,如单粒小麦、二粒小麦、大麦、黑麦,所以这个过程持续了至少一千年,比我们想象的要长得多。另外,栽培谷物和野生谷物共存的时间更长,因为人群在栽培的同时继续采摘,而且虽然收割时掉在地上的谷粒在后面很多年里继续生长,但其特征又达不到栽培农业的要求,所以无疑减缓了植物驯化的发展。

这种驯化过程在黎凡特、安纳托利亚中部、伊朗扎格罗斯(Zagros)以至塞浦路斯是几乎同时、独立发生的。近东也不是新石器时代农业革命的唯一起源地,比如墨西哥人驯化了玉米、菜豆和棉花(距今9000年),中国人驯化了水稻、黍和大豆(距今8500—6000年),新几内亚的人驯化了芋头,安第斯山的人驯化了藜麦,密西西比河流域的人驯化了向日葵……最后,在世界有些地区如热带森林,以植物园林为基础的社会发展出了另一种模式,即园艺生产。

参考:农业产生前,从种粒到磨粉(距今23000年);动物的驯化(距今10500年)

距今10500年

这是瑞典距今4000年新石器时代房屋内的复原场景,有石臼和正在加工的小麦和榛子

动物的驯化

考古学和遗传学让我们对动物饲养在近东诞生的地点、时间和背景有了更新的认识。

最近15年的考古发现令我们开始重新思考审视这个问题：人类是如何将某些动物产品如羊肉、羊皮、猪肉、牛肉的再生产控制在自己手中的？有证据表明，这几种动物最早从野山羊（*Capra aegagrus*）、东方盘羊（*Ovis orientalis*）、野猪（*Sus scrofa*）和原牛（*Bos primigenius*）被驯化的时间几乎是同时的，比我们预想的还要早一点，应该在距今10500年。

这些变革发生在近东广泛的区域内，范围之广，超出我们的想象，从安纳托利亚中部到伊朗高原自西向东直到西奈沙漠以南，这表明拥有相同文化基础的人曾经四处迁移。这些创新也在其他地方的不同时间发生，比如从西南亚到意大利就曾有五个驯化猪的中心地点。

动物驯化是一个逐渐的、复杂的过程，因为在严格意义上的饲养之前，还存在从野生到圈养、不断被控制的中间形态。幸运的是，越来越进步的分析方法使考古学家得以辨识出动物骨骼上留下的驯化痕迹，比如骨架的改变、雌雄形态差异的缩小、死亡年龄等。学者在土耳其东部和叙利亚北部的很多重要遗址发现，东方盘羊和山羊的身高在公元前第9千纪前半叶突然大幅度缩减，表明以村庄为居住单位的社会有意识地从内部干预了这些动物的生长过程，他们也完全转变成农牧人群。遗传学的进展也带来了新发现，2012年，对牛的古DNA分析揭示，现生母牛是从80头原牛构成的小规模牛群演化而来的！

参考：人类最老的朋友（距今33000年），植物的驯化（距今10500年），畜养奶牛（距今10000年），最早的家猫（距今9500年），马的驯化（距今5500年）

距今10500年

东方盘羊，属于野生羊的一种，绵羊就是从它驯化而来的

比莫贝卡特石窟

印度中央邦的比莫贝卡特石窟发现了大量装饰精美的岩画,最古老的可以上溯到中石器时代。

印度中央邦有100多处遗址发现了岩画,极为丰富,按照传统分为三个大的阶段:历史时期,公元300—800年,以战争场面为标志;再往前,原史时期,公元前2500—公元300年,是农业活动占主导的时期;再往前,中石器时代,公元前大约10000年或公元前8000—前2500年。在最古老的岩画中,最多的主题是狩猎和舞蹈场面。这些岩画与我们熟知的欧洲艺术极为不同,人类形象占多数,动物种类也更多样,有孔雀、野牛、老虎、狮子、野猪、大象、羚羊、狗、蜥蜴等。在这些岩画中,人经常佩带弓和有倒刺的箭、携带长矛或标枪,要么在狩猎野兽,要么被野兽攻击。

在印度中央邦博帕尔(Bhopal)南部的温迪亚(Vindhya)山脚下,类似壁画被刻在巨大砂岩上,随处可见,构成比莫贝卡特(Bhimbetka,名字源于《摩诃婆罗多》史诗中名叫"比马"的英雄)石窟壁画群。这是目前所知岩画最丰富、最集中分布的遗址之一,1957年被印度考古学家维什努·什里达尔·瓦坎卡尔(Vishnu Shridhar Wakankar)偶然发现。它包括600多个岩厦,可以分成5个不同的组,仅比莫贝卡特就拥有243个岩厦。

从1972年到1977年,考古学家发现了从阿舍利晚期到中石器时代晚期连续的石器序列,但这些地表采集的石制品与壁画之间的关联并不确定,所以壁画的绝对年代无法界定,其中最古老的似乎能到中石器时代。它们主要是用红色和白色颜料画的,极少数是绿色和黄色的。

比莫贝卡特石窟壁画群于2003年被列入世界文化遗产名录,其中部分对公众开放。

距今10000年

印度比莫贝卡特石窟由大量岩厦组成,是世界上岩画最丰富、最集中分布的遗址之一

撒哈拉沙漠，世界最大的博物馆

撒哈拉沙漠里无数绘画和雕刻艺术使它成为世界上最大的露天博物馆，见证了一段完整的历史。

在巨大的撒哈拉沙漠里，参观者一定会被刻在石壁上的大象、鱼、鳄鱼、河马或水牛惊到，因为这里现在几乎找不到水生动物的踪影。这些岩画不禁让人想到，撒哈拉只是一个间歇性的沙漠，其中某些干旱区也曾是满布绿色、可供人类富足生活的绿洲。

撒哈拉沙漠发现的史前人类遗存相当丰富，有陶器、磨盘、石器和墓葬遗迹等，岩画无疑是最令人惊叹的。它们主要分布在高山区，如阿尔及利亚的塔西里、霍加尔高原和阿德拉尔（Addrar）高原（阿尔及利亚和马里）、阿特拉斯（Atlas）山脉（阿尔及利亚和摩洛哥）、尼日尔的阿伊尔（Air）高地、乍得提贝斯提高原和恩内迪（Ennedi）高原、利比亚费赞地区（Fezzan）和阿卡库斯山（Acacus）以及埃及与苏丹之间的杰贝勒-乌维纳特山（Djebel Uweinat）。

传统学者基于动物形象、按照动物表现的生态气候和社会文化差异建立了岩画的风格演化序列：古老期，即"水牛期"，是狩猎人群捕猎并表现大型水牛的时期；"圆头期"，人头通常表现为圆形；牧牛期，牛被驯化的时期；原史期，分为引进马的时期和引进骆驼的时期。

这些岩画的研究者让-洛伊克·勒·克利奇认为，随着研究的推进和可识别动物种类的增加、新的测年数据出现、每年发现几十个遗址以及关于驯化牛或古气候的新资料的积累，应对原有分类进行修改。具体而言，表现圆头人的"古典期"绘画风格（最古老的岩画）直到公元前8000年才出现，而且某些定义如"水牛期""牧牛期"最好弃而不用，因为并不具有表达风格的含义。

参考：跨越海洋和河流（距今12万年），夸尔塔的岩画（距今18000年），尼日尔的长颈鹿（距今9000年），"伟大的神"和"火星人"（距今9000年）

距今10000年

利比亚发现的动物岩画。这头大象不禁让人想到，撒哈拉沙漠并非一直是不利于人类生存的严酷环境

屠杀野牛

位于美国科罗拉多州的奥尔森-丘巴克遗址出土了近200头野牛的骨架，这些野牛被古印第安狩猎者诱入一个自然形成的致命陷阱，全部死亡。

曾经占据北美洲大平原和落基山脉各处的古印第安人无疑是野牛狩猎者，这里的好几个遗址出土了他们大规模集体狩猎的壮观遗存。狩猎在当时应该是很重要的社会事件，也是获取食物和原材料的重要途径。

位于美国科罗拉多州东部的奥尔森-丘巴克（Olsen-Chubbuck）遗址出土了距今10000—8500年被猎杀的近200头野牛的骨骼遗存，场面令人震惊。该遗址得名于它的发现者——两位年轻的考古爱好者杰拉德·丘巴克（Gerald Chubbuck）和西古德·奥尔森（Sigurd Olsen），他们清理出了第一批骨骼，随后人类学家乔·本·威特（Joe Ben Wheat）在1958—1960年对遗址进行了发掘。在50多米的范围内，他们发现了16头小牛（说明屠杀发生在5—7月初）、65头幼崽，还有46头成年公牛和63头雌性的福尔松野牛（*Bison occidentalis*）。

这些骨骼数量庞大、相互叠压堆砌在一起。它们的伤口暗示，狩猎者是徒步进行捕猎的。因为野牛是一种喜欢成群结队的动物，往往50—300头组成群体一起移动，在移动过程中，它们的视力范围有限，这样狩猎者就能最大限度地靠近它们、吓唬它们。受惊的野牛群蜂拥着扑向一条狭窄深邃的季节性河流，此时最前面的牛已经停不下来了，它们被后面的牛推着前进，跌落摔死，再被后面的牛踩踏。同时发现的27个投射尖状器表明，狩猎者只对后面的野牛给了最后一击。

奥尔森-丘巴克遗址的奇怪之处在于，有些野牛埋在同类之下很深的地方，人类是不可能吃到它们的肉的，这是我们在别的遗址没见过的一种浪费现象。据估计，被深埋的野牛可以提供25000公斤肉，足以养活一个150人的部落！

参考：带上标枪去狩猎（距今30万年），野牛（距今13万年），跨越白令海峡（距今22000年），克洛维斯文化（距今13500年）

古印第安人擅长大规模集体狩猎野牛

畜养奶牛

很多线索证明，最早的"牲畜饲养员"很早就知道利用动物的奶，后来发展成一种工业，在欧洲新石器化过程中逐渐普及。

最早的"牲畜饲养员"并不满足于以"初级"方式仅仅消费动物的肉。越来越多的观察表明，以"次级"需要为目的的生产（牵引、皮毛和奶）最早在10000多年前的近东、伴随有蹄类动物的驯化就出现了。奶制品的生产可能就是这些重要创新中的一个。

动物骨骼遗存可以透露部分"产乳动物养殖"的信息，尤其是动物被屠宰时的年龄，因为饲养员为了维持动物奶的分泌会屠宰掉部分幼崽。这些分析显示，产奶量小的绵羊和山羊可能是在最早的驯化动物出现几个世纪之后才被用来生产比较特殊的奶制品的。在牛群中，被屠宰时的年龄峰值集中在6—9个月，说明这些小牛曾被有意识地留养一段时间以便刺激母牛分泌乳汁。

陶片也透露出这种珍贵、易于运输和储存（以奶酪的形态更易储存，还可以降低史前人不耐受的乳糖含量）的食物资源是从何时开始生产的。学者从陶片上检测出动物脂肪残留，进一步区分出它们是奶和还是肉。对来自23个遗址的2200多个陶片做的大量分析显示，近东人类从公元前第7千纪后半叶开始开发动物奶，比我们预想的早得多，而且地点全部集中在安纳托利亚西北马尔马拉海（Marmara）周围。从这里出发，"产乳动物养殖"工业沿着新石器化的两条线路——地中海线和多瑙河线在公元前第6千纪开始时扩散到欧洲中部、意大利中部，然后到达大不列颠岛，最后在公元前第4千纪开始时扩散到了斯堪的纳维亚。

参考：新石器时代（距今12000年），动物的驯化（距今10500年）

阿尔及利亚撒哈拉沙漠地区塔西里-恩-安杰尔遗址中人和家牛的岩画

恰塔尔胡尤克

> 著名的新石器时代城市遗址恰塔尔胡尤克，位于土耳其，记录了近东狩猎–采集者在走向定居的两千年内别具特色的城市生活。

恰塔尔胡尤克城于公元前7500年建造在安纳托利亚中部的科尼亚（Konya）平原上，沿用了两千年，是世界上最古老的大型居址。该遗址坐落于人造小山丘（Höyük，土耳其语"胡尤克"，意为"土冢"）上，被卡桑巴河（Çarşamba）分为两半，面积13公顷，是近东地区最大的新石器时代城市之一。从20世纪60年代初开始，英国考古学家詹姆斯·梅拉特（James Mellaart）主持对该遗址发掘，很快发现了100多座房子。

恰塔尔胡尤克是一座真正的城市，但没有街道。房屋土坯由生土砖和太阳晒干的麦秆混合而成，房子一个挨一个，像密集整合在一起的蜂窝，中间被小水道分隔。房门开在房顶——这里也是公共空间，居民需要梯子才能进入屋内。所有房子的修筑模式都一样，居住和墓葬的空间都非常有限。房子大多有装饰，包括狩猎场景、几何形图案和仿照牛头骨做的雕像或秃鹫的喙。由于房子都是原地推倒重建，所以最后的遗迹形成20多米的地层，其中18个不同层位非常清楚地展现了房子翻新的过程。在最深处，有些高墙上被切出了一道沟槽，表明有些房子在距今7500年时已经盖有第二层了。此外，遗址出土了最早的产乳动物养殖的证据，年代是公元前6600年，家畜驯化的证据在公元前6200年，并不比植物驯化早多少。

从1995年开始，在恰塔尔胡尤克研究计划的框架设计下，伊恩·霍德（Ian Hodder）开始主持该遗址的发掘，继续探索这里巨厚的地层。发掘显示，这个城市空间的独特之处在于既没有公共建筑也没有确定的社区空间。在发展到顶峰的时候，该城市可能容纳了至少8000人。作为世界上经过发掘的最大的新石器时代遗址，恰塔尔胡尤克在2012年被列入世界文化遗产名录。

参考：村庄（距今14500年），豹子与女人（距今8000年）

距今9500年

作为当今世界上最大的新石器时代遗址，恰塔尔胡尤克独一无二的城市空间在巅峰时期容纳了至少8000人

泰尔阿斯瓦德的翻模复制人头

叙利亚泰尔阿斯瓦德遗址出土了几个经过工艺处理、用于特殊丧葬活动的头骨，它们非常漂亮，像谜一样，令人捉摸不透。

泰尔阿斯瓦德（Tell Aswad）考古遗址位于叙利亚大马士革附近，1967年由法国考古学家亨利·德·孔唐松（Henri de Contenson）发现。它从前陶新石器时代B期（PPNB）的早期（距今8700年）开始被人类占据，延续了一千年。2001—2006年，在达尼埃尔·斯托德（Danielle Stordeur）的主持下，法－叙合作团队开展了深入的发掘，弄清了遗址的地层堆积序列。

除了建筑上的创新，比如发明生土砖以外，特殊丧葬行为最引人注目。当时的居民先把死者（如婴儿、儿童）埋在离他们实际居住的房子很近、目之所及的地方，在居住的房屋废弃之前，他们把死者重新组合埋到居住区以外的专门集体墓葬区。在这个墓葬区出现了一种处理死者尸骨的特殊方式，即对头骨的翻模复制。这种方式我们只在黎凡特南部如杰里科的7个大致同期的遗址中看到过，其他地方没有发现。

具体做法是，先提取死者的头骨，清理干净，然后在头骨上直接覆盖几层土、石灰或研磨的方解石、灰浆和颜料，翻模复制出一个新的人脸。遗址共出土了9个翻模复制的头骨，它们被放置在专门挖的凹坑中，这些凹坑位于两个前后相继的居住区内，测年为前陶新石器时代B期（PPNB）中期之末（公元前8200—前7500年）或晚期之初。这些翻模头骨的死者性别不得而知。

虽然每个翻模的头骨都不一样，但它们并非反映死者真实面貌的面具，因为这些脸孔上的眼睛是闭着的，带有强烈的写实主义风格，有的非常漂亮，安详宁静，表达了一种谜样的特殊感情。它们那细致的线条、挺直的鼻子、突出的颧骨，无疑与10000年前的人还是很像的。

参考：铺给逝者的花床（距今12700年），希拉松－塔奇蒂特的乌龟（距今12000年），杰里科塔（距今11000年）

距今9500年

头骨翻模复制，是黎凡特新石器时代人群具有的一种特殊丧葬习惯

希吉尔木雕人像

在乌拉尔河流域发现的中石器时代似人形雕像,用落叶松木打制而成,是最古老的木质雕像。

"希吉尔(Shigir)木雕人像"是一个似人形的木质雕像,1890年1月发现于俄罗斯基洛夫格勒(Kirovgrad)附近的一个露天矿藏里,经测年,其年代约为距今9500年,可能是目前所知最古老的木质雕像。

这个雕像上一共装饰有7张脸,其中6张在身体上,大小一样。脸部线条以三维表现方式为主,它有挺直的鼻子、高耸的颧骨,艺术家在打制这根至少159岁的落叶松的树干时,也许正好模仿了自己的样子。雕像被发现时是好几个碎块,拼合修复之后高2.8米,不过它原来应该有5.3米,缺失的部分在20世纪俄国的政治事件中丢失了。

雕像上装饰了不同图案,可能是用一种石质"铲刀"在木头上刻成的,令研究者赶到困惑。负责该雕像研究的叶卡捷琳堡博物馆馆长斯韦特兰娜·萨夫琴科(Svetlana Savchenko)认为,它们是一种用"编码"的语言构成的象征符号,使集体知识可以在一代又一代人中流传。那么这座雕像是中石器时代的人群使用的地图吗?可能是,那些覆盖在表面的线条、箭头和弧线极有可能提供了关于方向、经过某条线路的时间和对地形如河流、山丘、沟壑的标记。不过对这些符号的解释仍需谨慎。同样,雕像上不同人脸的叠加表明它们之间是存在等级的,不同人的不同侧面都提醒我们需要继续深入研究才能解释清楚它们的含义。

希吉尔木雕人像现在存放于俄罗斯叶卡捷琳堡斯维尔德洛夫斯克历史博物馆的玻璃柜子中。德国实验室从它的碎片中提取样本进行了新的测年,最终有望验证并确定它的真实年代。

距今9500年

希吉尔木雕人像用中石器时代一根落叶松的树干打制而成,高达5米

最早的家猫

塞浦路斯希洛隆博斯发现了一个男人和一只猫合葬的墓葬,表明在公元前第8千纪,猫已经开始被驯化了。

以往学界一直认为,猫是在公元前第2千纪之初在埃及被驯化的,但是塞浦路斯的希洛隆博斯(Shillourokambos)遗址发现的一个公元前7500—前7000年的墓葬打破了这一定论。

新石器时代,人们迁徙到这个岛上时,带来了一些可供食用的、岛上之前不存在的动物,其中就有猫。但这个墓葬表明,猫肯定不只是被人类捕猎以便吃肉或获取皮毛的小型食肉动物。从墓里的随葬品判断,这位30多岁的男人可能拥有一定的社会地位,一只8个月大且长得较壮实的猫面对着他,被放置在一个人为挖成的小坑里。考古学家们认为,毫无疑问,这个男人和猫一定有着特殊关系。

探讨猫的驯化是比较困难的,因为与驯化有关的骨架形态变化在猫身上很微弱,至少驯化过程要在骨骼上产生较为明显的变化才能作为证据,但实际上看不出来,所以学者根据这个墓葬的发现提出了一个假设。随着公元前12000年黎凡特地区的人群开始进入定居生活,人类开始储存植物食物,这也吸引了一些共栖动物尤其是家鼠(小家鼠)的到来。塞浦路斯发现的公元前第9千纪的老鼠骨骼遗存表明,迁徙到这个岛上的移民很早就把老鼠也带过来了,尽管并非出于主观意愿。猫为了捕食啮齿类动物经常光顾人类的住处,就这样在某种程度上被"自动驯化"了。2014年,这一假设在中国的一个村庄——陕西华县泉护村遗址得到了证实。该遗址的考古发现表明,在距今5300年,老鼠是猫很稳定的食物来源。2007年,一项遗传学研究证明,近东的家养猫起源于非洲的一种野猫(*Felis silvestris lybica*)。

参考:人类最老的朋友(距今33000年)

(上)塞浦路斯希洛隆博斯遗址发现的男人与猫的合葬墓
(右)成年的非洲野猫

玉米驯化之谜

美洲是栽培玉米的故乡。玉米的驯化在美洲文明对世界的诸多贡献中居于首位。但是，它的驯化过程一直是个不解之谜。

今天，科学界一致认为，玉米起源于墨西哥特定的海拔地区生长的一种禾本科植物——玉蜀黍属植物。奇怪的是，其他谷物的野生祖先都与驯化的后代很相似，但玉蜀黍属植物与玉米的物理特征却极为不同。玉蜀黍属分支众多，穗轴上一些极小的谷粒是不能吃的，营养价值极低，而玉米有一个中心的茎秆，穗轴上结的玉米粒数量更多、颗粒更大，且没有保护壳，如果没有人为的干预，它们不能自动落粒，也就是不能自发散播谷粒了。

美国国家自然历史博物馆德多洛雷斯·皮佩尔诺（Dolores Piperno）的植物考古团队在墨西哥中部巴尔萨斯河谷盆地中发现了最古老的驯化玉米的证据。他们分析了在工具上提取的植硅体和淀粉粒，结果显示在距今8700年，墨西哥的农民已经利用玉蜀黍属植物的茎秆和很小的穗轴来酿造一种发酵饮料了。

为什么墨西哥南部的史前人类在开发了仙人掌、龙舌兰、橡子、南瓜、辣椒、葫芦，还有一种不同于非洲驯化的黍的叶子和果实后，要转向玉蜀黍属这种产量很低的植物呢？

这个问题的关键可能与中美洲在冰期结束即距今大约11000年的气候有关。研究者通过温室种植玉蜀黍属植物并控制温度和CO_2浓度，证实了与现生野生玉蜀黍属植物相比，史前的玉蜀黍属作物可能与今天的玉米更相似，所以它的采摘和消费利用可能比今天更容易，这种特性使墨西哥最早的农民对它产生了浓厚兴趣。

参考：植物的驯化（距今10500年）

墨西哥瓦哈卡州种植的各种玉米

尼日尔的长颈鹿

要说起非洲岩画中的艺术珍品，尼日尔达布斯遗址的长颈鹿绝对榜上有名。

尽管不为人所熟知，但这些岩画作品的规模和精美程度令人震惊。

非洲大陆的岩画有1000多万幅，其中最著名的是撒哈拉沙漠中的绘画和雕刻艺术品以及纳米比亚的阿波罗（Apollo）11号洞穴发现的最古老的距今27000年的动物形象绘画。

这种艺术在尼日尔的阿伊尔高地也有发现，这里的大量石头都刻有图案。达布斯（Dabous）遗址的巨石在周围数公里外就能看见。该遗址的雕刻作品有几百幅，绝大部分是牛的形象，还有鸵鸟、狮子和瞪羚，虽然长颈鹿形象只占17%，但它们是尺寸最大的。甚至通过自然通道到达巨石高处后，还能看到与真实长颈鹿等大的图案，它们仰头向天，非常壮观。它们身体的轮廓刻得很深，而轮廓内部的石头被磨光后刻满了长颈鹿特有的斑纹。最大的从头到后蹄末端共长6.35米，表现的是一头雄鹿，后面跟着一头比它略小的雌鹿。

这些距今10000—8000年的图案有什么重要意义呢？长颈鹿图案在石头顶部，人们必须爬上去才能看到，这可能给它们赋予了一层神圣色彩，使这个地方成为仪式性活动的场所。由于体型硕大，长颈鹿可能是新石器时代具有象征意义的动物。也许是和天沟通、带来雨露的动物？或者具有神话意义？它们口中"生出"一根绳子与一个简笔画的人形相连，是不是说明它们与人有象征层面上的关联？或者表达了人们对它们的驯化过程？

由于该地区的武装冲突，现在无法看到这些杰出的艺术作品，不过幸运的是，在考古学家让·克洛特和布拉德肖（Bradshaw）基金会的倡议下，人们按照原作制作了5个模型，其中2个分别在《国家地理》（*National Geographic*）华盛顿总部和尼日尔阿加德兹（Agadez）机场展出。

参考：夸尔塔的岩画（距今18000年）；撒哈拉沙漠，世界最大的博物馆（距今10000年）；"伟大的神"和"火星人"（距今9000年）

尼日尔达布斯遗址石头上的长颈鹿图案，与真的长颈鹿等大

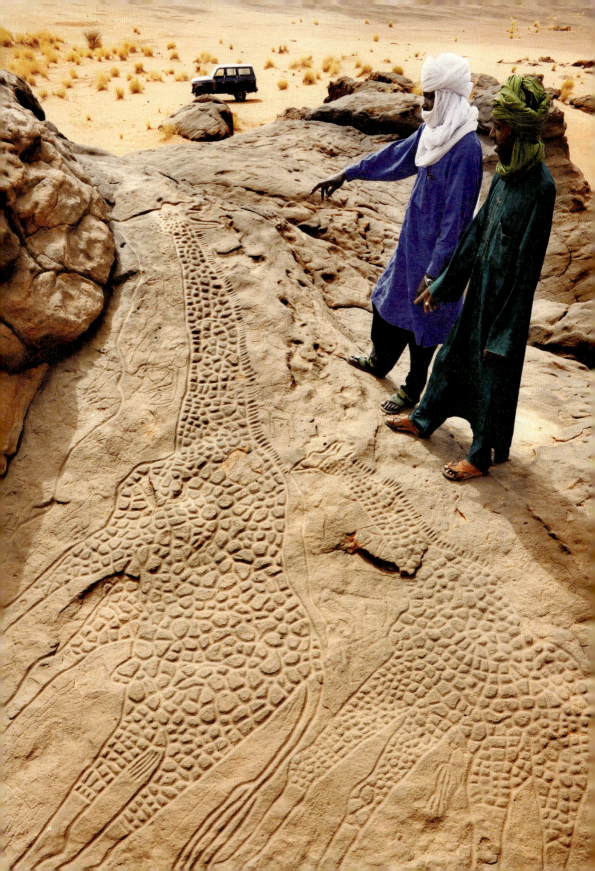

梅赫尔格尔，原始城市

早在印度河流域的城市兴起之前，巴基斯坦梅赫尔格尔就出现了最早的固定居址、农业活动和南亚风格的陶器，延续了四千多年。

位于巴基斯坦俾路支省（Baloutchistan）的山脉中间、靠近阿富汗边境的博兰山口（la passe du Bolan）是个中枢点，通过这里既可以从一侧沿着印度河谷进入印度次大陆，也可以从另一侧进入中亚和高加索。公元前7000年，正是在这个十字路口诞生了梅赫尔格尔（Mehrgarh）。它起初是一个大型居址，然后发展成将东西方分开的原始城市，公元前7000—前2600年，人类在此连续居住了四千多年。

梅赫尔格尔遗址是法国考古学家让-弗朗索瓦·雅里热（Jean-François Jarrige，1940—2014）在一个废墟下面发现的。1975—1985年和1996—2000年，前后进行的11次考古发掘证实，它是研究涉及巴基斯坦、伊朗东部、阿富汗、中亚和印度这广袤地区最早的新石器时代人类活动的关键。连续居住使人类活动范围达到250多公顷，其中最古老的前陶新石器时代遗址是该地区最早的定居点。在亚洲区域，新石器化的过程似乎与黎凡特不同，它首先发生在山上，而且牛发挥了更为重要的作用，主要原因是印度河盆地在喜马拉雅冰川融化后很长时间都是沼泽，不具备新石器化的条件，以至于该流域直到较晚时期即公元前2500—前2000年才出现大城市。

梅赫尔格尔遗址出土了丰富且规则排列的房屋、手工业和家庭活动区以及墓地，还出土了南亚最早的农业遗存如小麦、大麦，以及该地区最早的陶器和旧大陆最早的棉花。这些由于矿化作用而保存下来的棉花纺织纤维是在一个墓里的铜珠上发现的，时间为公元前第6千纪前的新石器时代。

参考：绳纹时代（距今17000年），中国的新石器文化（距今9000年）

这是1839—1842年，第一次英国-阿富汗战争时期的博兰山口。这里是重要的十字路口，公元前7000年建造的梅赫尔格尔城市就在它附近

"伟大的神"和"火星人"

撒哈拉采集社会的人群留下了圆头人形的岩画,其中有些图案似乎完全是他们想象出来的。

在撒哈拉沙漠中部、阿尔及利亚东南,塔西里-恩-安杰尔遗址保存了几千幅特殊风格的岩画。它们叫"圆头"岩画,即所画人物形象的帽子或头部呈圆形。

创作这些绘画的采集人群对动物似乎没有兴趣,野生绵羊、羚羊在岩画中极少出现。绘画主题的四分之三都是人形图案,并不表现细节,像浮在石头上一样。有的形象肯定是人,因为这些"圆头"在从事各种形式的艺术活动,如跳舞、奏乐或做面具;而有一些是想象出来的奇怪形象;还有一些与潜水员相似,被法国考古学家亨利·洛特(Henri Lhote,1903—1991)命名为"火星人"。塞法尔(Séfar)地点发现的"伟大的神",是"圆头"风格岩画中最著名的作品之一。这个高3米的人像绘在一整面崖壁上,两腿中间有一个类似口袋的东西(缠腰布、生殖器保护布,还有巨大的生殖器),头上竖着几个角。一些羚羊(其中一只怀孕,红色)和一个躺着的腹部隆起的女性,明显与祈求多产多育的仪式活动有关。

这些精美岩画的年代以前不得而知,最近才有了突破,只是没有预想的那么古老。2012年,一个法国-阿尔及利亚研究团队找到了艺术家绘制"圆头"画时踩踏过的地面(竟然比现在的地面更高),提取了一些土壤,用光释光方法进行了测年。结果表明,这个地面的年代是距今10000年或9000年,那么"圆头"岩画应该更晚一些。

参考:跨越海洋和河流(距今12万年);夸尔塔的岩画(距今18000年);撒哈拉沙漠,世界最大的博物馆(距今10000年);尼日尔的长颈鹿(距今9000年)

距今9000年

塞法尔岩画"伟大的神",高3米,是"圆头"风格岩画中最著名的作品之一

新病来袭

病菌大幅度增加，新石器时代人类的生活方式发生了深刻变化。

随着定居生活的稳定、农业生产和动物饲养工作的开展，流行性、遗传性和退行性疾病以及劳损或营养不良造成的疾病成了新石器时代农民日常生活中的正常现象。

在叙利亚北部阿布胡雷拉（Abu Hureyra）遗址出土的162具骨架为我们研究人类在向农业经济过渡时健康状况的变化提供了材料。这些骨骼上留下了不少与健康有关的痕迹，如颈椎尤其是年轻人的颈椎上面有头顶大量重物产生的痕迹，有的是外伤，还有长期跪在地上打桩或研磨谷物所导致的膝盖磨损和骨骼变形，还有食用谷物导致的龋齿和牙齿破碎或牙釉质磨损……

人类和牲畜感染了一些新的疾病，如遗传性疾病和流行病。今天几乎所有流行病都源于病菌突变，这些病菌曾经造成新石器时代5种主要的家养动物感染。有些传染病在骨骼上留下了痕迹，如结核结节或结核留下了瘰疬或传染性风湿病的痕迹，不过比较罕见。新石器时代集体墓葬及居住点的出现反映了因流行病导致的死亡率增加，抵消了出生率的增长。

作为应对，新石器时代的人类尝试了一些新的疗法，其中最令人吃惊的是对头部的手术——环钻穿颅术。2005年，学者在巴黎附近的布希尔斯-布兰科特（Buthiers-Boulancourt）发现了一个距今约7000年的骨架，上面的痕迹显示当时的人已经会做截肢手术了。在巴基斯坦梅赫尔格尔墓地里发现的4000颗牙齿上，学者发现11颗上面有用小石器或骨器挖的小洞，反映出距今9000年时，人类已经会对牙齿进行治疗了。当然，我们很难想象这些患者经历的痛苦！

参考：创伤和肿痛（距今50万年），穿颅术（距今8500年），新石器时代的人口（距今6000年）

这是撒哈拉沙漠塔西里-恩-安杰尔遗址发现的人和牲畜的岩画，展示了一种新的生活方式，但是人和动物混杂的环境也造成了新疾病的传播

捕 鲸

韩国盘龟台遗址的岩画是新石器时代狩猎者真实生活的报告,也是目前已知最古老的捕鲸记载。

从1970年开始,韩国发现了30多个岩画遗址,这些岩画主要表现狩猎或捕鱼的场面,最壮观的位于南部蔚山(Ulsan)地区的盘龟台(Bangudae,韩语意为"乌龟之谷")。河谷有一面与太和江(Taehwa)垂直的崖壁,壁上刻了300多幅岩画,年代为距今9000—8000年。

在一整块长10米、宽4米的石头上,史前人类创作了大量动物岩画,细节清晰,可以分辨它们的种类和姿态。崖壁上表现了海洋动物如鲸、海龟、海豹和鱼,河流从这面崖壁左边流向海洋;崖壁右边表现的是其他动物,有鹿、老虎、豹子、狼、狐狸、野猪和鸟。还有人像,他们高举双臂、吹奏乐器、带弓狩猎,还有一幅是人们带着渔网和鱼叉坐在可承载17人的曲线形船里捕鱼。

鲸在动物主题里所占比例很高,大约达到20%,尺寸也是最大的,最长的80厘米。我们从中分辨出北太平洋的露脊鲸、灰鲸、座头鲸和抹香鲸。画面以水手俯视角度展示,艺术家细心地表现了鲸的行为细节,比如一头母鲸伴随着一头小鲸,一些鲸跃出水面,非常生动。几头正在喷水的鲸相互连接,刻在崖壁不同的高度,似乎是在表现鲸的移动。头和身子与上述画面相反的鲸可能是死亡的鲸,因为它们身上可以看到切割痕迹。

这些岩画反映了不同时间的捕鲸场景,也成了反映新石器时代捕鲸人生活独一无二的图像"报告"。最近蔚山地区细竹里(Sejukri)遗址发现了一个被鱼叉叉中的鲸的脊椎,时间与岩画相当,证实捕鲸活动在该地区的确存在过。

参考:带上标枪去狩猎(距今30万年);尼安德特人,猛犸象狩猎者?(距今25万年);屠杀野牛(距今10000年)

韩国盘龟台遗址崖壁上的捕鲸场面

中国的新石器文化

与近东相似,中国新石器时代的开始也是个谜,主要标志是人类开始在中国的"两大河流域"对两种谷物的驯化。

中国从很早就开始向新石器时代过渡,这个谜团远未解开,因为多样化的气候催生了各种人类文化适应模式,它们相互关联,形成了极为复杂的过程。它有两大河流盆地,一是北方的黄河,二是南方的长江,两个流域诞生了不同的农业模式,农业化过程总体一致,局部有所重叠。北方黄河流域伴随着猪、鸡和狗的驯化,驯化了耐干旱的黍;南方长江流域驯化的是需要大量灌溉的水稻。

黄河流域被认为是中国最早的新石器化中心,主要有两大文化很发达:一个是黄河中游盆地的仰韶文化(公元前4500—前3000年),以绘有人脸或鱼纹的红陶器为主要特征;另一个是黄河中下游的龙山文化,年代晚一些,约公元前2900—前1900年,它又包含两种风格各异的文化。这些文化所处时代都很早,经过仔细的研究,表明中国北方的新石器化可能早到距今9000年,裴李岗文化的120多个遗址就发现了栽培黍。

长期以来,人们认为中国的农业社会诞生于北方,实际上南方也出现了特别早的新石器化中心。最典型的是河姆渡文化,年代在公元前5500—前3300年,以1973年发现的河姆渡遗址命名。这里出土了炭化谷粒,其穗轴谷粒层厚,需要将水稻在谷仓上往下抽打才能将谷粒与茎秆分离,由此发现了最早的稻作文化,还有水牛饲养。此外,该遗址还出土了在湖相环境搭建的干栏式建筑,与中国北方的土坯式建筑明显不同。

参考:绳纹时代(距今17000年);梅赫尔格尔,原始城市(距今9000年)

中国云南水稻梯田的景观

欧洲的新石器化

新石器时代的经济和生活方式，复杂、不规则地传播到欧洲，基于考古模型和考古资料，我们对此有了更深入的认识。

距今8800年

农业、定居和动物驯化从公元前第9千纪在地中海东部中心诞生以后，不断扩散到塞浦路斯、美索不达米亚和安纳托利亚，最后于公元前第7千纪传播到了欧洲大陆。

欧洲新石器化有两条传播路径。一条是压印陶器的传播路线即南方的海路，得名于近东的压印纹陶器，这些陶器在爱琴海（公元前6800年）、希腊西部（"亚得里亚海印象"陶器，公元前6100年）、法国南部、西班牙直到葡萄牙（"鸟蛤壳纹饰"陶，公元前5800年）都有发现。另一条被称为多瑙河线，借用中欧的肥沃平原，从巴尔干北部出发分散到波兰、乌克兰、德国，以带状纹饰陶器的传播为标志。

这两条大的路线以外，欧洲新石器化的过程仍非常多样，传播模式各有不同。让·基兰提出了"心律不齐模式"，来描述新石器时代经济模式的传播在时间和空间上呈现出的极不规则的面貌。用于确定食性的同位素分析，用于研究个体亲缘关系的遗传学分析，也让我们更好地了解了当时社会生活和组织的细节。2013年，学者在德国布赖特霍尔（Blätterhöhle）洞穴发现了狩猎-采集者和农民合葬的墓葬，表明中欧向农业社会的转变是经历了相当长时间的，本地中石器时代的狩猎-采集者，也就是最早到达欧洲的现代智人的后代，与农业移民共同生活了至少两千年，直到距今大约5000年。

参考：新石器时代（距今12000年）

匈牙利新石器时代晚期蒂萨（Tisza）文化的小雕像——"拿镰刀的神"

穿颅术

> 很多新石器时代遗址中发现的死者头骨上都有人为钻的洞,表明穿颅术曾经是种常见的手术,不过实施的目的至今仍是谜。

史前穿颅术,在过去是很难让人相信的。得益于考古学和民族学证据,我们现在知道,最早成功的神经外科手术不是在官方公布的1891年,而是在比它要早一万多年的新石器时代,那时才是穿颅术的黄金时代。

事实上,这一阶段墓葬里的头骨中,平均25个就有一个被穿颅!如此高的比例,是人类社会独有的现象,也是法国独有的现象,在统计的500个穿颅头骨中,有280个来自法国,集中发现在两大中心:洛泽尔省(Lozère)和巴黎盆地。

对于最早的外科医生来说,手术难度与创口大小相关。穿颅术一般是在颅骨上钻一个椭圆形、大约5厘米的洞。钻孔的方法要么是用一块磨石连续刮擦,要么是锯或雕凿,要么是钻出一系列毗连的孔再连成一个大孔。这是一项高度专业化的工作,它需要学习技术、学习使用工具,也需要掌握解剖学的经验和知识。

对于患者来说,手术是非常疼痛的,尽管可能使用了麻醉性的植物或酒精来缓解,尤其是在切割和揭开头皮的时候;风险也是很大的,伴随着出血、脑脊膜感染、大脑病变……然而,根据新长出的骨头估计,死亡率只有20%—30%,有些患者甚至被穿颅2—3次!

这种高技术含量手术背后的动机一直是个谜。除了仪式性行为以外,学者还提出了与医疗有关的解释:头骨骨折、严重的头部疾病、痴呆、癫痫、骨结核、硬脑膜外血肿……无论如何,现代医学无法真正理解为什么新石器时代的人要发展出这种专业化的技术。

参考:新病来袭(距今9000年)

丹麦发现的公元前3500年实施过穿颅术的男人头骨,他的年龄在21岁到35岁之间

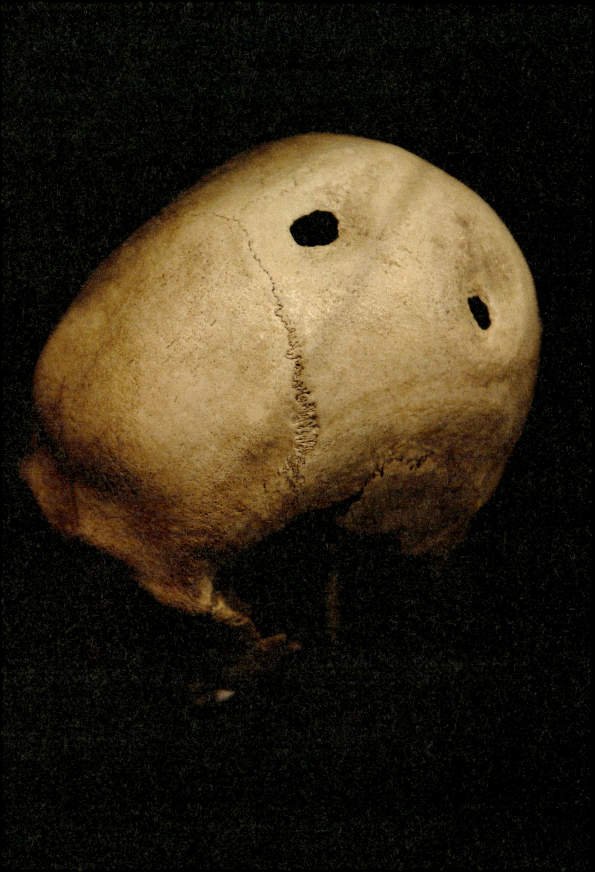

西班牙东部岩画里的战争与和平

新石器时代战争的宏大规模在西班牙地中海沿岸的大量崖壁上有生动表现，它们反映出人类在很早的时候就精心组织战争了。

黎凡特岩画，是从地中海弧线区到伊比利亚半岛，即从西班牙卡塔卢尼亚（Catalogne）直到安达卢西亚（Andalousie）地区这一广大范围内岩厦和崖壁上发现的岩画。它们用色调均匀的红色或黑色创作而成，现已发现700多幅，相当丰富，风格是真正叙事性的，主题都是示意性的人像，绝大部分是男人，以及写实主义的动物。

这些岩画直观反映了新石器时代人类日常生活的重要片段，以狩猎大型猎物的活动为主。其次是反映暴力或战争的场面，这部分又可以分为四个不同的主题：受伤或被投射尖状器杀死的弓箭手、执行任务的小分队、进攻或埋伏、两方交战的场景。

对战的画面是最壮观的，可以看出攻击战术、部署兵力，甚至看出使用的武器。在所用武器中，弓箭是最常见的，在下阿拉贡地区（Bajo Aragón）乔坡地点的岩画中我们还发现了回旋镖和锤子！

马泽拉兹戈（Maestrazgo）地区的莱斯多格斯（Les Dogues）岩画，表现了两队弓箭手之间的激烈对战。有些弓箭手身上饰有羽毛，可能是仪式性装饰。轮廓富有动感、笔画示意性极强是黎凡特艺术的典型特征。左边的弓箭手队形十分和谐，有点儿像在跳舞；右边的弓箭手在奋力奔跑，两腿伸展开。这些画面有时候是在不同的时间创作的，可能会影响我们的第一印象和解释。也许它们不是暴力现实的简单反映，而是超越了现实，变成了体系化的象征符号。

参考：冲突（距今13140年），弓箭（距今12000年）

距今8000年

西班牙卡斯特隆（Castellón）莱斯多格斯岩画中的交战场面。这是1953年的临摹图

征服高纬度之地

人类走出非洲后，足迹覆盖广阔区域，但直到盛冰期结束，才永久征服了最北边的地区。

作为诞生于非洲大陆的热带人种，现代人逐渐征服了几乎整个地球。不过他们长期局限于中纬度地区，气候条件阻碍了他们向更寒冷地区进军。

人类在第一次走出非洲的浪潮中覆盖了相当广阔的范围，却很少超过北纬45度。不过有几项特殊的发现还是值得一提的，英格兰发现了距今80万年的"前人"，即黑斯堡（Happisburgh）足迹，当时的气候与今天斯堪的纳维亚的相似；芬兰西部苏西卢奥拉（Susiluola，又叫"狼洞"）发现的石器证明，在距今12万年的埃米昂间冰期（Eémien），尼安德特人曾经在北欧生活过；最近在俄罗斯北部靠近北极圈的科米斯共和国贝佐瓦亚（Byzovaya, République des Komis）发现了距今大约30000年的莫斯特文化的典型工具，表明当时的人已具备了在极地生存的能力。

不过，人类真正征服北极即北纬66°34'以北的地区，要到全新世气候变暖之后。在斯堪的纳维亚波罗的海以东，学者发现了这里最早的人类活动遗存，时间在距今10500年之后。从距今大约8000年开始，一旦冰川全面后退，极北区的狩猎者（起源于东亚）就自西向东跨越加拿大的北极地区，直到4500年前从阿拉斯加到达格陵兰岛。这些人以狩猎大型食草动物为生，随后越来越多地捕食海洋哺乳动物，比如鲸。从源头上讲，他们属于古爱斯基摩人（Paléoesquimau，北极地区的古老人群），比图利文化（Thulée）的新爱斯基摩人（Néoesquimau）早，也比后者的后代——因纽特人（Inuits）早。

参考：跨越白令海峡（距今22000年），征服高海拔之地（距今12800年），多塞特文化（距今2500年）。

距今8000年

起源于东亚的狩猎者跨越加拿大北极区，直到4000多年前占据了格陵兰岛

豹子与女人

恰塔尔胡尤克发现的这个标志性小雕像一度被视为新石器时代的"迪塞母亲",不过这个概念在今天受到了质疑。

土耳其的恰塔尔胡尤克大型居址是研究近东新石器时代人类生活方式、社会组织和信仰的关键,出土了壁画、墓葬、模型浮雕、动物头骨、小雕像等丰富遗存,有助于我们了解当时人类丰富的象征思维和谜一样的仪式行为。

在恰塔尔胡尤克引发的诸多疑问中,有一个重要问题是女性的地位和作用。该遗址的首位发掘者詹姆斯·梅拉特在20世纪60年代发现了好几个表现丰满女性的艺术品,并称之为"迪塞母亲"（Déese-mère）。其中"豹子与女人"最为著名,是一名丰满的女性将两手放在两头狮子头上的坐姿雕像。这名女性两腿中间有一个球状物体,看起来像新生儿。这座小雕像发现于一个谷仓内,似乎暗示了一种对女性、权力和生殖的崇拜。

"迪塞母亲"是新石器时代比较常见的艺术表现形象。有些考古学家认为,这些社会如同恰塔尔胡尤克一样,应该是崇拜女性力量的母系氏族社会,按母系统计世系血统。这种解释不禁让人想起旧石器时代的"维纳斯们",已有不少学者对此提出了强烈质疑。人类学家阿兰·泰斯塔尔（Alain Testart）指出,这些裸身、乳房丰满或怀有孩子的女性形象到处都有,并不能据此推测她们在社会或"众神"中的地位。考古学家让·基兰认为,新石器时代的"迪塞母亲"并不具备共同的标准化特征,它们也可以被解释为"奶奶"、助产妇、魔法物、还愿物、肖像、契约物证、玩具等,所以恰塔尔胡尤克这具仅高7.5厘米的"迪塞母亲"小雕像,其象征意义很可能是包罗万象的。

参考:恰塔尔胡尤克（距今9500年）

距今8000年

恰塔尔胡尤克发现的"豹子与女人"小雕像

巨角鹿

巨角鹿是一种体型巨大的史前鹿科动物,在洞穴艺术中很少出现。它们曾是神力的象征,那巨大的鹿角引起了人们诸多好奇和疑问。

在洞穴艺术家的作品中,有一种鹿科动物,无论是绘画还是雕刻都比较罕见,它们就是巨角鹿(*Megaloceros giganteus*)——已知最大的鹿科动物之一。

巨角鹿曾经被称为爱尔兰麋鹿(élan irlandais),因为爱尔兰的泥炭沼里发现了大量它们的骨骼遗存。实际上它们是现生欧洲黄鹿和美索不达米亚黄鹿的近亲。距今40万年时,它们从亚洲大草原起源,伴随着冰川的后退广为扩散,直达爱尔兰和伊比利亚半岛。

这种生活在更新世古极地气候下的动物有很多特征令人惊叹。雄性巨角鹿肩部最高点可达1.8—2米,重量至少500公斤。最有特点的是发情期用来打架的角,目前已知最长的鹿角可达4米。这不禁让人怀疑,正是不断增大的鹿角导致了该物种的灭绝,因为巨角会使这些鹿在森林和荆棘中被绊住。

不过这样的猜测也许并非事实,因为这种鹿科动物与现生鹿不同,它们生活在干冷的气候和开放的环境中。正如美国古生物学家斯蒂芬·古尔德(Stephen J. Gould,1941—2002)所强调,如果我们参照它们身体的大小来看,这些鹿的巨角其实没有任何特殊之处,所以并不能成为它们灭绝的原因。

为数不多的岩画展现了它们的形态细节,如背上有一个与肩平齐的隆起;我们还可以看到它们随季节变换的皮毛颜色、有一圈颈毛、肋部有两条相对的条纹。

在欧洲全境和亚洲大部分地区生活了相当长的时间后,巨角鹿大部分于全新世之初灭绝了,也有一些鹿群在西伯利亚西部存活到距今7700年。

参考:驯鹿时代(距今19000年)

现藏于英国自然历史博物馆的雄性巨角鹿头骨

不平等社会

不平等社会何时起源、如何起源,一直很难回答。发现的新石器时代人类牙齿表明,7500年前,某些人的社会地位就可以世袭了。

关于旧石器时代晚期的社会组织和人群等级,我们只能提出一些假设。比如我们基于潘思旺遗址的发现,推测其中某些成员打制石器的能力更强,可能他的地位比较特殊;再如洞穴艺术家无疑也拥有特殊的地位。但也仅限于推测,没有更多的证据。

正因如此,史前学家根据民族学(主要是在南非)观察到的某些模式,提出"旧石器时代的狩猎-采集社会是由平均主义主导的社会"。但是,如果我们跟随布赖恩·海登的观察,结合其他证据就会认识到,这种模式值得推敲,因为在法国西南部有些生活在优越环境中的人群与北美西北海滨的印第安人社会类似,世袭贵族拥有玉器、珍珠甚至奴隶,所以最早的等级社会可能在旧石器时代晚期就诞生了。

但这个假设很难得到考古学的证明。但可以肯定的是新石器时代最早的农业社会已经开始分等级了,某些墓葬中的随葬品显示墓主拥有特殊地位。英国布里斯托大学的研究者发现,早在距今7500年的"带状文化"(欧洲新石器化过程中传播的一种包含饰有带状纹陶器的文化。——译者注)中,不平等的地位已经变成世代相袭了。

研究者测量了奥地利、法国、捷克和斯洛伐克的遗址中出土的311具人骨牙釉质中的锶同位素(一种存在于地质背景环境中的化学元素,人在成长过程中食用植物的同时吸收锶,将其留在牙釉质和骨骼中,通过对比牙齿、骨骼中锶同位素与地质环境中同位素的值就可以推断人的来源和迁移情况。——译者注)。经分析比对表明,农场主儿子对黄土和比较肥沃的土地有优先权,可能是从他们的父辈那里继承来的权力。

参考:欧洲的新石器化(距今8800年),奴隶的诞生(距今6500年)

美洲印第安人某些不平等社会的民族学资料或许可以用来参考,使我们更好地理解史前的社会组织

俄罗斯平原上的狩猎-捕鱼者

俄罗斯扎莫斯特耶遗址发现的捕鱼陷阱等大量考古遗存表明,这里的史前人类曾经主要依靠渔猎生活。

莫斯科东北110公里、伏尔加河支流——杜布纳(Doubna)河河岸曾是中石器时代和新石器时代人类从事生产的集中地区,他们全年都在这里活动:夏天和冬天狩猎,春天和夏初捕鱼,夏天和秋天采集野生水果。1987年,扎莫斯特耶(Zamostje)2号遗址被发现,经数次发掘出土了相当丰富的遗存,证明在距今7900—7100年、距今6800—5500年,人类曾经在河边聚居、生产和生活。

这个遗址最引人注目的是发现了大量有机遗存,如木头、骨头、叶子和石化的粪便。数不清的鱼类遗存如鳞片、脊椎、牙齿、下颌,以及鱼在所有动物中的比例(64%)表明,渔猎曾在这些人的生计中占首要地位。他们捕猎的鱼共11种,其中5种在从早到晚的地层中都有发现,它们是白斑狗鱼、鲈鱼、欧鲌、普通鲫鱼和高体雅罗鱼。

这里还发现了用来钓鱼的各种工具,有鱼篓、网坠、鱼叉,以及用驼鹿肋骨做成的刮鳞长刀。1989—2011年,遗址出土了47个鱼钩,表明人们可能针对不同的鱼选用不同的鱼钩。人的粪化石分析显示,这些鱼在食用的时候可能没熟透,甚至是生的。

2009—2012年,学者在扎莫斯特耶遗址又发现了狩猎-渔猎者运用新技术的证据。除了日常生活用品如勺子、盘子以外,还有一些工具、武器,特别是两个大型捕鱼陷阱,年代大约距今7500年。这两个陷阱很像用麦秆和松枝编成的篓子,有些起勾连作用的植物纤维还残留在上面。这个工具的制作需要很复杂的工艺,是欧洲目前发现最早的捕鱼陷阱。

参考:鱼钩?(距今42000年)

杜布纳河河岸的自然景观,中石器时代和新石器时代的人类曾在此聚居活动

瓦尔卡莫尼卡的岩画

瓦尔卡莫尼卡的岩石上雕刻的符号和图案，年代跨度达八千年，是最大的欧洲历史资料库之一。

在意大利阿尔卑斯山脉，瑞士和伊塞奥湖之间有一条25公里长的狭窄河谷，名叫瓦尔卡莫尼卡（Val Camonica）。崖壁上的岩画记录了瓦尔卡莫尼卡地区人类从旧石器时代晚期直到罗马时代和中世纪，甚至现代总共八千年的生活史。

这些露天岩画至少有25万幅，大部分用尖头镐凿成，分布在海拔20—1400米的数百块石头上。最早的刻于距今12000—10000年的旧石器时代晚期，主题是当时狩猎的大型动物（主要是驼鹿）、标枪和捕鱼篓，以及一些象征符号。到了新石器时代，从公元前5500年开始，岩画风格发生了改变，出现了一些带有宗教性质的图像，表现了对死亡、太阳或动物的崇拜，主要是程式化的人像，双臂举起似祈祷状，旁边有太阳、斧头；狗是岩画中表现最早的驯化动物，牛、山羊出现的时间要晚一些。表现日常生活的图案也很多，如犁、锄、锹、标枪、回旋镖、弓、陷阱、织布机，展现了当时人类的社会活动和技术创新。还有大量象征符号，如"之"字纹、同心圆、斧头……让人不禁联想到巨石阵图案。

在从公元前大约3000年开始的铜石并用时代，一些描绘狩猎场面和日常生活的图案都极为壮观，从中可以看到最早出现的铜匕首、车轮和带轮子的交通工具。青铜时代和铁器时代的岩画主题更加复杂，反映了当时人与周边地区的经济、文化交流，也不乏战争场面。

瓦尔卡莫尼卡岩画于1979年被列入世界文化遗产名录，是世界最大的史前岩石雕刻艺术宝库之一。

参考：露天岩画（距今25500年）

公元前第5千纪到公元前第1千纪之间，瓦尔卡莫尼卡的岩画

泰维耶克血腥的仪式

泰维耶克中石器时代墓地出土了两具女性人骨,她们是一场极其血腥的丧葬仪式的牺牲品。

法国布列塔尼大区靠近基伯龙(Quiberon)半岛地峡以西的泰维耶克(Téviec)遗址,今天是成对银鸥光顾的小岛,在很久以前是大陆上的岩石角,在中石器时代,即公元前5500—前5300年,曾有人类活动。

从1928年到1934年,马尔泰·佩夸特和圣-朱斯特·佩夸特对该遗址进行了发掘,发现了居址和10个墓葬,墓葬里总共埋了23个成年人和儿童。这个墓地是欧洲中石器时代最复杂的墓地,为我们揭开了海滨地区最后的狩猎-采集者丧葬仪式的面纱。

关于这场丧葬仪式,第一印象就是血腥!在2010年完成遗存复原之前,人们一直以为泰维耶克代表性墓葬里埋的是一名男人和一名女人,他们的头顶用鹿角细心遮盖和保护着,随葬燧石石器、野猪骨骼做的尖刀和海贝做的饰物。但是新的分析表明,两个骨盆有所混淆,其实两副骨架都是女性,古DNA分析也证实了这一点。法医通过扫描分析发现死者头部存在很多损伤,其中一个头骨上有14道伤痕,另一个有12道伤痕,先是在脸上发现,然后在鼻子、下颌,最后在两侧或枕骨上都有发现。人们当时有可能用一个重物如鹿角对这些人的头部进行捶打,造成大量出血。

此外,有一名死者脊椎里嵌着一件燧石武器,表明她死于暴力。新的研究也许能回答这些女性受伤后有没有反抗,以及她们在受迫害时是否还活着的问题。但是目前这个岛上发现的血腥丧葬仪式,我们只能窥见一斑,它仍然是个谜。

参考:食人堆(距今7300年)

距今7400年

复原的泰维耶克墓葬,现藏于图卢兹博物馆

贝 丘

中石器时代，人们收集的贝壳形成各种各样的垃圾堆积，现如今，它们是考古学家研究的金矿。

考古学家在世界各地发现了古人类世代连续消费贝类动物留下的贝壳堆积，即贝丘。早在19世纪后半叶，丹麦学者就开始研究几米厚的贝丘，事实证明，它们的确是考古学家的金矿，拥有巨大的研究价值。

构成贝壳的碳酸钙与土壤的酸性中和，人类活动留下的残羹冷炙特别是有机物质如骨骼能较好地保存下来。因此对这些贝丘的研究可以复原史前人类的生活方式和生存环境，也可以复原他们在贝壳堆积上频繁活动形成的遗迹如烧煮的火塘、墓葬和居址。

中石器时代的贝丘是最多的，其中最著名且研究最深入的是丹麦朱特兰（Jutland）半岛埃尔特博勒文化（Ertebølle culture，公元前5300—前4200年）的贝丘。因为地面的贝壳堆积相当多，很容易识别，所以它在19世纪末就被发现了。

通过整合一个区域里不同遗址提供的所有信息，就可以复原人类的生计方式和居住模式。考古学家已经揭示出中石器时代的人群并不像我们想象的那样为了争夺海洋资源（处于补充地位的）相互争战，也不局限于收集贝壳，而是通过采集、渔猎、狩猎去获取环境中能获得的所有资源。作为食物的贝壳，其体量很难反映海产品真实的来源，举个例子说，一头鹿能提供50000个牡蛎所能提供的能量，但是相比之下它的骨骼遗存所占空间很小。这些人还会根据季节对领地进行管理，在固定的时候去贝壳堆积较小的临时营地暂住，在那里从事专门的活动如捕猎海豚或鼠海豚（一种齿鲸）。

参考：好吃的贝类（距今16.4万年）

距今7300年

中石器时代人类消费的贝壳堆积，为我们了解他们的生活和生计方式提供了宝贵信息

食人堆

赫克斯海姆村庄里阴森森的骨骸显示，7000年前，这里的人类曾经举行过大规模食人仪式。

距今78万年的"前人"（*Homo antecessor*）就出现了食人现象，新石器时代人群之间也的确存在频繁的暴力冲突，但是赫克斯海姆（Herxheim）村庄里发现的大规模人骨堆积却让人感到非常困惑。它们显示出一种比简单屠杀要复杂得多的行为：距今7000年，村庄里的居民曾经吞食过好几百名同类！

赫克斯海姆村庄位于德国莱茵兰-普法尔茨州（Rhénanie-Palatinat）南部，于20世纪80年代被发现。这是一个新石器时代早期遗址，公元前5300—前4950年人类在此居住。这里发现了一道围墙，墙内围住的面积约5公顷，里边有很多凹坑。坑内的人类遗存包括成千的骨骼碎片、被打击之后有意堆放在一起的颅顶骨。这些人骨遗存属于400—450个个体，总数超过1000枚。骨骼上的切割、刮刨和断裂痕迹确凿表明，这些尸体曾被有条理地处理、食用过，有些手脚的小长骨末端还能看到啃咬、咀嚼痕迹！从遗址中发现的陶片类型推测，人类在此活动的时间很短，不到半个世纪，但这些陶片反映出多样的传统，暗示了陶器来源的多样性，其中有些甚至来自赫克斯海姆村庄以外400多公里的地方。

根据遗迹现象，我们认为此地曾经存在过系统化的食人仪式。有人推测可能与战争有关，人们长期寻找死难者作为食物。还有一个假设，人们可能是自愿到赫克斯海姆村庄参加这类仪式的，有时候甚至不惜远道而来。无论如何，这个遗址使人们相信，中欧在公元前第6千纪到公元前第5千纪之间遭遇了巨大生存危机，发生了难以计数的暴力事件。

参考：人吃人（距今78万年），埃尔西德隆洞穴的惨剧（距今49000年）

集中堆放的至少400名死难者的骨骼遗存，反映了一场大规模仪式性食人事件

圆环之谜

在新石器时代墓葬里出土的珍品中,"圆环"榜上有名。它在法国全境都有发现,确切功能却扑朔迷离。

在公元前第5千纪和公元前第4千纪之交,法国处于新石器时代早期时,出现了一种罕见的器物,被命名为"圆环"。2013年,奥贝奈镇(Obernai)的墓地里出土了两件石质圆环,年代为公元前4750年。

它们是用各种准宝石级原料如闪岩、蛇纹岩、千枚岩和钠云母制成的,这些石料不论来自法国本地的中央高原、阿摩里卡丘陵,还是来自远处的南阿尔卑斯山,都很美,闪闪发亮,有的还有绿色、灰蓝色、深棕色的花斑。"圆环"通常是圆形的,不过我们在高-阿尔萨斯(Haute-Alsace)、贝尔福(Belfort)地区、莱茵(Rhin)河谷也发现了椭圆形的环。内环直径6—7厘米,外环直径11—19厘米,厚度只有7—9毫米。环的边缘要么是圆滑的,要么被修整成斜面或棱面,而环的整体都被精心磨光。

关于这些圆环的功能,学界流行的解释是用来装饰的手镯。若果真如此,在墓中死者身上就应该有固定的摆放位置,而且应该比较少见,但事实上它们大部分的出土位置不太明确。它们更有可能是装饰品的零件,那么是被做成长项链戴在胸前或前额的,还是用来绾住头发盘成发髻或作为发饰、衣服装饰的呢?这些都有待确定。同样需要回答的问题还有,它们是否具有某些社交性的功能,因为如果是奢侈品,则需要大量细致的工作;其圆环状的形态是否具有象征意义,佩戴行为是否具有宗教和精神意义,甚至和天文知识有关?

参考:玉斧(距今6800年)

出自不同地点的圆环,年代为公元前第5千纪后半叶,现藏于法国国家考古博物馆

木桩搭建的水上村庄

巨大的湖上居址,让我们了解了人类在阿尔卑斯山脉的湖泊和沼泽周边长达四千年的生活方式。

150多年前,苏黎世历史学家费迪南德·凯勒(Ferdinand Keller)最先在阿尔卑斯山脉周边发现了一组湖上村落,由此引发热烈争论。这些史前村落遗址是什么时代、由什么人建造的?它们是建在高于水面的平台上,还是建在河湖岸边的地面上呢?

到今天为止,我们在阿尔卑斯山脉周边广大地区——具体是法国东部、瑞士、德国南部、奥地利、斯洛文尼亚和意大利北部——发现了大约1000个湖上住屋遗址,都是木桩架空搭建的房址。由于湖岸、沼泽地和河流冲积区的恒湿性,所以居址、食物遗存、工具和衣服等都很好地保存了下来,为我们了解新石器时代到铁器时代(公元前5000—前800年)村庄里的人群演化,提供了独一无二的证据。

我们没有发现完整保存的房子,在最好的情况下只发现了30厘米高的墙,尽管我们对房子某些部位如屋顶的复原还具有假设成分,但是我们知道这些湖上村落的建造方式几乎在每个遗址都不一样。比如在大湖边上,住屋的地面很漂亮,离湖面很高,这就主要是考虑到冰雪季节性融化时水面出现的巨大落差(有时候高达3米)而采取的灵活调整。

考古学家对50000多块住屋的木头进行了测年,据此得知住屋建造的年代、追踪住屋的变化和整个村落的发展,其中最理想的是被反复多次居住的房子。研究发现,这些住屋的布局、内部陈设以及村落的组织方式(有的一排或几排,中央有一块自然的或修整的空间;有的是逐渐搭建,有的是短期一次性建好,等等)都带有区域传统的影响,呈现出多样化的面貌。

2011年,111个湖上村落遗址被列入世界文化遗产名录。

参考:村庄(距今14500年)

距今7000年

德国康斯坦斯(Constance)湖边乌尔丁根(Unteruhldingen)史前湖上村落博物馆

玉 斧

作为新石器时代的标志，磨制石斧是一种备受尊崇的器物。阿尔卑斯山脉地区罕见石料制成的石斧，曾在欧洲形成巨大的交流网。

我们或许可以把新石器时代理解成"新的石器"时代，这时的人类已经会将石料粗坯放在砺石上、加一点水和沙子，磨出光滑的石斧成品。这种磨制工艺可以增强耐用性，延长使用寿命，提高使用效率。作为伐木工人的专用工具，石斧帮助人们在树林中开拓空地、建造村庄、整田种地。

这是一种装在木柄上使用的石质工具，一般直接装上柄，然后套一个鹿角做的套子，以缓解砍斫带来的震动，在整个欧洲发现了几千件。其中有些石斧是比较特殊的，它们用变质岩制成，所选石料细腻，磨光精致，显示出持有者不一般的身份。有些石斧很大，明显不是实用器。

公元前4800—前3500年，这些石斧在从爱尔兰到保加利亚的东西3300公里、从丹麦到西西里岛的南北2000公里内广泛流通，源头在意大利阿尔卑斯山脉，说明史前时期，在某种程度上，观念、工具和人自身都能在很广大的范围内传播！

民族学家皮埃尔·佩特雷金（Pierre Pétrequin）和安娜-玛丽·佩特雷金（Anne-Marie Pétrequin）依据他们对新几内亚人群的研究，在意大利维索山（Mont Viso）海拔1500—2400米找到了新石器时代人类开发石料的地点。他们应用此法对阿尔卑斯山脉的石斧也进行了研究，发现因为很多人不专门从事石器生产，所以石斧的功能发生了变化，从简单的砍伐工具变成了社会等级的象征和精英相互交换的物品。精通石料和加工技艺的制作者不满足于简单挑选四处分散的砾石，他们往往在原地打制，将石料加热后打出石叶，在公元前第5千纪，越来越多地使用锯割工艺打出石叶，再磨成成品。因为一直坚持对原料精挑细选，到了公元前大约4500年，他们开始偏爱一种绿色的罕见玉石，经磨制后呈现出的透亮的绿色，更加漂亮，也更珍贵。

参考：圆环之谜（距今7000年），瓦尔纳的金器（距今6600年）

在英国发现的新石器时代的磨制玉斧，现藏于大英博物馆

巨石阵

石头古迹在全世界很多地方都发现了,它们十分复杂且地区差异很大,不过我们还是可以探知它们背后社会的共同点。

从史前时代末期至今,世界上很多地区的人群建造了巨石阵,它的字面意思就是"大石头"。欧洲新石器时代的人群也不例外,他们从公元前第5千纪初到公元前第3千纪末建造了很多巨石阵,像英国"巨石阵"、卡纳克巨石林很早就引起了学者的注意,今天仍是科学研究的焦点。

非洲是另一片保存了很多巨石阵的土地。人们在马格里布(Maghreb)发现了公元前第2千纪的巨石阵,在埃塞俄比亚的多个区域、中非共和国和塞内冈比亚的新石器时代遗址和马达加斯加都发现了巨石阵。亚洲巨石阵知名度略小,在中国、印度、韩国、日本和东南亚有所发现,民族学家研究了当今这里仍在使用巨石阵的人群。巨石阵在太平洋地区如波利尼西亚、美拉尼西亚、复活节岛也很流行;美洲较少,仅在哥伦比亚发现过。

巨石阵有两大类:一类是糙石巨柱,将一些大石头竖起来排列而成,构成雕像或石碑,如复活节岛的雕像;另一类是不同种类的石冢、含有墓葬的丧葬遗迹。巨石阵现象很复杂,它不是一种文化向另一种文化殖民或影响另一种文化的事情,而是在历史上没有任何关联的不同人群都具有的共同现象,所以它是人类文明拥有某些共性的反映。具体来说,由于需要充足的人力,所以能够建造巨石阵的社会是已经分等级的、有炫富性质或半国家形态的社会,人们要么从事热带园艺生产,要么从事农业谷物种植。对于这些社会来说,建造巨石阵就是某种竞争的标志,是社会不平等的反映。从这几个层面来说,巨石阵具有宗教、祭祀或者天文意义。

参考:加夫里尼斯的石冢(距今6200年),卡纳克巨石林(距今6000年)

距今6700年

位于英国西北坎布里亚郡湖区国家公园的凯西克(Keswick)大石圈

瓦尔纳的金器

保加利亚瓦尔纳墓地反映了最早的等级社会的面貌，因出土了欧洲最早的金器而享有盛名。

1972年，在保加利亚黑海边上的一个工业区，铲车挖出了一些人类遗骸，还有亮闪闪的物品，它们就是最早的金器，年代为公元前4600—前4200年。这个埋有293具人骨的墓地是欧洲史前人骨最多的墓地，共3500平方米，从1972年到1979年，总共发掘出3000多件金器，总重量达6公斤。

其中最著名的是43号墓，里面埋葬了一名45岁的男性。随葬品之多、之精美令人惊叹，很多物品都用金子装饰，如4个手镯、16个金环、995颗珠子、1根权杖（柄上有一段段金箍）、70个服装镶饰。此外还有铜器、骨器，还发现了一个海菊蛤壳做的手镯、一些铜斧或石斧（其中一件原料是阿尔卑斯山脉的硬玉），以及多种燧石器，其中一件大石叶长39.7厘米，需要杠杆机才能加工。

瓦尔纳墓地处于铜石并用时代的社会中，这是连接狩猎社会和铜器时代的阶段，我们或许也可以叫它"铜器时代"。此时的人们掌握了一些新技术——金属加工，而且处于大的远距离交流网络的中心，为了获取贝壳饰品，人们曾跨越500多公里的范围直到爱琴海。这座墓地使我们更好地了解了社会转型过程中出现的新情况，因为墓葬从空无一物发展到了随葬数量上千的物品；随葬品的质地不光有了变化，质量也变得更好了。考古学家推测，43号墓这名男性也许并不能控制严格意义上的物品生产，但是能控制财产的分配，这样才能从在世的人中收集丰富多样的随葬品。这种控制使他具有非凡的权力和较高的社会地位，使他处于当时已经明显分级社会的最高层，也使他所在的社会成为欧洲历史上最早出现的等级社会。

参考：最早的金属（距今11000年），不平等社会（距今7500年），玉斧（距今6800年），铜石并用时代（距今6500年），青铜时代（距今3800年）

瓦尔纳43号墓的复原景象，遗骸上的6公斤金器反映出明显的社会等级已经出现

拜达里文化

埃及的新石器化是在漫长的前王朝时期发生的,考古学家在拜达里文化中发现了最早的农业证据。

尼罗河谷和附近沙漠发现了数量丰富的岩画,其中最著名、年代最早的是埃尔-霍什(El-Hosh)和夸尔塔岩画,它们和石器成为过去二十年学术界研究的焦点,让我们对法老文明之前漫长的史前史有了更多了解。研究表明,公元前10000—前4000年,气候开始出现明显的干旱化,尼罗河谷被最早的新石器时代人类占据,出现了新石器文化,主要表现为对来自东方的动植物(源自黎凡特的山羊、绵羊、猪、大麦、小麦和亚麻)的驯化以及对本地物种(牛)的驯化。

拜达里(Badari)遗址位于上埃及北端,学者根据这里出土的器物组合命名了一个新石器文化,年代为公元前4500—前3900年,即拜达里文化。该文化没有发现居址,在尼罗河右岸30公里的范围内发现了连续的墓地。这100多座单人墓或多人合葬墓以椭圆形为主,其次是长方形,人以侧躺的方式埋葬,头向朝南,伴有随葬品,反映出社会已经出现了不平等现象,而且具有生产奢侈品的能力了。

这些随葬品,一部分是红色或棕色带黑边、偶有装饰几何形图案的磨光陶器;一部分是质量精美的象牙制品,特别是女性小雕像,腹部圆凸是多产多育的象征;还有勺子、梳子、发卡和化妆脂粉板,红玉髓项链、铜珠子和绿松石珠子等。如此丰富的随葬品揭示了当时这里的人与东方和南方人群之间密切的联系。虽然狩猎、捕鱼和采集仍在生计中占重要地位,但是随葬陶罐中和燧石镰刀上的残留物证明,已经出现了以小麦、大麦和蓖麻种植为核心的农业经济。

参考:夸尔塔的岩画(距今18000年),最早的木乃伊(距今6300年),阿拉克山的刀(距今5400年)

距今6500年

拜达里文化中用象牙雕刻的女性小雕像,年代约为公元前4000年

铜石并用时代

在新的金属铜被人类广泛利用之前,有一个铜石并用时代,它见证了新石器时代社会经济和社会意识层面发生的深刻变革。

由两个希腊语词根"khalkos"(铜)和"lithos"(石)合成的词语"铜石并用时代",指的是新石器时代到青铜时代之间的过渡阶段。此时铜器出现,石器仍在使用,这个阶段也被称为"铜器时代"或"超新石器时代"。

这个缩略的定义仅以铜器为标准,没有考虑这种金属器在不同文化中的不同地位。它只归纳了欧洲社会从公元前4500年开始发生的显著转变,这种转变的典型特征是等级社会的定型和新技术的运用(给出上述定义时这方面是被忽略的),尤其是新技术的运用体现了手工业的专业化,促进了象征权力地位的物品生产,加强了远距离的物品交流。

能够描述铜石并用时代的标准有很多,瑞士史前学家马里恩·利查杜斯-伊滕(Marion Lichardus-Itten)特别强调"家庭居所的转变"这个标准。它是指原有的长屋被分成小房子,在新的地点如不太适合发展农业的高原、泥炭沼或阿尔卑斯湖泊岸边重新集结成村庄,有时非常密集,村庄外还出现了功能不明的大围墙。此外,石器原料开发的规模扩大,甚至出现了一些很深的专门的采石矿。盐面包的生产使越来越多的人有了稳定的食物来源,促使交流网络广阔发展。除了铜以外,金银器也在很大的冶金中心如巴尔干地区大量生产。此时出现了一种新的驯化动物——马,牛和绵羊也有了新的用途,如牵引两轮或四轮车和新出现的摆杆步犁,用于生产皮革和毛织品。墓葬里差异明显的随葬品和大型墓葬的出现表明社会差距不断变大,而且某些人的社会地位可以世代相袭。

参考:新石器时代(距今12000年),最早的金属(距今11000年),瓦尔纳的金器(距今6600年),青铜时代(距今3800年)

距今6500年

保加利亚瓦尔纳36号墓出土的两个金制小雕像,是一种长角的动物。
除了金器以外,铜和银器在很大的冶金中心也进行了生产

奴隶的诞生

距今6000多年,欧洲发现的一些圆形墓葬里除了墓主人之外还埋有其他人骨,毫无疑问,他们是陪伴主人的奴隶。

因缺乏文字记载,观察记录极少,加上受到预设前提的影响,考古学很难回答某些问题。奴隶的问题就是其中之一。幸运的是,很特别的丧葬行为能够提供蛛丝马迹。比如中欧和西欧旧石器时代中期,在不同考古学文化中发现的从公元前4500年开始持续了一千年的丧葬行为,就反映了奴隶的存在。

这些圆形墓坑在居址中间,有可能是用地窖改成的,里面放有一定数量的人骨,其中有些人骨上有被处死的痕迹。在这样的多人合葬墓里,有一名死者是以传统的侧躺姿势埋葬的,其他死者与之几乎同时被随便扔到坑里,姿势很不规则。

克里斯蒂安·热内斯(Christian Jeunesse)、布鲁诺·布尔斯汀(Bruno Boulestin)、阿兰·泰斯塔尔认为,这种从地中海西岸到中欧东部均可见到的现象反映了一种共同的文化行为。至少3名死者同时出现在一个墓葬里,肯定不是偶然的,对尸体不同的处理方式表明,他们具有不同的死因(饥饿、流行病、冲突……),而且当时的社会已经分等级了,这种等级一直延续到人死亡以后。所以这些"次要的"死者可能是殉葬者,让他们在死后的世界里继续陪伴曾经依附的主人。需要解决的问题是他们这种依附关系的性质。陪葬者中妇女或儿童的存在,随葬品很简单,没有武器,也没有贵重的物品或装饰品,这些表明,他们不是配偶,也不是有权之人的仆人或战友。所以最后只剩一个假设:他们是死者的奴隶,这在文化人类学家对北美和非洲没有国王和国家的历史时期小群体社会的观察中得到了印证。

参考:不平等社会(距今7500年)

距今6500年

史前社会有没有奴隶是考古学很难回答的问题,不过有些合葬墓里的死者似乎是被处死的,这可能为我们提供了关于最早奴隶的信息

葡萄酒

作为雄心勃勃的发掘目标，学者在希腊迪基利-塔什遗址发现了欧洲最古老的葡萄酒。

新石器时代，人们除了将葡萄树用作燃料之外，还把野生葡萄当食物，并先后用野生葡萄、驯化的葡萄（名为"酿酒葡萄"）酿造葡萄酒。考古学家发现，葡萄酒酿造起源于好几个地方，如公元前第6千纪和公元前第5千纪之间的近东、土耳其托罗斯山脉的高山区、高加索南部和伊朗扎格罗斯山。这些地区是葡萄品种基因多样性最为丰富的地方，野生的或典型驯化的葡萄籽、干枯的葡萄枝蔓在这里都有发现。土耳其北部公元前第7千纪的卡育奴遗址就发现了疑似驯化的葡萄籽。伊朗的哈吉遗址（Hajji Firuz Tepe）距今7500年的陶器上发现了酒石酸的残留物，可能是葡萄酒的成分。

葡萄的种植在美索不达米亚、近东和欧洲传播很快。1989年，学者在希腊东马其顿-色雷斯大区的新石器时代遗址迪基利-塔什（Dikili Tash）遗址发现了大量炭化的葡萄遗存。有的葡萄籽上附着的葡萄皮显示，为了取汁，新鲜葡萄曾经被挤压过。葡萄遗存附近一些密封好的瓶子可能盛装过葡萄或葡萄汁。这些距今大约6300年的葡萄可能是欧洲最古老的葡萄酿造证据！

迪基利-塔什遗址在第一次世界大战时被发现，从2008年开始，雅典考古学会和法国雅典学院联合主持开展了大规模的发掘。系统的植物考古分析表明，除了葡萄，当时的人还利用了很多水果（苹果、梨、李子、无花果），栽培了谷物（小麦、大麦）和豆科植物（小扁豆、豌豆、巢菜），并种植了亚麻。

参考：植物的驯化（距今10500年）

距今6300年

近东是现生葡萄基因最多样的地区

最早的木乃伊

古埃及的标志之———木乃伊在史前就有了,人们渴望最脆弱的有机体永存的愿望,可能就是此时开始的。

三千多年间,埃及人将木乃伊艺术扩散到很多地方。除了埃及之外,还在其他地方发现了"木乃伊化的人体",那里有形成自然木乃伊的良好条件,如寒冷的安第斯山脉地区和格陵兰岛,以及斯堪的纳维亚和大不列颠岛酸性、寒冷、缺氧的泥炭沼。

长期以来人们以为,埃及人偶然发现在砂子的作用下尸体会自然风干,从而受到启发,在沙漠里简单挖个坑,将死者放入使其自然木乃伊化。再后来,随着埃及中央集权国家的形成,精英阶层设计了实现尸体木乃伊化的人工操作程序。但是最近的发现推翻了这个想法。

2014年,研究团队在墓葬出土的头带上发现了制作木乃伊的防腐香料,有松树树脂、芳香植物、石油和动物脂肪,年代为公元前4300—前2900年。所以,埃及人可能从史前时期就开始制作木乃伊了,比我们原想的至少提早了一千年。史前埃及人所用的材料配方被沿用至法老时期,防止尸体的腐烂。另外,在希拉孔波利斯(Hiérakonpolis)公元前3600年的墓地里,学者发现当时的人曾试图保护人体的某些特殊部位,如下颌和手。法国的埃及学家阿芒迪娜·马歇尔(Amandine Marshall)认为,史前埃及人想找到人工控制和保存死者尸体的方法,只是为了阻挡快速的、一般性的腐烂(最先腐烂的是手和下颌),而不是受到自然化木乃伊的启发,或受到新的宗教思想影响的结果。

参考:拜达里文化(距今6500年),阿拉克山的刀(距今5400年)

金色木乃伊之谷——拜赫里耶(Bahariya)绿洲墓地里出土的木乃伊

加夫里尼斯的石冢

法国加夫里尼斯岛石冢的过道和墓室上，布满了装饰，因此成为巨石阵艺术中的珍宝。

1832年，加夫里尼斯小岛的地主在莫尔比昂（Morbihan）海湾入口处考察岛上的石坟时，在石碑后面发现了一个巨大的艺术画廊。就这样，一座保存完好的墓葬建筑得以重见天日。历史古迹视察员普罗斯珀·梅里美（Prosper Mérimée）评价道："加夫里尼斯石冢的与众不同之处在于，墙壁上几乎所有石头都雕刻和覆盖了奇特的线条，包括曲线、直线、折线、轮廓线以及由这些线条组成的100多种不同的图案。"

之后展开的多次研究使我们对加夫里尼斯石冢有了更深入的了解。墓室内部和过道全部用巨大的石板搭建而成，有时为了更好地拼合，还对石板重新进行了修整；石冢外部是在比较晚近的时候建好的。这个石冢建造于公元前第5千纪末或公元前第4千纪初，但是墓室直到几个世纪以后才投入使用。虽然与阿摩里卡丘陵地区同时期的其他墓葬古迹如非尼斯太尔省（Finistère）巴内内斯（Barnenez）石冢的简单墓室和长过道相似，但加夫里尼斯石冢还是不同寻常的，因为它的过道最长，超过13米，而墓室面积较小，不到10平方米。

加夫里尼斯石冢无与伦比的装饰使它成为世界上最漂亮的巨石建筑之一。在构成墙壁的29块巨石中，有23块表面雕刻了大量曲线、直线和折线，这些线条以上千种方式交织形成了盾形纹、斧头纹、十字纹及其他图案。这些图案越靠近墓室越复杂，连门槛石上也有装饰，不禁让人产生"入教"的错觉，不过这些装饰的意义也许只有建造石冢的新石器时代人类才能明白。

参考：巨石阵（距今6700年），卡纳克巨石林（距今6000年），纽格莱奇墓（距今5200年）

距今6200年

加夫里尼斯石冢墙壁上各种线条及其组成的图案

新石器时代的人口

> 在新旧石器时代的转折期,人类采用定居、农业和饲养的生活方式,导致人口出生率激增。

人口统计学者一般根据对当今人群的观察,计算一定范围内的人口密度,进而估计史前具有类似文化人群的人口数量,以这样的方式推算旧石器时代主要时期的人口不过数十万。其中有两个大的增长期:一个是距今大约40000年,人口达到100万;一个是距今大约10000年,伴随着新石器化,人口达到500万。距今6000年,处于新石器化路上的欧洲可能有200万居民,这个数字在距今4000年时达到2300万,而此时地球上的人口达到了1亿。人口增长如此迅速的原因是什么呢?

古人口学家让-皮埃尔·博凯-阿佩尔(Jean-Pierre Bocquet-Appel)认为,定居是人口激增的关键所在。在游牧人群中,妇女要带着孩子参与群体的迁移。这些孩子长久固定地跟着母亲,随时可以吃奶,而这种延长哺乳的过程会延迟女性月经周期,使得游牧人群的繁殖能力较弱;相比之下,定居人群中的女性平均每人可以哺育8—11个孩子。在这种情况下,超大数量的儿童对可用资源的需求导致了农业和饲养模式的发展运用。这些创新是在定居之后出现的,也维持了定居模式的发展,但它们不是定居模式的源头。

通过对北非、欧洲和北美中石器时代和新石器时代几十个墓地出土的骨骼进行大量的数据统计分析,学者看到了新石器时代人口激增的现象。在这些墓地,儿童和青少年的比例在定居前为大约20%,在进入新石器时代的六百到八百年后就增长到30%,表明人口年龄金字塔的底部显著扩宽,儿童更多了。

参考:新石器时代(距今12000年),新病来袭(距今9000年)

塞尔维亚文萨(Vinča)新石器文化遗址中出土的小雕像,雕刻了一位母亲怀抱着孩子

卡纳克巨石林

卡纳克巨石林宏伟的景观，使它当仁不让地成为欧洲史前史圣地。

距今6000年

虽然数千块石头竖立形成的巨石阵遗迹在法国的布列塔尼到处都有，且延续了千年，不过莫尔比昂省卡纳克镇的巨石林却是最出名的，石头数量无可比拟。巨石林由大约4000块竖立的石头组成，有石柱、石冢、石头巷道各种形态，分布范围超过4公里。由于周边自然景观很不起眼，人们直到1725年才注意到它们，而且对它们的描述和解释比较混乱，通常是随意甚至错误的，比如1847年，福楼拜（Gustave Flaubert）只有一句简单描述："这是一堆大石头。"

卡纳克巨石林从西向东分三大片区：梅内克（Ménec）、克尔马里奥（Kermario）和克尔莱斯坎（Kerlescan）。在梅内克，1099块巨石沿着西南-东北方向排列，围成椭圆形的围墙（内部隐藏了明确属于中世纪的梅内克村庄）在巨石外面分为11段，延伸达1165米。再往东是最出名，也是参观者到访最多的克尔马里奥，有980块石头排列，长达1100米。这里发现了卡纳克巨石林最大的立石——"马里奥的巨人"，高6.5米。这些石头的排列方向呈明显的东西向。克尔莱斯坎的巨石林是最小、最矮的，估计最初长350米、宽140米，保存最完好。在靠近卡纳克镇的地方还有几个巨石群也很有名，包括位于滨海拉特里尼泰（La Trinité-sur-mer）的小梅内克（也是克尔莱斯坎延伸的一部分）和位于埃尔德旺（Erdeven）的克尔泽霍（Kerzerho）巨石阵。

这些巨石林的测年结果不太令人满意。被克尔马里奥巨石林一端覆盖的马里奥山丘被测定为公元前5000年，所以这些巨石林可能要晚一些，大概在公元前4000年。

出于保护的考虑，卡纳克巨石林只有冬天才能进入参观。

参考：巨石阵（距今6700年），加夫里尼斯的石冢（距今6200年），石头战士（距今5500年）

卡纳克巨石林由近4000块石头竖立组成，这种宏大规模没有任何遗址能够媲美

城邦的出现

在美索不达米亚南部，新石器时代的经济方式为最早的城市中心的出现创造了条件，进而诞生了一种新的政治权力形式。

美国亚述学家塞缪尔·诺亚·克雷默（Samuel Noah Kramer，1897—1990）提出过一个著名论点："历史始于苏美尔"。事实上，从公元前第7千纪开始，受到定居及随后农业经济模式的影响，美索不达米亚南部的人群开始发生缓慢的转变。奥贝伊德（Obeïd）文化居址扩大了，还出现了大型公共建筑。横跨公元前第4千纪的乌鲁克（Uruk）文化诞生了世界上最早的也是真正的城市文明，城邦随之出现并发明了文字，这样美索不达米亚彻底以全新的面貌进入了历史时期。

数量众多的城市代表了一种分等级的社会组织形态。乌尔（Ur）城，是最早的也是最大的城市之一，由一个王来管理，这个王是真正的政治和宗教头领。城外有围墙，人们在围起来的区域内开展农业和手工业活动，这标志着一种新的定居生活方式。城内拥有从事集体活动的场所和设施，在某种程度上提供了舒适的生活条件（至少对精英阶层而言），当然也有随之而来的麻烦，如流行病、暴力和压力。

美索不达米亚南部的这种城市化过程与地理环境有关，这里有着广袤的大平原，两条河——底格里斯河和幼发拉底河流过，形成可为人类利用的天然条件。在公元前6500年左右，在新石器文化和经济模式从黎凡特源头地区往外扩张的过程中，这里成了农业人群的绿洲，为人们的大量繁衍和密集扩张创造了条件。通过对比我们可以看出，欧洲的农业人群可以在广大的范围自由分散地生活，而苏美尔则蜷缩在沙漠和古波斯湾之间，限制了外地人口的到来，人们只能在固定的空间内发展，这样新兴城市文明要想在内部达到一致，进行有效的管理，就必须采用不平等和分等级的社会组织结构才能长久维持，稳定发展，这样就导致了最早城邦的出现。

参考：文字的发明（距今5300年）

乌鲁克遗址，位于今天的伊拉克境内，是美索不达米亚最古老的城市之一

石头战士

新石器时代末期,在整个欧洲范围内出现了很多竖立的大石头雕像,上面雕刻的人,无论男女,都具有独特的风格。

公元前3500年左右,欧洲出现了很多插在地上的雕塑,类似巨石阵的糙石,表面刻画或雕刻了具有特殊风格的女性或男性形象。这是欧洲最早的雕塑艺术,具有特殊的考古研究价值,为我们了解没有文字记载的社会的思想和观念,打开了一扇窗。

"立石雕像"也被称为人形石柱,石质为砂岩,高0.5—4米。以发现比较集中的法国鲁埃格(Rouergue)为例,这里有100多块立石雕像,表现的内容非常一致,性别特征非常明显,年代为公元前第3千纪。此外在法国加尔省和埃罗省(Hérault)发现了新石器时代末期和铜器时代的40多个雕像,加工略粗糙;在普罗旺斯发现了三角形的立石雕像,上面装饰着人字斜纹和孤立的人脸;在科西嘉岛(Corse),石雕像正面雕刻了很大的匕首或军刀,十分引人注目。不仅在法国,人形石柱在意大利、瑞士、西班牙、罗马尼亚直到乌克兰和近东地区都有发现。

这些立石雕像上的人身仅经过简单雕凿,腿直,与上半身用腰带分隔,双臂交叠,脸部只表现了眼睛和鼻子,有时候脸上还有平行的刺青花纹,通常穿着一件大衣。这些雕像从来不专门表现性别,不过通过乳房、好几圈项链、垂在后面的头发等特征,可以辨认出是女性;而通过挎在胸前的肩带和武器如弓箭、斧头、军刀,则可辨认出是男人,而且是真正的"石头战士"。此外,在科西嘉岛的阿拉维纳(Aravina)发现的立石雕像上,还能看出人像的形态随时间变化的过程。

在公元前第4千纪和公元前第3千纪,新石器时代的社会向等级社会发展的过程中,立石雕像可能是战士群体出现的象征,标志着男权和权力主导的社会形成。

参考:冲突(距今13140年),西班牙东部岩画里的战争与和平(距今8000年),巨石阵(距今6700年),卡纳克巨石林(距今6000年)

距今5500年

法国阿韦龙省莫雷尔卡尔梅尔-勒-维亚拉(Calmels-et-le-Viala, Maurels, Aveyron)地点的砂岩"立石雕像",现藏于法国南部罗德兹市弗纳耶博物馆(Musée Fenaille, Rodez)

马的驯化

在中亚大草原上发现了人类驯化马的最早证据,这里的人不仅骑马,还驯养马获取奶制品。

在寒冷的地区,新生的驯化动物不仅有牛、羊、猪,还有马,它更适应冬天严酷的气候,并且全年都能自己觅食。根据英国和法国学者团队的研究,在哈萨克斯坦北部公元前第4千纪之前的波泰(Botai)文化中已经出现了人类最早驯化野马的证据。

2009年,这些学者在《科学》杂志发表了研究成果,将人类驯化马的时间提早了一千年。证据分为三个方面。首先是马的骨骼分析,动物考古研究显示,马的形态、某些骨骼的比例和大小出现了改变,这种改变经历了几代的时间,是驯化过程中人为选择的结果。波泰文化中出现的马,形态与现生野马不同,但与青铜时代的驯化马相似。其次是牙齿分析,某些马的牙齿上存在伤痕,说明它们曾经佩戴过嚼子,也就是说曾被套上马具或笼头,当成人们的坐骑。最后是陶器上的脂肪残留物分析,表明人类曾经取用马奶,毫无疑问是为了制作发酵的饮料"马奶酒",这种酒在哈萨克斯坦一直受到广泛喜爱。

曾有学者根据刻画、雕刻或艺术品里出现的类似笼头的轮廓推断,马格德林文化的人群可能是最早控制野马的人,不过这个理论没有得到考古遗存的证明。

参考:人类最老的朋友(距今33000年),动物的驯化(距今10500年),最早的家猫(距今9500年)

距今5500年

亚述古城杜尔-沙鲁金(Dur-Sharrukin)发现的骑马侍从浅浮雕,现藏于法国巴黎卢浮宫

阿拉克山的刀

这把精致华美的刀,用象牙和燧石制作而成,见证了史前时代末期向法老文明迈进的历程。

在卢浮宫胜利女神像大厅参观的人一定会对这件埃及文明的珍宝感到惊奇。它就是见证了文字出现前精巧手工工艺的"阿拉克山(Gebel el-Arak)的刀",生产于公元前第4千纪的最后250年间。

这把刀在1914年被一名开罗商人买下,所以来源不能确知,唯一可知信息是"阿拉克山"这个地名。它的毛坯是一枚石叶,可能来自乌姆·卡伯(Umm el-Qaab)前王朝时期的墓地,因为在这个墓地里发现了与它相似的碎片。学者一般认为它属于纳卡达(Nagada)文化二期,处于埃及史前史的末期。最近的发现和校正后的测年共同表明,这把刀的年代可能在公元前3450—前3400年左右。

石叶长16.5厘米,原料是漂亮的淡红色的燧石。一面磨光;一面经对称打制,片疤平行分布,中间从上到下有一道规则的脊线。精细加工形成细齿状的刃缘。这是一种直到公元前3500—前3200年才在埃及出现的高超工艺。它被安装在河马犬齿做成的柄上,柄长9厘米且布满装饰。柄的一面是"动物的主人"主题,一个人站在两头狮子中间,这是来自美索不达米亚的形象,还有狗、野生动物、一名狩猎者和一只羚羊。另一面刻有四行排列整齐的士兵,其雕刻工艺反映了埃及的艺术传统,所表现的内容也是同类工具典型的主题(并非真正发生的事件),这些图案的内容比较相近,也经常出现,反映了埃及国家形成阶段占主导地位阶层的活动。

石叶和柄最初是用金箍和钉扣连起来的,它是一件完整的、可供炫耀的物品,并非实用之物。与之相似的用于仪式的刀也有发现。

参考:拜达里文化(距今6500年),最早的木乃伊(距今6300年)

阿拉克山的刀,见证了埃及史前时期精巧的工艺,藏于法国巴黎卢浮宫

文字的发明

距今5000多年,伴随着文字的出现,社会和文化发生了巨大改变,人类走出了史前阶段。

学界有时将文字的诞生视作史前史结束的标志,不过这种看法也颇具争议,因为就像所有人类社会的革新一样,文字也是在不同的时间、不同的地方被发明的,而且有些社会虽然没有文字,但也不能认为它们仍是史前社会。不管怎样,正是这个分界的标志促使美国亚述学家塞缪尔·诺亚·克雷默提出了著名论点"历史始于苏美尔",他于1956年出版了同名专著,影响甚广。

在苏美尔地区的古代美索不达米亚,底格里斯河和幼发拉底河之间,古代人类伴随着最早的城邦(最著名的是乌鲁克,位于今伊拉克南部,以此命名的乌鲁克文化是美索不达米亚公元前第4千纪大部分时间里盛行的文化)出现,明确地进入历史时期。正是在这个容纳了数万居民的最早的城市中心,考古学家发现了最早的文字。它们是用芦苇笔(将芦苇秆削尖)在湿泥板上刻的一些符号,刻完后立即烘烤或在太阳下晒干。目前已经发现成千块这样的泥板文书,最古老的在大约公元前3300年。根据这些符号的形状,学界命名了一种文字——楔形文字,它从公元前第2千纪开始在整个近东地区传播开来。

文字诞生的原因很多,在由行政人员、商人、手工业者等组成的社会里,成员之间的交流活动非常多,对这些活动进行记录的需求不断增长,所以人们首先用泥做成统一大小的类似筹码的牌子,然后以固定形态为基础创造出代表单字或概念的符号,有时候也创造表意符号,这些符号不断发展完善,最后就演化成了楔形文字。另一种形式的文字——象形文字,于公元前大约3000年也就是在美索不达米亚文字出现后极短的时间,在埃及形成了通用的文字体系。

参考:城邦的出现(距今5500年)

距今5300年

烘烤过的楔形文字泥板,边长大约4厘米,发现于叙利亚古城埃卜拉(Ebla)

纽格莱奇墓

纽格莱奇墓是爱尔兰最著名的考古遗址之一,也是巨石阵艺术中的珍品。

爱尔兰"旅行走廊"内的陵墓是欧洲最令人惊叹的古迹,这些墓葬大部分集中在爱尔兰岛北部和东部。在都柏林(Dublin)北大约50公里的米斯郡(Meath)内有3个巨大的土丘,它们是3座大墓:道斯墓(Dowth)、诺斯墓(Knowth)和纽格莱奇墓(Newgrange),是爱尔兰距今5000多年的巨石阵文化传统的代表。它们和周围的40多座墓葬,共同组成"博因宫"(Brú na Bóinne)考古遗址群,其中部分仪式建筑一直沿用到中世纪。

诺斯墓和纽格莱奇墓经过深入的考古发掘。学者发现,人类在这个谷地活动的最早时间可以上溯到公元前第4千纪,刚好是人类开始农业生活方式和砍伐森林树木的时间。纽格莱奇墓测年为公元前3200—前3000年;诺斯墓稍微早一点,在公元前3700—前3500年。纽格莱奇墓因为规模壮观最受人瞩目,直径85米,占地0.5公顷。通过一条长19米的过道进入墓室,墓室是十字形的,墓顶突出达6米高。几乎所有石头,特别是墓外墙的巨石上布满了装饰图案。

从某些石板上的装饰来看,图案具有一定的迷幻效果,反映出当时的人类掌握了高超的巨石艺术的工艺,他们知道在同一块石板上利用板材表面自然的不规则性,将不同形态和大小的图案如螺旋形、菱形、长方块或半圆形连在一起,在石板面上最大限度地覆盖装饰。

虽然这些墓葬艺术的含义我们不得而知,但是考古学家发现,冬至日前后几分钟内,太阳升起时,光辉可以直射墓室中。

参考:巨石阵(距今6700年),加夫里尼斯的石冢(距今6200年),卡纳克巨石林(距今6000年),巨石阵的隐藏景观(距今4800年)

纽格莱奇墓的过道

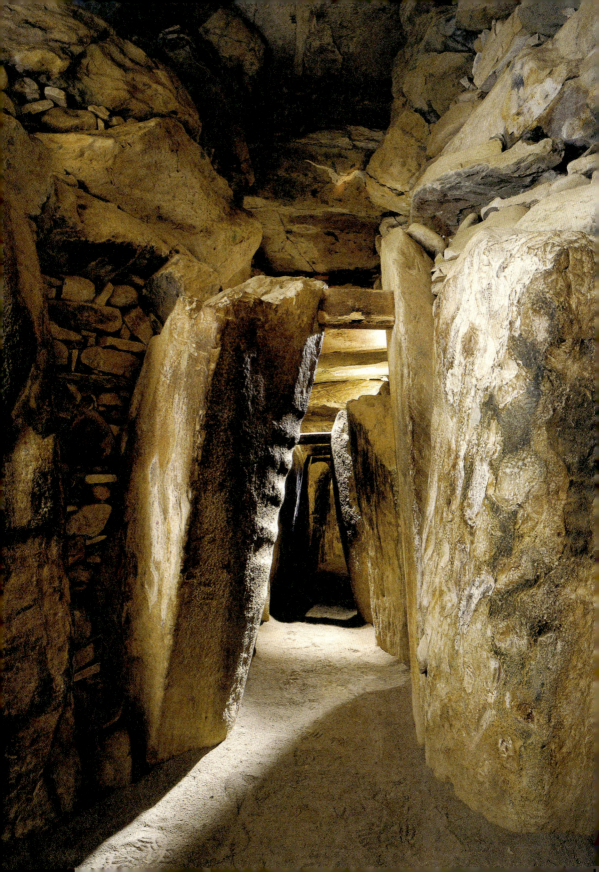

斯卡拉布雷遗址

斯卡拉布雷村庄，位于苏格兰北部奥克尼群岛的主岛上，被沙子埋藏了几千年，它的重见天日，让我们得以了解保存完好的史前民居的内部结构。

历史回到1850年，在苏格兰北部奥克尼群岛主岛的西海岸上，一场风暴掀开了一个小山丘的顶部，露出埋藏了几千年的属于新石器时代的村庄——斯卡拉布雷（Skara Brae）。1924年，又一场风暴袭来，当地政府对这个珍贵的人类居址进行了保护性发掘，最后发现的考古遗存证实，从公元前3100年开始，大约六百年间，人类一直在这里活动。

由于具有近乎完美的埋藏条件，斯卡拉布雷居址的保存状况可谓无与伦比。1928—1930年，考古学家柴尔德在这里发掘，发现了8座房子的房基地面，由一组过道连接成整体。

斯卡拉布雷居址可能容纳了50—100个居民，每间房子都是40多平方米，建造在先前房子的碎石（或叫"石丘"）上，以便防潮。房子内日常生活的方形大厅里有一个很大的火塘，房顶用浮木、鲸须和植物茎秆遮盖。家具有壁橱、柜子、椅子、仓库、围床，与3米高的墙一样都是用石头搭的。地面是专门铺砌的，房门配有门栓，整个村庄建有排水管道。居民生活在这个配备齐全的村庄里，食用甲壳类动物和鱼，种植小麦和大麦，饲养绵羊和猪，生产陶器和珠宝。

斯卡拉布雷村庄是"奥克尼新石器时代遗址"的一部分，这是一个遗址群，被列入世界文化遗产名录，是西欧最重要的新石器时代遗址之一。2003年，考古学家又发掘出新遗址——"尼斯布罗德加"（Ness of Brodgar），这里有规模很大的仪式性建筑和普通的居址，是英国史前时期独一无二的遗址，即便跟地中海新石器时代的经典遗址相比也毫不逊色。

参考：村庄（距今14500年）

距今5100年

斯卡拉布雷新石器时代遗址发现了保存极好的房子，这是其中一间房子的内景

巨石阵的隐藏景观

新技术彻底改变了我们对巨石阵标志性景观的认识,揭示出原来不知道的考古遗迹。

从公元前第4千纪后半段开始,在英国出现了"石阵"——由柱状物形成的一圈一圈同心圆式的仪式性建筑遗迹。最著名的"巨石阵",也被称为"悬空的石头",是这类"圆形阵"中比较晚的遗迹,我们对它的实际用途一无所知。

在建造巨石阵的地面建筑之前即公元前8800年左右,该地就有人类活动,后来在新石器时代的公元前2800—前2100年、铜石并用时代的公元前2100—前2000年、青铜时代的公元前2000—前1100年多次建造过程中,构筑了不同的部分,考古学家对此遗址开展了各种各样的研究工作,但对标志性建筑的复杂功能和含义仍然知之甚少。

为了寻找证据,2014年,"巨石阵隐藏景观计划"的研究者发表了一张该遗址的数字地图,颠覆了我们以往的印象。实际上,巨石阵及其周边布满了以往一无所知的考古遗迹!探地雷达和地磁探测显示,地下还有17个年代为巨石阵末期的遗迹和几十个坟丘,其中一个木头建的大坟丘长33米,年代在距今6000年,还有一些深4米的坑。数字地图在我们已知的巨石阵尤其是北部最古老阶段的杜灵顿垣墙(Durrington Walls)附近,揭示出了一个新石器时代的大围墙,形成周长1.5公里的"超级圆环"。考古学家还在从东到西3公里长、被命名为"科萨斯"(Cursus)的沟渠里发现了一个缺口,参观者可由此进入石圈。想象一下,很久很久以前,人们建造了这座巨大的仪式场所,全年的仪式活动在此上演。

参考:巨石阵(距今6700年),加夫里尼斯的石冢(距今6200年),卡纳克巨石林(距今6000年),纽格莱奇墓(距今5200年)

距今4800年

现代探测技术使我们对巨石阵有了更新的认识,它实际上远远超过了史前标志性石圈的范围

奥兹冰人

在奥地利和意大利之间，一个死于暴力的狩猎者的尸体被豪斯拉布乔赫（Hauslabjoch）的冰川自然掩埋变成了木乃伊。多年以后成为科学研究的宝藏。

1991年，远足者在意大利多洛米蒂山（Dolomites）的冰川里发现了"奥兹冰人"（Ötzi）木乃伊。科学家们通过他，复原了新石器时代末期人类的穿着、工具和饮食。

作为阿尔卑斯山不幸的遇难者，这位冰人的穿着、装备都显示出他的古老性，尤其是他的武器——一把紫杉木做的弓，长1.82米，还有一个箭筒和十几支带燧石尖头的箭，以及一把铜斧。

最新研究显示，冰人死于4546年前。他大约46岁，眼睛棕色，头发黑色，O型血，生于意大利北部，曾在康斯坦斯湖边待过一段时间。他浑身是病：牙齿由于咀嚼谷物磨损得特别严重，对乳糖不耐受，患有由蜱虫传染的莱姆病、肠道寄生虫病，动脉血管里的脂肪显示他还可能患有心脏病。他的皮肤上有极具个性的刺青，可能有治疗作用，有些肉眼不可见，是2015年采用多光谱观察才发现的。

这些疾病并不是冰人的致死原因。在他肩膀里发现了一些碎片，由此推测，他死于一枚射穿颈动脉的箭头。综合其他创伤以及身上沾染着别人的血分析，他是一次袭击事件的受害者。他暴尸于海拔3200米的一条路上，我们可以这样假设，他当时在向山顶逃跑的途中遭到了袭击。还有一个例子，知名度不及奥兹冰人，但也很有意思——距今5000年的"施尼迪"（Schnidi），他在阿尔卑斯山施尼德约赫（Schnidejoch）山口丢下了自己的所有装备，告诉我们阿尔卑斯的某些山口早已经打开，成为新石器时代人群的通道了。

想象中，奥兹冰人的弥留之际

北美最古老的关于宇宙起源的描绘

"白色萨满"岩厦遗址发现了令人惊讶的叙事性图像,它所表现的信仰在新大陆延续了数千年,蕴含的秘密经过20年的研究终于得以揭晓。

在美国得克萨斯州巴斯-皮克斯(Bas-Pecos)地区靠近墨西哥边境的地方,有100多个拥有岩画装饰的岩厦遗址,这是小规模的古印第安狩猎-采集者在此临时居住时创作的作品,最古老的可以上溯到距今11000年。

其中有一座岩厦遗址——"白色萨满"(White Shaman),其岩壁上绘有非常漂亮的图案,年代大约距今4200—2750年。其中一幅长8米、高4米的彩色壁画,艺术家绘制时曾将一块石灰岩板作为攀高的台阶,还用一些天然的小凹坑来磨碎颜料。壁画中的图案有虚构的人像和动物以及象征性的符号,长期以来被解释成狩猎仪式或萨满眼中看到的图像。经过20年的考古学、民族学研究,考古学家卡罗琳·博伊德(Carolyn E. Boyd)及其团队(Shumla Archaeological Research & Education Center,简称SHUMLA)发现,这幅叙事性图案表现的是中美洲人群特别是惠乔尔人(Huichols)和阿兹特克人(Aztèques)关于宇宙起源的神话。

这是一则关于太阳诞生和时间启动的神话叙事。从左至右,我们可以看到一条蜿蜒的白色曲线,根据日食圆缺表现了太阳全年的运行时间;跟随这条白线的5个朝圣祖先,身体表现为双臂并举、腿部细小的黑色长条,每位祖先都与一个神话形象有关。在左边,新生的太阳具有人的身体,头长鹿角,手举标枪。其他的神如维纳斯、月亮神和地神是最壮观的,它们的身体呈蛇形,融合了鲇鱼的外形元素。右边,太阳神下山被表现为头朝下的形象,标枪插在侧面,脸周围有黄色的太阳圆盘,与阿兹特克神前额上表现的夜晚或太阳下山的图案一致。此外,其他象形和抽象的图案作为辅助,丰富了四季轮回的神话。

"白色萨满"岩厦的彩色岩画,虚构的人像和动物表现了中美洲人群关于宇宙起源的神话

青铜时代

在青铜时代，新的专门化经济活动日益推进等级社会的发展。

最早的冶金术如铜、金、银的加工都很原始，进入青铜时代和铁器时代之后，人类社会发生了翻天覆地的变化。青铜时代，人们对火的控制更娴熟，可以制作铜锡合金器；到了铁器时代，人们甚至可以将炉温提高到1500摄氏度。不过最重要的是，生产和进行交换的大型中心在远离矿脉的地方发展起来了，从而形成了新的、范围更广的经济流通。

原史时代的人类并不是以线性方式进入青铜时代的。各个史前阶段的人们跨入金属时代的时间界限是因其所处区域而异的，而且所有阶段对特定区域的人类来说都是很重要的。比如我们一般认为西欧进入青铜时代的时间是距今3800年；而在法国，青铜时代持续了22个世纪，即从公元前2200年直到公元前52年罗马征服高卢人。但是前哥伦比亚时代的文明又是另一种情况，他们从来没有使用过青铜冶金术。

如果仅从考古遗存来看，金属制品与陶器相比，明显少得多。如此看来，青铜时代的首要特征并非使用青铜本身，而在于青铜器带来的触及社会各方面的深刻变革。实际上，金属制品的生产需要更高程度的专业化，它需要矿工、铁匠、商人，而这些"专业技术人员"需要另外一批人来养活，也需要专人保护，所以社会组织自然而然发生了转变。这种新的活动推动了更大范围的一系列交换，导致一些矿脉产区如大西洋沿岸的繁荣发展，也导致了社会等级的细分和扩大。金属器作为权力的符号，可以通过墓葬里的各种丧葬仪式反映出来，考古学家还可以从中了解精英阶层对土地的占有，所以青铜时代也是真正的统治阶层权力增长的时代。

参考：最早的金属（距今11000年），瓦尔纳的金器（距今6600年），铜石并用时代（距今6500年）

"杜姆贝格"（Dürmberg）瓶，发现于奥地利。哈尔施塔特（Hallstatt）时代，又叫早期铁器时代，大约在公元前5世纪和公元前4世纪

前哥伦比亚时代的亚马孙奇迹

我们了解甚少的亚马孙史前时代,逐渐揭开了神秘的面纱。这里实际上也曾有过重要的文化创新,也曾是密集人群的居住地。

长期以来,我们以为欧洲殖民者发现的"新大陆"是另一个原始世界,既是处女地又是野蛮地,就像美国自然主义作家兼诗人亨利·戴维·梭罗(Henry David Thoreau,1817—1862)想象的那样。但是考古学家几十年的研究表明,实际上很早就有密集人群在此活动了。

其实我们被亚马孙的表面迷惑了。亚马孙的生态系统超级庞大,面积达700万平方公里,以6400公里长的亚马孙河及500条支流为主体,所以我们一直视其为禁地,无法进入,但其实这里并不只有森林,也不完全是不毛之地。在距今10000多年甚至更早,狩猎-采集者就在此活动。他们与地球上其他人群一样,在距今7000—5000年独立制作陶器,驯化植物,在距今6000—5000年发明出当地的集约型农业,毫不夸张地说,他们也塑造了自己开发的这片土地,以至于今天亚马孙的生物多样性就是这些古老的森林园艺者留下的遗产。

亚马孙湿润的热带森林既是重大的文化创新中心,也是真正的城市中心发展之地。其实最早来这里的探险者曾经发现过有密集人群活动的、绵延数公里的大居址!但是由于他们强烈的偏见以及发现的物质遗存证据极少,于是便把史前亚马孙描绘成一片蛮荒之地,认为这里仅有分散的半定居的小村庄,与安第斯山高地上的高级文明相去甚远。

今天,观点已经改变,亚马孙辉煌历史的印记不会再被忽略了。2013年,法国考古学家斯蒂芬·罗斯坦(Stéphen Rostain)、杰夫罗伊·德·索利厄(Geoffroy de Saulieu)在亚马孙河上游厄瓜多尔的安第斯山脚下发现了一个椭圆形的持续居住过的建筑遗迹,长19米,宽11米,其中一个大的火塘里有木炭,据测年得出的校正年代为公元前1495—前1317年,是目前已知亚马孙美洲印第安人最早的房子。

参考:卡皮瓦拉山(距今50000年),圣埃利纳遗址(距今25000年),黑土地(距今2500年)

这是在亚马孙厄瓜多尔潘巴伊(Pambay)发现的房子的艺术复原图。右上方是柱洞平面图,左上方是搭建好的房子,下面是将倒立的树干用作房子的顶梁柱

黑土地

葡萄牙语中的"黑色土地",指的是一种人为形成的特别肥沃的深色土地,它们可以帮助我们更好地了解前哥伦比亚时期文明的面貌。

拥有700万平方公里的亚马孙地区不是考古学家工作的理想之地,因为热带森林环境使得遗存保存不好,而且为调查研究带来了很多客观上的困难。

卫星不能很好地穿透茂密的森林来捕获图像,于是自2010年以来,学者利用光学雷达(LiDAR)成功确定了450个"地画"(一种大地艺术,是人类通过各种方式在地面上制成的大型图案,一般长度要超过4米。但亚马孙发现的不全是人类艺术。——译者注)。这些图案中有一种"黑土地"是距今2500—500年人类形成的土地,地上有大量的陶片,为我们了解该区域史前人的活动提供了丰富的信息。

直到最近,我们一直以为亚马孙的人类在这块贫瘠的土地上不可能发展出类似美索不达米亚的文明,然而这里厚达2米的黑土地埋藏了极为丰富的木炭(来自房子中的火塘、焚烧植物的区域)、有机物和食物(这是黑土地最有意思的地方,因为这些土地与持久性的农业土地相似,尤其是在循环再生这一特点上),彻底改变了我们对亚马孙的看法。

亚马孙还有很多地方值得我们去发现。光学雷达目前确定的遗址有1000多个,根据古生态学家克里斯蒂·麦克迈克尔(Crystal McMichael)提出的遗址分布预测模型,"黑土地"可能占据亚马孙超过3%的区域,其中最密集的地区有两个,一是东边的区域,二是流经安第斯山的河流所覆盖的营养元素富集区。

那么未来研究的目标是什么呢?无论如何,首先要改变关于亚马孙史前人类的观念。这里不是狩猎-采集者无法进入的森林处女地,而是曾经拥有大规模复杂等级社会的地方,分布着大量的居址,人类在这里从事集约型农业生产,进而深刻地改变了环境。

参考:前哥伦比亚时代的亚马孙奇迹(距今3100年)

距今2500年

亚马孙富含营养元素的河流沿岸分布了大量极其肥沃的黑土地,它们都与史前人类活动有关

多塞特文化

在北美极地的史前考古学文化中，多塞特文化有着鲜明的特色，以细石叶石器和精美的艺术品为典型特征。

大约8000年前，来自东亚的狩猎者开始征服加拿大北极地区。他们被称为古爱斯基摩人的文化，多塞特（Dorset）文化就是其中比较晚的一支。1925年，人类学家戴尔蒙德·珍妮内斯（Diamond Jenness）根据巴芬岛（île de Baffin）多塞特岬角（Cap Dorset）发现的一批混合的考古学材料定义并命名了多塞特文化。该文化在加拿大魁北克省的努纳维克（Nunavik）、拉布拉多半岛（Labrador）和纽芬兰岛也有分布。

该文化的古老性颇受争议，它可以分为4个阶段，从最早的多塞特文化早期（公元前500年）开始。典型特征是细石器文化，包括所有种类的工具，如底部平直或内凹的三角形尖状器、假雕刻器、端刮器、半圆形的边刮器、横口斧等，器身上有打制、磨损和刻槽留下的痕迹。除了石器以外，还有大量骨器、鹿角器、象牙或木头制作的器物，种类很丰富，包括鱼叉头、带倒刺的尖状器、雪橇板、雪钩和雪刀等，有的器物上还装饰着动物或人形的图案。

该文化的居址是小型帐篷和地穴式房子，长屋似乎是为了部族中不同家庭聚会时使用的。我们知道多塞特人狩猎海洋哺乳动物，但不捕鲸，还狩猎陆生动物如加拿大驯鹿，还有候鸟。

至于今天的因纽特人，他们的直接祖先并非多塞特人，而是另一支考古学文化的主体——图利人（Thuléens），他们所处年代更晚且工具技术与多塞特文化明显不同。

参考：征服高纬度之地（距今8000年）

距今2500年

阿拉斯加多塞特文化中装饰有人脸的叉子

解读旧石器时代艺术

世界上伟大的史前学家都曾试图解释旧石器时代晚期艺术品大量出现的深刻原因,但是一直不得其解。

为什么旧石器时代晚期会出现史前艺术大爆炸?这个问题从1879年阿尔塔米拉洞穴发现以来一直没有得到满意的答案。

通常认为,人类是沿线性轨迹从简单原始向复杂高级演化的,所以最开始对旧石器时代艺术的解释也是相当简单的。另外,艺术理论认为,绘画、雕刻或雕塑并无其他目的,就是为了创造美;史前学家提出了新的解释,即艺术是为了表达图腾或者狩猎的巫术,这一观点由布日耶倡导,被学界广为接受直到20世纪50年代。随后安德烈·勒卢瓦-古朗提出了结构主义的视角,主要围绕雌雄二元对立,把洞穴看成一个圣殿,试图将洞穴里的符号解构成有意义的组织或结构,但没有成功。近20年来,肖韦洞穴研究负责人让·克洛特和南非人类学家大卫·路易斯-威廉姆斯(David Lewis-Williams)提出,洞穴壁画源自萨满思想,是建立在灵魂焦虑和被扭曲的意识状态中的宗教信仰体系。

这些观点都不能完美解释哪怕是部分解释岩画产生的原因,无疑是因为岩画和艺术品分布的地理区域十分广泛,风格也相当多样,因而用放之四海而皆准的简单化解释是行不通的。还有一个原因是,我们祖先创作的岩画与其他考古遗存一样,都是不完整的,不足以让我们窥测其动机。最后,也许是因为这个问题本就不是问题,我们当初对解剖学意义上的现代人在距今10万年走出非洲征服地球感到惊讶,于是自然认为这些"原始"的生物学上的同类不能创造出美丽、复杂、具有象征意义的艺术,始终把自己局限于这个思维定式中,也就一直停留在19世纪末人们对史前艺术的理解状态。

参考:画在洞穴里的动物(距今36000年),洞穴艺术家的技术、工具和材料(距今36000年),几何学的主题(距今17000年),可移动艺术品(距今15000年)

布日耶于1900—1902年在阿尔塔米拉洞穴中临摹的野牛

处于危险中的艺术品

洞穴的生态系统复杂,在现代人进入后变得更加脆弱。以拉斯科洞穴为例,20年的时光,足以对这个举世无双的文化遗产造成永久的伤害。

保藏着壁画艺术的洞穴,其生态系统是很不稳定的,生物气候的平衡随时会被打破。各种微生物如藻类、霉菌、蘑菇、细菌等都等着平衡被打破,然后在空间、土壤、墙壁上繁殖,这就给洞穴绘画和雕刻艺术品的保存带来了威胁。即便稳定了数千年,洞穴的生物群落一旦被打破,生态失衡是不可避免的,因为洞穴岩画被发现后,参观者便会纷至沓来。

拉斯科洞穴就是最好的例子,它很好地说明了这些岩画的脆弱性。拉斯科洞穴空间小,画廊只有235米长,且窄,比其他宽大的洞穴更接近地表。它于1940年被发现,经过大幅度整修,1948年对公众开放。到1962年,墙壁上感染了"绿色的病害"(藻类造成的)和"白色的病害"(因二氧化碳浓度过高造成的)。当地政府最终不得不于1963年关闭洞穴,不再向公众开放,并喷洒了福尔马林。但不幸的是,拉斯科的平衡已经被永久打破了,进入21世纪,它又受到了一种快速生长的微生物茄病镰刀菌(*Fusarium solani*)的侵袭,虽然通过紧急喷洒石灰和涂抹强力杀虫剂得到了处理,但细菌和几种不同的蘑菇又轮番来袭,简直防不胜防。

这种情况在社会各界引起了激烈的争论,从2008年开始状况似乎稳定一些了,因为全世界范围内都启用了一种旨在帮助洞穴找回可控生态系统的科学方法,限制了病害的复发。这样,只要温度和湿度允许,封闭的地下空间的自清洁能力就会更好地发挥作用,我们也可以付出更多努力增加对洞穴壁画上微生物的了解。

参考:拉斯科,史前的西斯廷教堂(距今17000年);莫妮可·佩特拉尔,拉斯科的现代画家(1971年);遗址重建(2015年);拉斯科,复活的永恒(2016年)

1963年

数千年间未曾面世,一经发现,这些旧石器时代的艺术珍品就广为公众赞颂,但洞穴的复杂生态系统从此就变得极其脆弱了

莫妮可·佩特拉尔，拉斯科的现代画家

> 一位女画家历时11年，完成了对拉斯科马格德林文化洞穴壁画精品的复制，她所做的这项工作是非同寻常的。

公众蜂拥而来，对"史前的西斯廷教堂"进行膜拜的同时，对洞穴壁画也造成了毁坏。拉斯科洞穴于1963年关闭，随后建造了"拉斯科2号"，即以90%的原件为基础对公牛厅和分支窖室完成的复制品。

在钢筋水泥的外壳上，雕刻家伯纳德·奥格斯特（Bernard Augst）和皮埃尔·韦伯（Pierre Weber）复原了洞壁高低起伏的表面，复制史前彩色壁画的任务是由现代艺术家莫妮可·佩特拉尔（Monique Peytral）完成的。她毕业于美术专业，专门绘制大型壁画，从1971年到1983年，她用天然颜料忠实地复制出拉斯科的洞穴壁画。虽然因经费问题曾一度中止，但她仍然没有停止拉斯科的绘画。1978年，法国多尔多涅省委员会买下了复制的洞穴壁画，复制项目得以重启。1983年7月18日，第一位游客进入"拉斯科2号"这个由才华横溢的现代画家装饰的洞穴。

不幸的是，与原洞穴一样，"拉斯科2号"也成了受害者和公众关注的焦点。因为没有如莫妮可·佩特拉尔期待的那般进行定期修复，每年27万参观者的进入使壁画出现了磨损，灰尘沾污了画面，颜色也褪掉了。所以在2008年，人们决定对复制的壁画进行全面修复。这次，这名艺术家没有亲自操刀，而是亲临修复现场指导。

莫妮可·佩特拉尔非凡的工作被康斯坦斯·莱德（Constance Ryder）拍成了一部很美的纪录片《莫妮可·佩特拉尔：画出拉斯科，画出生命》（*Monique Peytral: peindre Lascaux, peindre la vie*，2013），入选了多项大赛并在各个艺术节获奖。

参考：拉斯科，史前的西斯廷教堂（距今17000年）；处于危险中的艺术品（1963年）；遗址重建（2015年）

绘画艺术家莫妮可·佩特拉尔奉献11年，忠实地复制出拉斯科洞穴的壁画

碳-14测年与古老的史前艺术

在今天，如果壁画颜料里包含有机物质，那么只要提取微量样品，就可以测定洞穴壁画的年代了。

很久以前，人们一直认为原始艺术处于摸索阶段，风格粗糙低劣，要经历循序渐进的过程才能达到拉斯科那样的艺术巅峰，但是肖韦洞穴第一批碳-14测年数据完全打破了这种认识，使怀疑论者不得不面对这个事实：肖韦洞穴的艺术一点也不"原始"；相反，它非常精美，而且早在大约距今36000年。它可能是世界上测年最系统、最准确的岩画洞穴了，因为1995年以来，共有50多个木炭样品经过了测年，其中有6个直接提取自绘画和图案本身。

实际上，碳-14测年带来了我们认知的变革，特别是20世纪70年代以来，让碳-14测年方法发生革命性变化的加速器质谱技术（AMS）的运用改变了一切。AMS的目的是将原子束分离，在电离室单独计算碳-14原子的数量，因而大大降低了样品量，用解剖刀从炭化的颜料里或在更好的条件下从岩石的裂缝里（那里颜料厚一些）采集1毫克的炭就足够测年了。这样采样的量比原来减少了1000倍，使我们可以在保护岩画完整性的前提下对数千年前的遗产进行直接测年。

当然，有一个前提条件，就是岩画所用黑色颜料应该是用木炭做的，而不是矿物做的（如拉斯科）！佩里戈尔地区是首批运用碳-14测年法进行绝对测年（即精确到年）的区域之一，但是由于样品原因，也不能做直接测年，所以学者只能从地面提取木炭和鹿骨的小碎片，送去实验室分析。这又产生了问题：我们如何保证绘画和地面提取的木炭是同时的呢？

参考：铀-钍测年的革命（2012年）

最新的技术大大减少了测年的样品量，使洞穴壁画的直接测年成为可能，学者据此便可得知肖韦洞穴壁画上犀牛的绘制时间

铀-钍测年的革命

铀-钍放射性同位素测年,可以测定史前岩画上面和下面结核的年代,由此可以更准确地确定岩画的年代上下限。

铀-钍放射性同位素测年(U/Th)可以测定某些碳酸盐物质的年代,比如海洋环境中的珊瑚、陆相沉积中的石笋和洞穴里的矿物质沉积。

对于史前学家来说,岩画的测年是个难题,不过铀-钍测年带来了意外之喜:自2000年以来,它被用来测定绘画和雕刻图案上沉积的方解石,根据方解石沉积在岩画上面或者岩画下面,就可以得到比岩画更晚的年代或比岩画更早的年代,从而卡定岩画在沉积物的年代之前完成,或者只能在沉积物的年代之后完成。

这种测年方法给出了两个令人惊讶的结果。2012年,研究团队对西班牙11个洞穴的岩画完成了50多个样品的测年,结果表明,有些符号如坎塔布里亚的卡斯蒂略洞穴发现的红色圆圈,年代至少在距今40800年,暗示尼安德特人可能是这些作品的主人。2014年,印度尼西亚苏拉威西岛发现的阴文手印,年代至少为距今39900年,可能是目前所知最早的阴文手印纹。另外,对两个哺乳动物的测年显示,其中一只鼠豚距今至少35400年,这与肖韦洞穴的壁画是同时期的,但肖韦洞穴显然在世界的另一端。

不过,对洞穴艺术的测年并没有完美的解决方案。专家在面对这些测年结果时都是非常谨慎的,运用铀-钍测年法测定方解石沉积的年代实际上仍有不少困难,尤其是方解石沉积层的地球化学成分会随时间而变化,主要与洞穴的地貌变化有关,特别是铀会因为水流作用发生迁移。如果不考虑样品与环境之间的相互影响,就会导致错误的测年结果。

参考:碳-14测年与古老的史前艺术(1995年)

这是一具完全被方解石层覆盖的玛雅人的骨架

让猛犸象重生？

用新发现的冰冻猛犸象标本重启灭绝物种克隆计划，这种"去灭绝"技术引起了学界的质疑。

猛犸象在更新世末就灭绝了，但经常在西伯利亚和阿拉斯加的永久冻土里发现冰冻的猛犸象尸体。2012年8月，在俄罗斯新西伯利亚发现的一头母猛犸象本来也没什么特别之处，但当研究者宣布从这个距今15000—10000年的动物身体里提取了血液即有可能存活的DNA时，人类重新抛出了让猛犸象复活进而让所有灭绝动物再生的神秘梦想，这就是被称为"去灭绝"或生物复活的技术。

这到底是怎么回事呢？研究团队的计划是，先把携带猛犸象遗传信息的细胞核转移到一个去除了细胞核的卵细胞里，再让它在最相近的物种——一头母亚洲象体内受孕形成受精卵发育妊娠，从而完成猛犸象的复活。但是这个过程存在很多技术难题，除了长达22个月的准备过程以外，胚胎发育的管理也并非想象的那么简单。2013年3月澳大利亚有一种灭绝青蛙——胃育溪蟾（*Rheobatrachus silus*）被复活，2008年比利牛斯羱羊被复活，但它们都在出生时染上了很多疾病，只活了很短的时间就死了。

"去灭绝"技术同样引发了一系列的问题，包括卫生的、生态的、伦理的和法律的。其中一个明显的问题是，该复活哪些物种？最受媒体关注的物种吗？我们要指出的是，备受关注的恐龙是排除在外的，因为它们的分子DNA超过1500万年了，是无法提取的。即便这些动物被复活，当时的环境已经消失了，如何让它们生存呢？比如猛犸象被复活后，俄罗斯就要辟出自然保护区"更新世公园"，为猛犸象重建末次冰期的生态系统。最后，这意味着我们势必要放弃原本一致努力保护的生物了，难道不是冒险吗？如此一来，本来令我们担忧的动物保护就会雪上加霜，在假想的"去灭绝"猛犸象行走在西伯利亚平原之前，非洲象可能已经濒临灭绝了。

参考：猛犸象（距今60万年）

尤巴（Lyuba），2007年在西伯利亚发现的猛犸象宝宝。这些保存极佳的动物标本，使人们产生了复活它们的非分之想……

3D复原的波姆-拉特罗恩洞穴壁画

近20年来，3D数字技术（扫描、摄影测量）极大地方便了岩画的记录，也利于保护和传播。

波姆-拉特罗恩洞穴位于法国加尔省的加登（Gardon）峡谷，距离尼姆（Nîmes）20公里。1940年在洞穴内发现了岩画，大天花板上有10多幅，绘有猛犸象和大型猫科动物，是用手指蘸泥土画上去的，用手作画是史前艺术中一种独特的工艺。从2008年到2013年，马克·阿泽玛及其团队运用3D数字技术对岩画进行了精确的记录。在天花板岩画附近的方解石里发现了一块木炭，校正后的测年为距今37464年，与距其北部70公里处的肖韦洞穴相近。

近10年来，3D扫描记录在考古遗址中得到了广泛应用，它在波姆-拉特罗恩洞穴使用多年的历程，刚好是这种技术发展的真实写照。最开始我们用3D扫描，借助激光束记录岩壁表面的高低起伏，生成空间点云，然后拍摄高清照片输入软件，以纹理化网格的形式重建了墙壁和地面。最新的技术叫作"密集关联图像对应"，仅通过拍照即可产生数字3D的复原（摄影测量）。2013年，波姆-拉特罗恩洞穴就运用了这项最新技术，测量可精确至10毫米，使考古学家能更精确地记录岩画图像，达到尺寸准确、完全符合原貌的效果。

除了对科学研究的意义以外，洞穴艺术的3D复原还可以减少研究者在洞内逗留的时间，尽可能让洞穴维持平衡的环境和状态；产生的可视化复原图或复制场景，让公众欣赏到自己也许永远无法亲自进入洞穴观看的精美洞穴岩画，就像在拉斯科洞穴或肖韦洞穴身临其境一样。

参考：遗址重建（2015年）

波姆-拉特罗恩洞穴经过多次3D扫描，天花板和墙壁上的绘画得以数字复原，这既方便了研究，也最大限度地保存了岩画的原貌

被淹没的遗址

从史前时代到今天，海平面发生了巨大而频繁的变化，从而带来了新的科研挑战——研究被淹没的人类遗址。

21世纪考古学的挑战之一是对水下史前遗址的考古研究。实际上，漫长的旧石器时代经历了寒冷的冰期与温暖的间冰期的交替，带来了气候改变，以及海平面的剧烈升降。一个最明显的例子是，大量被海水淹没或正在被海水淹没的巨石阵、石冢和立石提醒我们：距今大约10000年即进入全新世以来，海面已经大幅度地上升了。

海平面的变化改变了海岸线的形状，也影响了人类在海岸边的活动，使他们的遗迹变得零星分散。海平面的变化也影响了生物对不同陆地区域的殖民，在特定时段导致有些区域能进入，有些区域不能进入。它还对研究造成了影响，因为早期史前人类活动留下的大量遗存中，部分甚至全部都淹没在水下。

海平面的问题对于理解新石器化的过程也很关键。近东最早的农民在距今12000年时就已经很好地掌握了海上航行的技术，所以推测希腊在新石器化的生活方式向欧洲传播的过程中，可能是一个重要的路口，但是如果这些考古学证据都无可挽回地淹没在水下，我们要如何研究狩猎-采集者的流动营地向动物饲养和农业定居的村庄转变的过程呢？

2014年，名为"水下之地"（TerraSubmersa）的科学考察队试图完成这项挑战，他们调查了从距今35000年直到新石器时代被人类占据的弗兰赫蒂洞穴大部分被淹没的史前地貌景观。研究者使用了"星球太阳能号"（*Planet-Solar*）——世界上最大的太阳能双体平底船。这艘现代化的船使研究者运用地球物理学设备对古代海岸区域的地形进行测绘，有助于辨识人类活动的遗迹，甚至找到欧洲最早的村庄。现在这艘船更名为"海洋卫士号"（*Race for Water*），也被基金会用来治理塑料污染、拯救海洋。

参考：科斯克尔洞穴（距今27000年）

科学家运用这艘现代化的船，试图研究今天被淹没在水下的希腊史前遗址

用史前石头奏乐

撒哈拉沙漠发现的圆柱形磨光石头一直是个谜,推测可能是史前的打击乐器。2014年,有位学者用这些石头举办了一场特别的音乐会。

自19世纪在撒哈拉沙漠发现磨光的圆石头以来,很多类似的石头在阿尔及利亚、科特迪瓦、毛里塔尼亚、乍得和多哥(Togo)被发现,但它们一直沉睡在博物馆的库房里,被淡忘了。这些石头是在公元前8000—前2500年制作的,原料是新石器时代人类从1500公里远的地方找到的致密板岩。由于形态相近,人们常把它们称为"石杵"或"石斧",尽管重量并不适合使用。

它们的真正用途一直是个谜。2004年,民族学家、矿物学家兼古音乐学家埃里克·贡蒂尔(Érik Gonthier)发现它们能发出和谐的音,像铜钟一样,而不是简单的声音,他本能预感到这些石头可能是乐器,即"响石"或"音乐石"——一种在非洲、亚洲和欧洲都有使用的打击乐器。与一般不能移动的石板不同的是,这些来自撒哈拉沙漠南部地区的圆柱形响石是可随身携带的。为了发出好听的声音,史前人类将它们打制成规范的形态:长度是直径的4.5倍。它的音阶组织与木琴从低音到高音的方式一样,演奏时放在小垫子上,这样打击才能产生回响,比如其中一个重4.5公斤的石杵,能发出长达8秒的回声,研究者戏称它为"斯特拉迪瓦里斯"(stradivarius,意大利著名的提琴制造者。——译者注)。

埃里克·贡蒂尔用22件撒哈拉响石复原了一场特别的青年音乐会。2014年3月22日,在法国国家自然历史博物馆的大多媒体厅,由埃里克·贡蒂尔作词、菲利普·费内隆(Philippe Fénelon)作曲、法国国家管弦乐团伴奏,上演了这部世界级的、独一无二的原创"古代音乐会"。公众可以想象,石头发出的音乐、人的歌声和灯光融汇在一起,如果史前人听到了,也会入迷陶醉吧。

参考:笛声飘荡(距今35000年)

埃里克·贡蒂尔找到了用磨光的圆石头演奏音乐的奥秘。这些石头曾经是撒哈拉沙漠新石器时代人类演奏的乐器

遗址重建

仿照肖韦洞穴原样重建的阿尔克桥洞穴，提供了独一无二的机会，使公众可以近距离观赏和感受奥瑞纳文化的艺术珍宝。

在瓦隆蓬达尔克的山崖上、一片29公顷的茂密树林的中心有一个遗址——拉扎尔（Razal），2014年，在这个遗址上重建了"阿尔克桥洞穴"（音译为蓬达尔克洞穴），2015年4月25日对公众开放。真正的肖韦洞穴被列入世界文化遗产名录，从未对公众开放。这个重建的遗址无论在文化上、科学上还是旅游上都是独一无二的，也是世界上重建岩画洞穴中规模最大的，原洞穴面积8500平方米，其中的3000平方米被重建了，参观者可以沉浸式观赏奥瑞纳文化的精美艺术品。

重建计划在2006年就启动了，但与洞穴发现者进行了长时间的法律诉讼，直到2012年官司结束才真正实施。重建计划得到科学委员会的认可，委员会由让·克洛特任主席、三名研究肖韦洞穴的专家让-米歇尔·热内斯特、让-雅克·德拉诺伊（Jean-Jacques Delannoy）和菲利普·佛斯（Philippe Fosse）为成员。阿尔克桥洞穴花费5500万欧元，是纯技术打造的庞然大物，整个工程堪称创举：地面面积3500平方米，从地面到洞顶的地质堆积达8180平方米。150公里长的钢筋搭成框架，在上面复原石壁的高低起伏，然后喷上预应力混凝土进行覆盖。在这层上面，雕刻家按照肖韦洞穴石壁原样重新雕刻了结核块。27幅岩画大画板和数百只动物形象的复原动用了很多人，包括阿兰·达利斯（Alain Dalis）、史前学家兼造型艺术家吉尔斯·托塞洛，后者根据6000张数字照片，使用史前的绘画工艺复原了以狮子为主题的12米长的巨幅画板。

这些复原的精美岩画让史前学家深深陶醉其中，还让参观者近距离地感知旧石器时代的动物、植物、气候、景观以及当时的人类，真不愧是"考古发现的焦点""奥瑞纳文化的画廊"。

参考：肖韦洞穴（距今36000年）；处于危险中的艺术品（1963年）；莫妮可·佩特拉尔，拉斯科的现代画家（1971年）

仿照肖韦洞穴原样重建的阿尔克桥洞穴，这是其中一个壮观的大厅

拉斯科，复活的永恒

1940年以来，拉斯科成了史前艺术的代名词，也成了这门科学吸引公众的标志。从今往后，它将以全新的面貌，成为可供大众身临其境地体验史前艺术魅力的宝库。

洞穴岩画在公众传播方面取得巨大成功的同时，也因巨大的游客量，使里面本就复杂脆弱的生态环境受到了严重威胁，所以从20世纪60年代开始，这座佩里戈尔地区的"艺术王国"停止对公众开放，并且重建了"拉斯科2号"洞穴用于参观。但是每年30万参观者的到来，加上史前爱好者需求的提升，"拉斯科2号"也难以承载超量游客带来的影响。在此情况下，位于蒙蒂尼亚克镇、距拉斯科洞穴500米远的蒙蒂尼亚克-拉斯科的国际岩画中心（简称CIAPML）即"拉斯科4号"重建计划启动。它的目的是为来此膜拜史前的西斯廷教堂的参观者提供全新的体验。

新的岩画展陈完整复原了拉斯科洞穴的岩画，包括"侧殿"（"黑牛""绘有鹿的檐壁""印痕画板""靠背野牛"）和"井里的壁画"。"井里的壁画"在"拉斯科2号"没有复原，在"拉斯科3号"仅复原作为临时展览。

非同寻常的岩画复原计划调集了佩里戈尔地区的30多名艺术家和作坊工匠共同参与，他们运用3D软件，以毫米级的精度重绘了所有岩画，精准复原了洞穴的原始形态。复原的壁画面积共800—900平方米，有些画板上的图案可达8米长、4.5米高！

这些画板中有一半被用作该国际岩画中心的舞台，让参观者近距离地观看壁画，充分理解艺术家手法的精巧。从新媒体借用过来的图像处理和虚拟技术产生了令人惊叹的效果，比如受到4个青年人在1940年9月携带火把发现拉斯科洞穴的启发，岩画中心设计了名为"火把"暗示"好运之灯"的互动展示，参观者可以跟随青年人的火把去洞里探险，然后亲自发现巨大壮观的公牛厅。

参考：拉斯科，史前的西斯廷教堂（距今17000年）；处于危险中的艺术品（1963年）；莫妮可·佩特拉尔，拉斯科的现代画家（1971年）

"拉斯科4号"，工匠和艺术家充分发挥才智，为公众复原了最完整的拉斯科洞穴岩画

参考文献

3 300 000 ans, Le plus vieil outil de pierre
Harmand S. (2015), "3.3-million-year-old stone tools from Lomekwi 3, West Turkana, Kenya", *Nature*.

2 450 000 ans, *Homo habilis*
Leakey L.S.B., et al. (1964), "A new species of the genus *Homo* from Olduvai Gorge", *Nature*.
Wood B. (2014), "Human evolution: Fifty years after *Homo habilis*", *Nature*.

1 800 000 ans, Aux portes de l'Europe
D. Lordkipanidze et al. (2013), "A Complete Skull from Dmanisi, Georgia, and the Evolutionary Biology of Early *Homo*", *Science*.

1 760 000 ans, Acheuléen
Lepre, C.J.et al. (2011), "An earlier origin for the Acheulian", *Nature*.

1 700 000 ans, Le langage
Balzeau A., et al. (2014), "Variations in size, shape and asymmetries of the third frontal convolution in hominids: paleoneurological implications for hominin evolution and the origin of langage", *Journal of Human Evolution*.
Morgan T. J. H. et al. (2015), "Experimental evidence for the co-evolution of hominin tool-making teaching and langage", *Nature*.

1 000 000 ans, Vers la maîtrise du feu
Berna F. et al. (2012), "Microstratigraphic evidence of in situ fire in the Acheulean strata of Wonderwerk Cave, Northern Cape province, South Africa", *PNAS*.
Organ C., et al. (2011), "Phylogenetic rate shifts in feeding time during the evolution of *Homo*", *PNAS*.

780 000 ans, L'Homme de Pékin
Shen G. et al. (2009), "Age of Zhoukoudian *Homo erectus* Determined with Al/Be Burial Dating", *Nature*.

780 000 ans, Cannibalisme
Fernandez-Jalvoa Y. et al. (1999), "Human cannibalism in the Early Pleistocene of Europe (Gran Dolina, Sierra de Atapuerca, Burgos, Spain)", *Journal of Human Evolution*.

600 000 ans, Le mammouth
Azéma M. (2009), *L'art des cavernes en action, tome 1, les animaux modèles, aspects, locomotion, comportement*, Éditions Errance.

500 000 ans, Plaies et bosses
Kappelman J. et al. (2008), "First *Homo erectus* from Turkey and implications for migrations into temperate Eurasia", *Am J Phys Anthropol*.

500 000 ans, Erectus, premier graveur ?
Joordens J.C.A. et al. (2015), "*Homo erectus* at Trinil on Java used shells for tool production and engraving", *Nature*.

350 000 ans, Le puits aux ossements
Otte M. (2012), *À l'aube spirituelle de l'humanité. Une nouvelle approche de la Préhistoire*, Odile Jacob.
Maureille B. (2004), *Les premières sépultures*, Le Pommier.
http://www.atapuerca.tv/atapuerca/yacimiento_huesos
Meyer, M. et al. (2013), "A mitochondrial genome sequence of a hominin from Sima de los Huesos", *Nature*.

300 000 ans, Chasse à la lance
Wilkins, J., et al. (2012), "Evidence for Early Hafted Hunting Technology", *Science*.

300 000 ans, Néandertal
Cohen C. (2007), *Un Néandertalien dans le métro*, Éditions du Seuil.
Patou-Mathis M. (2006), *Neanderthal. Une autre humanité*, Perrin.

300 000 ans, L'aurochs
Azéma M. (2009), *L'art des cavernes en action, tome 1, les animaux modèles, aspects, locomotion, comportement*, Éditions Errance.

250 000 ans, Néandertal, chasseur de mammouth ?
Beccy Scott et al. (2014), "A new view from La Cotte de Saint Brelade, Jersey", *Antiquity*.

200 000 ans, À la merci des bêtes fauves
Camarós, E. et al. (2015) "Large carnivore attacks on hominins during the Pleistocene: a forensic approach with a neanderthal example", *Archaeological and Anthropological Sciences*.

195 000 ans, *Homo sapiens*
Crèvecœur I. (2012), *Homo sapiens* en Afrique, Isabelle Crevecoeur, *Dossiers d'Archéologie*.
McDougall I. et al. (2005), "Stratigraphic placement and age of modern humans from Kibish, Ethiopia", *Nature*.

164 000 ans, Coquillages au menu
Marean C. W. (2010), "Pinnacle Point Cave 13B (Western Cape Province, South Africa) in context: The Cape Floral kingdom, shellfish, and modern human origins", *Journal of Human Evolution*.

130 000 ans, Le bison
Azéma M. (2009), *L'art des cavernes en action, tome 1, les animaux modèles, aspects, locomotion, comportement*, Éditions Errance.

120 000 ans, À travers mers et rivières
Armitage S. J. et al. (2011), "The southern route "Out of Africa": Evidence for an early expansion of modern humans into Arabia", *Science*.
Lawler A. (2011), "Did Modern Human travel Out of Africa via Arabia ?", *Science*.
Coulthard T. J. et al. (2013), "Were Rivers Flowing across the Sahara During the Last Interglacial ? Implications for

Human Migration through Africa", *PLoS ONE*.

100 000 ans, Premières sépultures
Maureille B. (2013), *Les premières sépultures*, Le Pommier.

100 000 ans, L'ocre
Henshilwood C. S. et al. (2011), "A 100,000 Year-Old Ochre-Processing Workshop at Blombos Cave, South Africa", *Science*.

82 000 ans, Parures de coquillages
Henshilwood C. S. et al. (2004), "Middle Stone Age Shell Beads from South Africa", *Science*.
Abdeljalil Bouzouggar A. et al. (2007), "82,000-year-old shell beads from North Africa and implications for the origins of modern human behavior", *PNAS*.
Radovčić D., et al. (2015), "Evidence for Neandertal Jewelry: Modified White-Tailed Eagle Claws at Krapina", *PLoS ONE*.

77 000 ans, Abstraction
Henshilwood C. S. et al. (2002), "Emergence of Modern Human Behavior: Middle Stone Age Engravings from South Africa" *Science*.
Henshilwood C. S. et al. (2009), "Engraved ochres from the Middle Stone Age levels at Blombos Cave, South Africa", *Journal of Human Evolution*.

75 000 ans, L'Abri de La Ferrassie
Delporte H. et al. (1984), « Le grand abri de la Ferrassie : fouilles 1968-1973 », *Laboratoire de paléontologie humaine et de préhistoire*, Paris.
http://www.perigord.tm.fr/prehistoire/decouverte/gisements/ferrassie.htm

70 000 ans, L'ours des cavernes
Meyer V., et al. (2011), « Un nouveau bassin néandertalien : description morphologique des restes pelviens de Regourdou 1 (Montignac, Dordogne, France) » *Paléo*.
Collectif (2013), *Ours des cavernes – Animaux emblématiques de la Préhistoire, autour de la grotte ossifère de l'Herm*.

Les Cahiers de la Girafe, Les éditions du Muséum de Toulouse.
Azéma M. (2009), *L'art des cavernes en action, tome 1, les animaux modèles, aspects, locomotion, comportement*, Éditions Errance.

60 000 ans, *Homo floresiensis*, l'Homme de Florès
Brown P. et al. (2004), "A new small-bodied hominin from the Late Pleistocene of Flores, Indonesia", *Nature*.
Morwood M. J. et al. (2004), "Archaeology and age of a new hominin from Flores in eastern Indonesia". *Nature*.

50 000 ans, Le Moustier
Maureille B. (2002), « La redécouverte du nouveau-né néandertalien Le Moustier 2 », *Paléo*.

50 000 ans, Un peu de Néandertal en nous
Qiaomei F., et al. (2014), "Genome sequence of a 45,000-year-old modern human from western Siberia", *Nature*.
Green R. E. et al. (2010), "A draft Sequence of the Neandertal Genome", *Science*.
Duarte, C.; et al (1999), "The early Upper Paleolithic human skeleton from the Abrigo do Lagar Velho (Portugal) and modern human emergence in Iberia", *Proceedings of the National Academy of Sciences of the United States of America*.
Zilhao J., et al. (2002), *Portraits of the Artist as a child, The gravettian Human Skeleton from the Abrigo do Lagar Velho and its Archeological Context*, Trabalhos de Arqueologia 22.
Qiaomei F., et al. (2015), "An early modern human from Romania with a recent Neanderthal ancestor", *Nature*.

50 000 ans, Le vieillard de la Chapelle-aux-Saints
William Rendu W. et al. (2013), "Evidence supporting an intentional Neandertal burial at La Chapelle-aux-Saints", *Proceedings of the National Academy of Sciences of the United States of America*.

Hurel A. (2005), « La découverte de l'Homme fossile de la Chapelle-aux-Saints (1908). Pratiques de terrain, débats et représentations des Néandertaliens », *Organon*.

50 000 ans, Serra da Capivara
Guidon, N. et al. (1986), "Carbon-14 dates point to man in the Americas 32,000 years ago", *Nature*.
Guidon, N. et al. (1994), « Le plus ancien peuplement de l'Amérique : le Paléolithique du Nordeste brésilien », *Bulletin de la Société préhistorique française*.

50 000 ans, Néandertal être de culture
Soressi M. et al. (2013), "Neandertals Made the First Specialized Bone Tools in Europe", *PNAS*.
Zilhao J. et al (2010), "Symbolic use of marine shells and mineral pigments by Iberian Neandertals", *PNAS*.
Finlayson C. et al. (2012), "Birds of a feather: Neanderthal exploitation of raptors and corvids", *PloS ONE*.

49 000 ans, Drame horrible à El Sidron
Lalueza-Fox C. et al. (2011), "Genetic evidence for patrilocal mating behavior among Néandertal groups", *PNAS*.
Antonio R. et al. (2012), « Les Néandertaliens d'El Sidrón (Asturies, Espagne). Actualisation d'un nouvel échantillon », *L'Anthropologie*.

46 000 ans, Cinq fruits et légumes par jour pour Néandertal
Amanda G. et al. (2011), "Microfossils in calculus demonstrate consumption of plants and cooked foods in Neanderthal diets (Shanidar III, Iraq; Spy I and II, Belgium)", *PNAS*.

45 000 ans, Figures de disparus
Gunn R. G. et al. (2011), "What Bird is that ?" *Australian archaeology*.

45 000 ans, Nawarla Gabarnmang
Delannoy J.-J. et al. (2012), « Apports de la géomorphologie dans l'aménagement et la construction sociale de sites préhistoriques. Exemples de la grotte Chauvet-Pont-d'Arc (France) et de Nawarla Gabarnmang (Australie) », *Paléo*.

David B. et al. (2013), "A 28,000 year old excavated painted rock from Nawarla Gabarnmang, northern Australia", *Journal of Archaeological Science*.

David B. et al. (2013), "How old are Australia's pictographs ? A review of rock art dating", *Journal of Archaeological Science*.

45 000 ans, Châtelperronien
Roussel M. et Soressi M.
« Le Châtelperronien », in Otte M. et al. (2014), *Néandertal / Cro Magnon La Rencontre*, Éditions Errance.

45 000 ans, L'homme moderne en Europe
Benazzi S. et al. (2011), "Early dispersal of modern humans in Europe and implications for Neanderthal behaviour", *Nature*.

Higham T. et al. (2011), "The earliest evidence for anatomically modern humans in northwestern Europe", *Nature*.

42 000 ans, Et la pêche ?
Le Gall O. (2009), « Archéo-ichtyologie et pêches préhistoriques. Résultats et perspectives », *Archéopages*.

Cleyet-Merle J.-J. (1991), *La préhistoire de la pêche*, Éditions Errance.

42 000 ans, L'homme (et la femme) de Mungo
Bowler J. M. et al. (2003), "New ages for human occupation and climatic change at Lake Mungo, Australia", *Nature*.

40 000 ans, Aurignacien
Otte M. (dir) (2010), *Les aurignaciens*, Éditions Errance.

40 000 ans, Les Dénisoviens
Reich D. et al. (2010), "Genetic history of an archaic hominin group from Denisova Cave in Siberia [archive]", *Nature*.

Pääbo S. et al. (2013), "A mitochondrial genome sequence of a hominin from Sima de los Huesos [archive]", *Nature*.

40 000 ans, La Vénus de Hohle Fels
Conard N. J. (2009), "A female figurine from the basal Aurignacian of Hohle Fels Cave in southwestern Germany", *Nature*.

40 000 ans, Niah
Hubert F. et al (2000), « Les industries lithiques du Paléolithique tardif et du début de l'Holocène en Insulinde », *Aséanie*.

Barker G. et al. (2006), "The human revolution in lowland tropical Southeast Asia: the antiquity and behavior of anatomically modern humans at Niah Cave (Sarawak, Borneo)", *Journal of Human Evolution*.

40 000 ans, L'Homme-lion de Hohlenstein-Stadel
Conard N. J. (2009), "A female figurine from the basal Aurignacian of Hohle Fels Cave in southwestern Germany" », *Nature*.

39 000 ans, Néandertal artiste ?
Rodríguez-Vidal J. et al, (2014), "A rock engraving made by Neanderthals in Gibraltar", *PNAS*.

39 000 ans, Le rhinocéros laineux
Azéma M. (2009), *L'art des cavernes en action*, tome 1, Éditions Errance.

37 000 ans, Abri Castanet
Mensan R. et al. (2012), « Une nouvelle découverte d'art pariétal aurignacien à l'abri Castanet (France) : contexte et datation », *Paléo*.

36 000 ans, Chauvet
Clottes J. (dir) (2013), *La Grotte Chauvet, L'Art des origines*, Éditions du Seuil.
« La grotte Chauvet et la Caverne du pont d'Arc » (2015), *Dossiers d'Archéologie* hors-série.

36 000 ans, Lion des cavernes
Schnitzler A. (2012), « Les voyages du lion », *Pour la science*.
Azéma M. (2009), *L'art des cavernes en action*, tome 1, Éditions Errance.
Clottes J. et Azéma M. (2005), *Les félins de la grotte Chauvet*, Éditions du Seuil.

36 000 ans, Le bestiaire des grottes européennes
Azéma M. (2009, 2010), *L'art des cavernes en action*, tomes 1 et 2, *L'art des cavernes en action, Les animaux modèles, aspects, locomotion, comportement*, tome 1.

36 000 ans, Récit de chasse
Azéma M. (2010), *L'art des cavernes en action*, tome 2, Éditions Errance.
Azéma M. (2011), *Préhistoire du cinéma*, Éditions Errance.
Azéma M. (1992), « La décomposition du mouvement dans l'art animalier paléolithique des Pyrénées ». *Préhistoire et Anthropologie Méditerranéenne*.
Azéma M. (2013), « La grotte Chauvet-Pont d'Arc et la Baume-Latrone. Les plus anciens récits graphiques », *Dossiers d'Archéologie*.
Clottes J. et Azéma M. (2005), *Les félins de la grotte Chauvet*, Éditions du Seuil.
Clottes J. (dir., 2001), *La grotte Chauvet, l'art des origines*, Éditions du Seuil.

36 000 ans, Techniques, outils et matériaux des artistes des cavernes
Bouvier J.-M. et al. (1993), *L'art pariétal paléolithique, techniques et méthodes d'étude*, CTHS.

35 000 ans, Au son de la flûte
Conard N. J. et al. (2009), "New flutes document the earliest musical tradition in southwestern Germany", *Nature*.

33 500 ans, Fibres textiles
Kvavadze E. et al. (2009), "30,000-year-old wild flax fibers", *Science*.
Médard F. (2008), « L'acquisition des matières textiles d'origine végétale en préhistoire », *Les nouvelles de l'archéologie*.

33 000 ans, Le plus vieil ami de l'homme
Jouventin P. (2012), *Kamala, une louve dans ma famille*, Flammarion.
Germonpré M. et al. (2009), "Fossil dogs and wolves from Palaeolithic sites in Belgium, the Ukraine and russia : osteometry, ancient DnA and stable isotopes", *Journal of Archaeological Science*.
Ovodov N. D. et al. (2001), "A 33,000-Year-Old Incipient Dog from the Altai Mountains of Siberia: Evidence of the Earliest Domestication

Disrupted by the Last Glacial Maximum". *PLoS ONE*.
Thalmann O. et al. (2013), "Complete Mitochondrial Genomes of Ancient Canids Suggest a European Origin of Domestic Dogs", *Science*.

33 000 ans, Arcy-sur-Cure
http://www.grottes-arcy.net/
Baffier D. et Girard M. (2007), « La grande grotte d'Arcy-sur-Cure », *Les Dossiers d'Archéologie*.

30 000 ans, Les « Vénus » paléolithiques
Delporte H. (1993), *L'image de la femme dans l'art préhistorique*, Éditions Picard.

30 000 ans, Les bâtons percés
Rigaud A. (2001), « Les bâtons percés : décors énigmatiques et fonction possible », *Gallia Préhistoire*.

29 000 ans, Gravettien
Otte M. (dir., 2013), *Les gravettiens*, Éditions Errance, 2013.

29 000 ans, Parés pour l'éternité
Nalawade-Chavan S. et al. (2014), "New Hydroxyproline Radiocarbon Dates from Sungir, Russia, Confirm Early Mid Upper Palaeolithic Burials in Eurasia". *PLoS ONE*.
Hayden B. (2008), *L'Homme et l'inégalité. L'invention de la hiérarchie durant la préhistoire*, CNRS Éditions.

28 000 ans, Cro-Magnon
Henry-Gambier D. (2002) « Les fossiles de Cro-Magnon (Les Eyzies-de-Tayac, Dordogne). Nouvelles données sur leur position chronologique et leur attribution culturelle », *Paléo*.

28 000 ans, La représentation du sexe
Delluc B. et G. (2006), *Le Sexe au temps des Cro-Magnons*, Pilote 24.
Duhard J.-P. (1993), *Réalisme de l'image féminine paléolithique*, CNRS Éditions.
Duhard JP, 1998, Réalisme de l'image masculine paléolithique, Ed Jerôme Millon

27 000 ans, La grotte Cosquer
Clottes J., Courtin J. et Vanrell L. (2005), *Cosquer redécouvert*, Éditions du Seuil.

27 000 ans, Rituels à Dolní Věstonice
Svoboda J. (1997), « Symbolisme gravettien en Moravie. Espace, temps et formes », *Bulletin de la société préhistorique de l'Ariège-Pyrénées*.
Absolon K. (1925), "A discovery as wonderful as that of Tutenkhamen´s tomb. Moravia over 20 000 years ago", *Illustrated London News*.

26 860 ans, L'énigme des mains « mutilées »
Groenen M. (1988), « Les représentations de mains négatives dans les grottes de Gargas et de Tibiran (Hautes-Pyrénées). Approche méthodologique », *Bulletin de la Société Royale Belge d'Anthropologie et de Préhistoire*.

25 500 ans, Art rupestre de plein air
Zilhao J., (1996), « L'art rupestre paléolithique de plein air: la vallée du Côa », *Dossiers d'Archéologie*.
http://www.arte-coa.pt/

25 000 ans, Grotte du Pech Merle
Lorblanchet M. (2010), *Art pariétal : Grottes ornées du Quercy*, Éditions du Rouergue.

25 000 ans, Et la Femme préhistorique ?
Cohen C. (2003), *La femme des origines*, Herscher.
De Beaune S. (2014), « Aux origines de la division du travail », *Pour la science*.
Snow D. R. (2013), "Sexual Dimorphism in European Upper Paleolithic Cave Art", *American Antiquity*.
Duhard J.-P. (1993), *Réalisme de l'image féminine paléolithique*, CNRS Éditions.

25 000 ans, Santa Elina
Vialou A. V. et Vialou D. (2008), « Peuplements préhistoriques au Brésil », *Les nouvelles de l'archéologie*.

24 000 ans, La disparition de Néandertal
Higham T. et al. (2014), "The timing and spatiotemporal patterning of Neanderthal disappearance", *Nature*.

23 000 ans, Bâtons de jets et boomerangs
Bordes L. (2009), « Bâtons de jet : des outils préhistoriques méconnus », revedeboomerang.free.fr.

23 000 ans, Du grain à moudre avant l'agriculture
De Beaune S. (2000), *Pour une archéologie du geste. Broyer, moudre, piler, des premiers chasseurs aux premiers agriculteurs*, CNRS Éditions.
Weiss E. et al. (2004), "The broad spectrum revisited: Evidence from plant remains", *PNAS*.

22 000 ans, Solutréen
Tymula S. (2002), *L'art solutréen de Roc-de-Sers (Charente)*, Éditions de la Maison des sciences de l'homme.

22 000 ans, Le passage du détroit de Béring
Reich D. et al. (2012), "Reconstructing Native American population history", *Nature*.
Vialou D. (dir., 2011), *Peuplements et préhistoire en Amériques*, CTHS.

20 000 ans, Une histoire du peuple aborigène sur la roche
http://whc.unesco.org/fr/list/147

20 000 ans, Les mystérieux os d'Ishango
Keller O. (2010), « Les fables d'Ishango, ou l'irrésistible tentation de la mathématique-fiction », *Bibnum*, Maison des sciences de l'homme.

20 000 ans, Traces de pas à Willandra
http://whc.unesco.org/fr/list/167/

19 500 ans, Poteries
Guilaine J. (dir., 2005), *Aux marges des grands foyers du Néolithiques : Périphéries débitrices ou créatrices ?*, Éditions Errance.
Wu X., et al. (2012), "Early pottery at 20,000 years ago in Xianrendong Cave, China", *Science*.

19 000 ans, L'âge du renne
Fontana L. (2012), *L'homme et le renne, La gestion des ressources animales durant la préhistoire*, CNRS Éditions.
Azéma M. (2009), *L'art des cavernes en action, tome 1, les animaux modèles,*

aspects, locomotion, comportement, Éditions Errance.

18 600 ans, La scène du puits
Aujoulat N. (2004), *Lascaux. Le geste, l'espace et le temps*, Éditions du Seuil.
Groenen M. (2001), Thèmes iconographiques et mythes dans l'art du Paléolithique supérieur, Actes du XIVᵉ Congrès UISPP, université de Liège, Belgique.

18 000 ans, L'aiguille à chas
Stordeur D. (1979), *Les aiguilles à chas au Paléolithique*, CNRS Éditions.

18 000 ans, Le propulseur
http://www.propulseur-azilien.org/

18 000 ans, Les gravures de Qurta
Huyge D., et al. (2008), « Côa en Afrique : art rupestre du Pléistocène récent le long du Nil égyptien », *Lettre internationale d'informations sur l'art rupestre*.
Huyge D. et al. (2007), « Lascaux along the Nile : Late Pleistocene rock art in Egypt », *Antiquity*.

17 000 ans, Lascaux, chapelle Sixtine de la Préhistoire
Aujoulat, N. (2004), *Lascaux, le geste, l'espace et le temps*, Éditions du Seuil.

17 000 ans, Les théranthropes
Le Quellec J.-L. (2007), « Ni hommes, ni animaux : les théranthropes », *Les Cahiers de l'Ocha*.

17 000 ans, La salle des taureaux
Aujoulat, N. (2004), *Lascaux, le geste, l'espace et le temps*, Éditions du Seuil.

17 000 ans, Les techniques d'éclairage
Beaune (de) S. A. (2000), Les techniques d'éclairage paléolithiques : un bilan », *Paléo*.
Debard E. et al. (2015), « L'apport des géosciences », *Dossiers d'Archéologie* hors-série.

17 000 ans, Magdalénien
Sacchi D. (2003), *Le magdalénien, Apogée de l'art quaternaire*, Maison des Roches.

17 000 ans, La période Jōmon
Demoule J.-P. (2005), « Aux marges de l'Eurasie : le Japon préhistorique et le paradoxe Jomon », in *Aux marges des grands foyers du Néolithique, Périphéries débitrices ou créatrices ?*, Éditions Errance.

15 000 ans, Altamira
Pedro A., Saura R. (1998), *Altamira*, Éditions du Seuil.
Leslie G. et al. (2003), *La grotte d'Altamira*, La Maison des Roches.

15 000 ans, Le bison ponctué de la grotte de Marsoulas
Fritz C. et Tosello G. (2010), *Marsoulas, renaissance d'une grotte ornée*, Errance.
Fritz C., Azéma M., Tosello G., Moreau O., (2009), « Grotte de Marsoulas, des fresques de 15 000 ans restaurées virtuellement », *Archéologie*.

15 000 ans, L'art des objets
Cremades M. (1994), « L'art mobilier Paléolithique: analyse des procédés technologiques », *Complutum*.

15 000 ans, Des huttes en os de mammouth
Pidoplichko I. G. (1998), "Upper Palaeolithic dwellings of mammoth bones in the Ukraine: Kiev-Kirillovski, Gontsy, Dobranichevka, Mezin and Mezhirich", *BAR International Series*.
Péan S., Kornietz N. et Nuzhnyĭ D. (2004), « L'homme : vivre du mammouth au paléolithique en Ukraine, *Pour la science*.

15 000 ans, La grotte du Mas d'Azil
http://www.grotte-masdazil.com/

15 000 ans, Jouets optiques
Azéma M. (2011), *Préhistoire du cinéma*, Éditions Errance.
Azéma M. et Rivère F. (2012), "Animation in Palaeolithic art : a pre-echo of cinema, *Antiquity*.

14 500 ans, La culture natoufienne
Guilaine J. (2015), *La seconde naissance de l'homme, le néolithique*, Édition Odile Jacob.

14 000 ans, Pincevent
Ballinger M. et al. (2014), *Pincevent (1964-2014) : 50 années de recherches sur la vie des magdaléniens*, Centre archéologique de Pincevent (CAP), Société préhistorique française (SPF).

14 000 ans, Un bas-relief digne du Parthénon
Iakovleva L. et Pinçon G. (1997), *La frise sculptée du Roc-aux-Sorciers*, Réunion des Musées Nationaux et Comité des Travaux Historiques et Scientifiques.
Pinçon G., Bourdier C. et Fuentes O. (2007), « Les sculptures pariétales magdaléniennes du roc-aux-Sorciers (Vienne) et de la Chaire-à-Calvin (Charente) : œuvres d'un groupe culturel ou d'un seul et même artiste ? », *Virtual Restrospect*. http://archeovision.cnrs.fr/fr/publication.htm
http://www.roc-aux-sorciers.com/

14 000 ans, Le « faon aux oiseaux »
Clottes J., « Le mythe du faon à l'oiseau », *Futura-Sciences*.

14 000 ans, Cheval
Azéma M. (2009), *L'art des cavernes en action, tome 1 : les animaux modèles, aspects, locomotion, comportement*, Édition Errance.

13 500 ans, Les bisons d'argile du Tuc d'Audoubert
Bégouën R et al. (2009), *Le sanctuaire secret des bisons*, Somegy éditions d'art.

13 140 ans, Conflits
Keeley L. H. (2012), *Les Guerres préhistoriques*, Le Rocher.
Guilaine J. et Zammit J. (2001), *Le Sentier de la guerre. Visages de la violence préhistorique*, Éditions du Seuil.
Patou-Mathis M. (2013), *Préhistoire de la violence et de la guerre*, Odile Jacob.

13 000 ans, Grotte de Niaux
Clottes J. (2010), *Les cavernes de Niaux, art préhistorique en Ariège-Pyrénées*, Éditions Errance.

13 000 ans, Les motifs géométriques
Sauvet G. (1993), « Les Signes préhistoriques » in *L'Art pariétal*

paléolithique. Techniques et Méthodes d'étude, Éditions du CTHS.

13 000 ans, La grotte des Combarelles
Barrière C. (1997), « L'art pariétal des grottes des Combarelles », *Paléo hors-série*.

13 000 ans, La grotte aux cent mammouths
Barrière C. (1982), *L'art pariétal de Rouffignac : la grotte aux cent mammouths*, Éditions Picard.
Plassard F. et Plassard J. (2004), « Les mammouths magdaléniens de la vallée de la Vézère », *Dossiers d'Archéologie*.
Plassard F. (2006), « Il y a cinquante ans, la découverte des figures préhistoriques de la Grotte de Rouffignac », *Revue philatélique française*.
http://www.grottederouffignac.fr/

12 800 ans, La conquête des hautes terres
Rademaker K. et al. (2014), "Paleoindian settlement of the high-altitude Peruvian Andes", *Science*.

12 700 ans, Lit de fleurs pour les morts
Nadel D. et al., (2013), "Earliest floral grave lining from 13,700–11,700-y-old Natufian burials at Raqefet Cave, Mt. Carmel, Israel", *PNAS*.

12 000 ans, Le « mammouth de la Madeleine »
Paillet P. (2011), « Le mammouth de la Madelaine (Tursac, Dordogne) », *Paléo*.

12 000 ans, Mésolithique
Barbaza M. (1999), *Les Civilisations postglaciaires. La vie dans la grande forêt tempérée*, La Maison des Roches.

12 000 ans, Néolithique
Guilaine J. (2015), *La seconde naissance de l'homme, le néolithique*, Éditions Odile Jacob.

12 000 ans, Arc et flèches
Hays M. et Surmely F. (2005), « Réflexions sur la fonction des microgravettes et la question de l'utilisation de l'arc au gravettien ancien », *Paléo*.

12 000 ans, Navigation en Méditerranée
Cucchi T. et Vigne J.-D. (2005), « Premières navigations au Proche-Orient : les informations indirectes de Chypre », *Paléorient*.
Vigne J.-D. et al. (2012),"First wave of cultivators spread to Cyprus at least 10,600 years ago", *Proceedings of the National Academy of Science*.

12 000 ans, Les tortues d'Hilazon Tachtit
Grosman L., Munro N. D. et Belfer-Cohen A. (2008), "A 12,000-year-old burial from the southern Levant (Israel) – A case for early Shamanism", *PNAS*.
Munro N. D. et Grosman L. (2010), "Early evidence (ca. 12,000 B.P.) for feasting at a burial cave in Israel", *PNAS*.

12 000 ans, Bornéo, des ongles au bout des doigts
Fage L.-H. et Chazine J.-M. (2009), *Bornéo la mémoire des grottes*, FAGE éditions.

11 500 ans, Göbekli Tepe, premier temple ?
Schmidt K. (2010), "Göbekli Tepe – the Stone Age Sanctuaries. New results of ongoing excavations with a special focus on sculptures and high reliefs", *Documenta Praehistorica*.

11 000 ans, La tour de Jéricho
Barkai R. et Liran R. (2008), "Midsummer sunset at Neolithic Jericho. Time and Mind: The Journal of Archaeology", *Consciousness and Culture*.

10 500 ans, La domestication des végétaux
Willcox G. (2014), « Les premiers indices de la culture des céréales au Proche-Orient », in *La transition néolithique en Méditerranée*, Manen C., Perrin T. et Guilaine J. (dir.), Errance Éditions.

10 500 ans, La domestication des animaux
Vigne J.-D. (2007), « Les débuts néolithiques de l'élevage des bovidés et de l'exploitation laitière dans l'ancien monde », *Les Cahiers de l'Ocha*.

10 000 ans, Les abris-sous-roche du Bhimbetka
Clottes J. et al. (2013), *Des images pour les dieux. Art rupestre et art tribal dans le centre de l'Inde*, Éditions Errance.
Clottes J. et Dubey-Pathak M. (2013), « L'art rupestre narratif du centre de l'Inde », *Dossiers d'Archéologie*.

10 000 ans, Le Sahara, plus vaste musée du monde
Le Quellec J.-L. (2013), « Périodisation et chronologie des images rupestres du Sahara central », *Préhistoires Méditerranéennes*.

10 000 ans, Massacre de bisons
Wheat J. B. (1972), "The Olsen-Chubbuck Site: A Paleo-Indian Bison Kill", *Society for American Archaeology*.

10 000 ans, L'élevage laitier
Salque M. et al. (2013), "Earliest evidence for cheese making, in the sixth millennium BC in northern Europe", *Nature*.
Vigne J.-D. (2007), « Les débuts néolithiques de l'élevage des bovidés et de l'exploitation laitière dans l'ancien monde », *Les Cahiers de l'Ocha*.

9 500 ans, Çatal Höyük
http://www.catalhoyuk.com/
Hodder I. (2004), « Les habitants de Çatal Höyük », *Pour la science*.
Fuganti D. (2014), « Çatal Höyük. Il y a 9 000 ans, une ville néolithique », *Archéologia*.

9 500 ans, Les crânes surmodelés de Tell Aswad
Stordeur D. (2003), « Des crânes surmodelés à Tell Aswad de Damascène (PPNB Syrie) », *Paléorient*.

9 500 ans, Le premier chat domestique
Vigne J.-D. et al. (2004), "Early taming of the cat in Cyprus", *Science*.
Yaowu H. et al. (2014), "Earliest evidence for commensal processes of cat domestication", *PNAS*.

Driscoll C. et al. (2007), "The near Eastern origin of cat domestication", *Science*.

9 000 ans, L'énigmatique domestication du maïs
Mann C. C. (2007), *1491. Nouvelles révélations sur les Amériques avant Christophe Colomb*, Albin Michel.
Piperno D. R., Holst I., Winter K. et McMillan O. (2014), "Teosinte before domestication: Experimental study of growth and phenotypic variability in Late Pleistocene and early Holocene environments", *Quaternary International*.

9 000 ans, Grandes Girafes du Niger
Clottes J. (2000), *Le musée des roches*, Éditions du Seuil.
http://www.bradshawfoundation.com/giraffe/

9 000 ans, Mehrgarh
Barthélémy de Saizieu B. (1990), « Le Cimetière néolithique de Mehrgarh (Baloutchistan pakistanais) : apport de l'analyse factorielle », *Paléorient*.
Moulherat C. et al. (2002), "First Evidence of Cotton at Neolithic Mehrgarh, Pakistan: Analysis of Mineralized Fibres from a Copper Bead", *Journal of Archaeological Science*.

9000 ans, « Grands Dieux » et « Martiens »
Mercier N., Le Quellec J.-L. et al. (2012), "OSL dating of quaternary deposits associated with the parietal art of the Tassili-n-Ajjer plateau (Central Sahara)", *Quaternary Geochronolog*.

9 000 ans, De nouvelles pathologies
Molleson T. (1989), "Seed Preparation in the Mesolithic : The Osteological Evidence, *Antiquity*.
Molleson T. (1991), "Dental Evidence for Dietary Change at Abu Hureyra", *Journal of Archaeological Science*.
Coppa A. et al. (2006), "Early Neolithic tradition of dentistry", *Nature*.
Buquet-Marcon C., Charlier P. et Samzun A. (2009), "A possible Early Neolithic amputation at Buthiers-Boulancourt (Seine-et-Marne), France", *Antiquity*.

9 000 ans, Chasse à la baleine
Lee S. (2011), *Chasseurs de baleine, la frise de Bangudae Corée du Sud*. Errance Éditions.
Lee S. (2013), « La vie des chasseurs de baleine coréenne gravée sur la pierre, 7 000 ans avant notre ère », *Dossiers d'Archéologie*.

9 000 ans, Cultures néolithiques chinoises
Demoule J.-P. (2010), *La révolution néolithique dans le monde*, CNRS Éditions.

8 800 ans, La néolithisation de l'Europe
Guilaine J. (2015), *La seconde naissance de l'homme, le néolithique*, Édition Odile Jacob.
Bollongino R. et al. (2013), "2 000 Years of Parallel Societies in Stone Age Central Europe", *Science*.

8 500 ans, Trépanations
Jamet E. (2006), « Le Néolithique, âge d'or de la trépanation », *Pour la science*.

8 000 ans, Guerre et paix dans l'art du Levant espagnol
Guilaine J. et Zammit J. (2001), *Le sentier de la guerre*, Éditions du Seuil.
Lopez-Montalvo E. (2011), « Violence et mort dans l'art rupestre du Levant : groupes humains et territoires », Éditions Universitaires de Dijon.

8 000 ans, La dame aux léopards
Testart A. (2010), *La Déesse et le Grain. Trois essais sur les religions néolithiques*, Alain Testart, Errance Éditions.

7 700 ans, Mégacéros
Hughes S. et al. (2006), "Molecular phylogeny of the extinct giant deer, Megaloceros giganteus", *Molecular Phylogenetics and Evolution*.
Gould S. J. (1997), « L'élan d'Irlande mal nommé, mal traité, mal compris », in *Darwin et les grandes énigmes de la vie*, Éditions du Seuil.

7 500 ans, Inégalités sociales
Hayden B. (2013), *Naissance de l'inégalité, l'invention de la hiérarchie*, Biblis.

7 500 ans, Chasseurs-pêcheurs de la plaine russe
Gyria E. Y. et al. (2013), "From bone fishhooks to fishing techniques: The example of Zamostje 2 (Mesolithic and Neolithic of the central Russian plain)", *Archaeopress*.
Lozovski V. M. et al. (2013), "Fishing in the late Mesolithic and early Neolithic of the Russian plain: The case of site Zamostje 2", *Russian Academy of Sciences*.

7 500 ans, Valcamonica
http://whc.unesco.org/fr/list/94/

7 400 ans, Rites sanglants à Téviec
http://www.espace-sciences.org/sciences-ouest/rubrique/319

7 300 ans, Cannibalisme de masse
Boulestin B. et al. (2009), "Mass cannibalism in the Linear Pottery Culture at Herxheim (Palatinate, Germany)", *Antiquity*.

7 000 ans, Les énigmatiques anneaux-disques
Villes A. (2014), « L'objet du mois - Les mystérieux anneaux-disques du Néolithique », *Archéologia*.

7 000 ans, Villages sur pilotis
http://www.palafittes.org/

6 800 ans, Les haches en jadéite
Pétrequin P. et al. (2012), *JADE. Grandes haches alpines du Néolithique européen, V^e au IVe millénaires avant notre ère*, Presses universitaires de Franche-Comté.

6 700 ans, Le mégalithisme
Gallay A. (2011), *Les sociétés mégalithiques, pouvoir des hommes, mémoire des morts*, Éditions Le Savoir Suisse.

6 600 ans, L'or de Varna
Manolakakis L. (2005), *Les industries lithiques énéolithiques de Bulgarie*, Leidorf.

Manolakakis L. (2004), « Les très grandes lames de la nécropole de Varna », *Bibracte*.
Manolakakis L. (2008), « Le mobilier en silex taillé des tombes de Varna I », *Acta Musei Varnaensis*.

6 500 ans, La culture de Badari
Midant-Reynes B. (2003), *Aux origines de l'Égypte. Du Néolithique à l'émergence de l'État*, Fayard.

6 500 ans, Chalcolithique
Guilaine J. (2007), *Le Chalcolithique et la construction des inégalités. Tome 1 : Le continent européen ; Tome 2 : Proche et Moyen-Orient, Amérique, Afrique*, Errance Éditions.

6 500 ans, Naissance de l'esclavage
Boulestin B. (2008), « Pourquoi mourir ensemble ? À propos des tombes multiples dans le Néolithique français », *Bulletin de la Société préhistorique française*.
Testart A. (2004), *La servitude volontaire*, (deux volumes : *Les morts d'accompagnement, L'origine de l'État*), Errance Éditions.

6 300 ans, Le vin
http://www.dikili-tash.fr/
Valamoti S. et al. (2011), "An archaeobotanical investigation of prehistoric grape vine exploitation and wine making in northern Greece: recent finds from Dikili Tash, in Olive Oil and wine production in Eastern Mediterranean during Antiquity", *Proceedings of the International Symposium*.

6 300 ans, Premières momifications
Jones J. et al. (2014), "Evidence for Prehistoric Origins of Egyptian Mummification in Late Neolithic Burials", *PLOS ONE*.

6 200 ans, Le cairn de Gavrinis
http://www.culture.gouv.fr/culture/arcnat/megalithes/fr/mega/megagav.htm

6 000 ans, La démographie au Néolithique
Biraben J.-N. (2003), « L'évolution du nombre des hommes », *Population et Sociétés*.

Bocquet-Appel J.-P. (2011), "When the world's population took off: the springboard of the Neolithic demographic transition", *Science*.

6 000 ans, Les alignements de Carnac
Boujot C. et Vigier E. (2012), *Carnac et environs : Architectures mégalithiques*, Éditions du Patrimoine.

5 500 ans, Guerriers de pierre
Maillé M. (2010), *Hommes et femmes de pierre*, Archives d'Écologie Préhistorique.
Guilaine J. et Leandri F. (2015), « Le recyclage des ancêtres. La métamorphose de la stèle d'Aravina », *Dossiers d'Archéologie*.

5 500 ans, La domestication du cheval
Outram A. K. et al. (2009), "The Earliest Horse Harnessing and Milking", *Science*.
Chary J.-F. (2001), *Origine et évolution – Données archéozoologiques – La domestication du cheval*, Encyclopédie du cheval.

5 400 ans, Le couteau de Gebel el-Arak
Delange E. (2009), *Le poignard égyptien dit « du Gebel el-Arak »*, Coédition musée du Louvre / Somogy éditions d'art.

5 200 ans, Newgrange
http://www.newgrange.com/

5 100 ans, Skara Brae
http://www.orkneyjar.com/history/skarabrae/

4 800 ans, Les paysages cachés de Stonehenge
http://lbi-archpro.org/cs/stonehenge/

4 546 ans, Ötzi
Guilaine J. (2011), *Caïn, Abel, Otzi : L'héritage néolithique*, Gallimard.
Samadelli M. et al. (2015), "Complete mapping of the tattoos of the 5 300-year-old Tyrolean Iceman", *Journal of Cultural Heritage*.
Keller A. et at. (2012), "New insights into the Tyrolean Iceman's origin and phenotype as inferred by whole-genome sequencing", *Nature Communications*.

http://www.hominides.com/html/ancetres/otzi3.php

4 200 ans, Le plus ancien récit cosmogonique d'Amérique du Nord
Boyd C. E. (2013), *Rock Art of the Lower Pecos*, Texas A&M University Anthropology Series.
Boyd C. E. et Cox K. (2013), « La peinture du Chaman Blanc, un récit cosmogonique au Texas », *Dossiers d'Archéologie*.

3 100 ans, L'étonnante Amazonie précolombienne
Mann C. C. (2007), *1491. Nouvelles révélations sur les Amériques avant Christophe Colomb*, Albin Michel.
Rostain S. et de Saulieu G. (2016), « L'archéologie des tropiques », *Dossiers d'Archéologie*.

2 500 ans, La terre noire
Mollard É., Walter A. (2008), *Agricultures singulières*, IRD Éditions.
McMichael C. H. et al. (2014), "Predicting pre-Columbian anthropogenic soils in Amazonia", *Proceedings of the Royal Society B*.

1879, L'interprétation de l'art paléolithique
Clottes J. (2011), *Pourquoi l'art préhistorique ?* Folio Gallimard.

1894, L'invention du relevé d'art pariétal
Aujoulat N. (1987), *Le relevé des œuvres d'art pariétales paléolithiques*, MSH.

1963, Chefs-d'œuvre en péril
Dossier Grottes ornées, Monumental 2006, 2ᵉ semestre, Éditions du Patrimoine.

1971, Monique Peytral, peintre moderne de Lascaux
Peytral M., *Peindre Lascaux, peindre la vie*, La Huit Production, DVD.

2012, La révolution de l'uranium-thorium
Aubert M et al. (2014), "Pleistocene cave art from Sulawesi, Indonesia", *Nature*.
Pike A. W. Et al. (2012), "U-series, dating of Paleolithic art in 11 caves in Spain", *Science*.
Pons-Branchu E. et al. (2014), « Datation par les séries de l'uranium

de formations carbonatées associées à des représentations rupestres : intérêt et limites », *Bulletin de la SPF*.

2012, Faire revivre le mammouth ?
Folch J. et al. (2009), "First birth of an animal from an extinct subspecies (Capra pyrenaica pyrenaica) by cloning", *Theriogenology*.
Sherkow J. S. et Greely H. T. (2013), "What If Extinction Is Not Forever ?", *Science*.

2013, Baume Latrone en 3D
Azéma M. et al. (2014), « Restitution d'une grotte ornée : la Baume Latrone », *Dossiers d'Archéologie*.
Azéma M. et al. (2012), « L'art paléolithique de la Baume-Latrone (France, Gard), : nouveaux éléments de datation », *International Newsletter on Rock Art*.
Daniel J. (2014), « Grotte de La Baume latrone, aux racines de l'art paléolithique », *Archéologia*.

2014, Sites submergés
http://www.unige.ch/terrasubmersa/fr/

2014, Faire revivre la musique des pierres préhistoriques
Gonthier E. (2005), « Des lithophones sahariens au Musée de l'Homme », *Archéologia*.

2015, Répliques
http://www.cavernedupontdarc.fr/

译后记

史前史是人类历史中最漫长的一段岁月,史前考古学也是考古学研究中最有魅力的一部分,要想从考古学的角度对世界范围内的史前史进行介绍,无异于创作一部卷帙浩繁的百科全书,实在是一件难以驾驭的事。不过这本巨大篇幅的书却沿着时间的长河信手拈来,兼顾各个区域,挑选最著名和最有代表性的遗址、遗存,娓娓道来,为我们讲述了从古老穿越到现代的人类史。正如法兰西公学院教授和作者在序中所说,本书最吸引人的地方是选取了200多幅高清的自然景观图、文物特写照片、原创性的复原图、"现代化"的精修图,让读者对史前史的了解并没有停留在文字的抽象内容里,而是可以透过美图,一饱眼福,留下鲜活深刻的印象。

与一般的学术或科普读物不同,本书有几个突出的特点。首先,结构清晰,时间是主线,主线上的每个年代都配有文字和对应的图片,时空完美结合。其次,文字精练,对每个主题的介绍都只有一页内容,像讲故事一样介绍了考古发现、研究者、地点、文化内涵、重要意义、所涉及的前沿科学问题等,言简意赅。再次,图片精美,作者精心选择,且从版权来看,牵涉人物和单位相当广泛,真心佩服作者的敬业精神和活动能力。最后,目标读者群宽广,从所附参考文献来看,作者详细查阅了世界顶级杂志《自然》《科学》等发表的文章,所以既可以作为大众世界史前考古学入门的科普读物,也可以作为考古学、人类学、历史学、民族学等专业学者梳理人类史的参考书,可谓通俗性、科学性与学术性兼备。毋庸讳言,这是一本值得收藏的好书。

翻译这本书实际出于偶然。2020年9月1日,我的师妹也是三联书店编辑曹明明发来信息,问我可不可以翻译一本关于史前史的法语书,因为上课、写文章、带孩子等无暇分身的我,当时的本能反应是拒绝,但是看了发来的电子版后有一丝犹豫和纠结,就像明明跟我说的,她对这本书"期待很高",这本书也的确不错,于是我答应下来。期末忙完学科评估之后才开始翻译,经过一个"原地过年"最忙碌的春节,终于完稿了。时间仓促,水平有限,肯定有很多错误疏漏之处,恳请读者提出宝贵意见。

关于译文,有几点需要说明。国外人名的翻译,姓名中间都用"·"表示,地名中间都用"–"表示。对于遗址遗物的地理位置,文中若没有特殊注明,一般是指法国，不过也要结合上下文。为了方便读者查阅文献，我在地名、人名、特殊专业术语的后面用括号标注了法文拼写。另外，关于年代的标注方式，由于法语没有"万"这个概念，译文中对于10万年（含）以上的年代数据均缩写为"××万年"，后面的就按完整数字表示，如65000年。

翻译这本书的过程中，我也学到了很多东西，在某种程度上也充实和更新了我之前的知识结构，主要是史前史的大框架，尤其是作者偏重的史前艺术方面的内容，当然对法文的思考和表达也是一个很好的锻炼和提升，感谢明明完成了前期联络、沟通购买版权等繁琐的事务，也感谢她对译稿做出的严谨细致的修改校对。

感谢爱人在我全心紧张地翻译此书期间提供的周到的后勤保障，感谢女儿在此期间的懂事和配合，是以为记。

李英华　于珞珈山下
武汉大学长江文明考古研究院
2021年2月21日